普通高等院校"十三五"规划教材 ◀ ◀ ◀

商务谈判

SHANGWU TANPAN

吴　琼　李昌凰　胡　萍◎主　编

汪　洁　董新平　聂希刚　苏　盟　田　洁　胡杏菁　孙艳华◎副主编

黄　涛　李思慕◎参　编

清华大学出版社
北　京

内 容 简 介

本书立足于近年来国内外商务谈判领域的研究进展和实践变革，吸收了大量的相关研究成果和案例，按照应用型本科院校的教学要求，遵循"以应用为目的，理论以够用为度，强化技能训练"的编写原则，围绕"商务谈判是什么""谈什么""如何谈""怎样谈好"等主要问题，以商务谈判的过程为主线，在阐述商务谈判基本理论、基本原则的基础上，着重介绍实践中常见的商务谈判的策略和技巧，并引用了大量案例，使读者了解谈判的基本知识，明确谈判的基本要领。本书还提供了模拟实训的背景，读者可以通过模拟谈判，锻炼实际谈判能力。

本书分为八章，每一章都包含学习目标、导入案例、相关知识、本章小结、思考题、案例分析和实训项目，编写风格力求生动、易懂、实用，系统而真实地反映商务谈判的规律与技巧。

本书既可作为本科院校相关专业教材，也可作为高等职业教育财经和管理各专业教材，同时还可供社会上的商务谈判人员参考。

图书在版编目（CIP）数据

商务谈判 / 吴琼，李昌凰，胡萍主编 . -- 北京：清华大学出版社，2017（2023.9 重印）
（普通高等院校"十三五"规划教材）
ISBN 978-7-302-47717-4

Ⅰ.①商… Ⅱ.①吴… ②李… ③胡… Ⅲ.①商务谈判-高等学校-教材 Ⅳ.①F715.4

中国版本图书馆 CIP 数据核字（2017）第 159207 号

责任编辑：刘志彬
封面设计：汉风唐韵
责任校对：宋玉莲
责任印制：曹婉颖

出版发行：清华大学出版社
    网   址：http：//www.tup.com.cn，http：//www.wqbook.com
    地   址：北京清华大学学研大厦 A 座   邮   编：100084
    社 总 机：010-83470000   邮   购：010-62786544
    投稿与读者服务：010-62776969，c-service@tup.tsinghua.edu.cn
    质量反馈：010-62772015，zhiliang@tup.tsinghua.edu.cn
印 装 者：三河市龙大印装有限公司
经 销：全国新华书店
开 本：185mm×260mm   印 张：13   字 数：283 千字
版 次：2017 年 7 月第 1 版   印 次：2023 年 9 月第 7 次印刷
定 价：35.80 元

产品编号：072817-01

前　言

在社会生活中，个人和组织通过同其利益相关者进行谈判来实现交换、创造价值，从而满足自身生存和发展的需要。实际上，谈判作为一种有效的协调手段，不仅有利于个人间、家庭间、组织间的联系和沟通，也有助于政府间、国家间的交流和合作。谈判越来越被广泛地运用到社会生活的各个领域，在社会生活中发挥着重要的作用。

作为谈判的重要分支，商务谈判是在商务活动中，买卖双方为了满足各自的需求，彼此进行交流、阐述意愿、磋商协议、协调关系，争取意见一致，从而赢得或维护经济利益的行为与过程。通过商务谈判，经济组织可以有效地实现购销、获取信息、开拓市场，进而促进自身的发展。

商务谈判是一门融合社会学、管理学、心理学和博弈论等学科的基本思想和理论、应用性极强的交叉性边缘学科，具有科学性和艺术性。在涉及对谈判双方实力的认定、对谈判环境因素的分析、对谈判方案的制订以及对交易条件的确定等问题时，则更多地体现出科学性的一面；而在具体谈判技巧和谈判策略的选用上，更多地体现谈判艺术性的一面。"科学"告诉我们在谈判中如何做，"艺术"则帮助我们把谈判做得更好。

本书立足于近年来国内外商务谈判领域的研究进展和实践变革，吸收了大量的相关研究成果和案例，按照应用型本科院校的教学要求，遵循"以应用为目的，理论以够用为度，强化技能训练"的编写原则，围绕"商务谈判是什么""谈什么""如何谈""怎样谈好"等主要问题，以商务谈判的过程为主线，在阐述商务谈判的基本理论、基本原则的基础上，着重介绍实践中常见的商务谈判的策略和技巧，并引用大量案例，使读者了解谈判的基本知识，明确谈判的基本要领。本书还提供模拟实训的背景，读者可以通过模拟谈判，锻炼实际谈判能力。

本书分为八章，主要介绍商务谈判的基本知识、商务谈判的过程、商务谈判的策略及技巧、商务谈判中的风险及规避等内容。每一章都包含学习目标、导入案例、相关知识、本章小结、思考题、案例分析和实训项目，编写风格力求生动、易懂、实用，系统而真实地反映商务谈判的规律与技巧。

本书既可作为本科院校相关专业教材，也可作为高等职业教育财经和管理各专业教材，同时还可供社会上的商务谈判人员参考。

本书的出版得到了清华大学出版社的大力支持，同时参阅了国内外同行的相关著作、研究报告、统计资料及其他研究成果，在此一并表示感谢！由于作者的学识和经验有限，本书难免存在纰漏，不当之处恳请业界专家、学者和广大读者批评指正。

编　者

2017 年 3 月

目　录

第七章　商务谈判礼仪　160

第八章　商务谈判中的风险及规避　183

1 第一章 商务谈判概述

导入案例

美国谈判学会会长、著名律师杰勒德·尼尔伦伯格讲过一个著名的分橙子的故事。有一个妈妈把一个橙子分给了两个孩子。不管从哪里下刀，两个孩子都觉得不公平。两个人吵来吵去，最终达成了一致意见，由一个孩子负责切橙子，另一个孩子选橙子。结果，这两个孩子按照商定的办法各自满意地取得了一半橙子。

一个孩子把半个橙子的皮剥掉扔进了垃圾桶，把果肉放到果汁机里榨果汁喝。另一个孩子把果肉挖掉扔进了垃圾桶，把橙子皮留下来磨碎了，混在面粉里烤蛋糕吃。

尼尔伦伯格分析说，从上面的情形我们可以看出，虽然两个孩子各自拿到了看似公平的一半，然而，他们各自得到的东西却未物尽其用。这说明，他们事先并未做好沟通，也就是两个孩子并没有申明各自利益所在。没有事先申明价值导致了双方盲目追求形式上和立场上的公平，结果双方各自的利益并未在谈判中达到最大化。

如果我们试想，两个孩子充分交流各自所需，或许会有多个方案和情况出现。可能的一种情况，就是遵循上述情形，两个孩子想办法将皮和果肉分开，一个拿到果肉去喝汁，另一个拿皮去做烤蛋糕。然而，也可能经过沟通后是另外的情况，恰好有一个孩子既想要皮做蛋糕，又想喝橙子汁。这时，如何能创造价值就非常重要了。

尼尔伦伯格接着讲，其实这两个孩子对于这个橙子的分配还可以将其他的问题拿出来一块谈。假如一个孩子想要整个橙子，他可以向对方提议："如果你把这个橙子全给我，你上次欠我的棒棒糖就不用还了。"其实，他的牙齿被蛀得一塌糊涂，父母上星期就不让他吃糖了。另一个孩子想了一想，很快就答应了。他刚刚从父母那儿要了五块钱，准备买糖还债。这次他可以用这五块钱去打游戏，才不在乎这酸溜溜的橙子汁呢。

分析：两个孩子的谈判思考过程实际上就是不断沟通、创造价值的过程。商务谈判是谈判各方为实现一定的经济利益，以沟通为工具，通过协调彼此的利益关系，寻求对自己最大利益的方案的同时，也满足对方的最大利益的需要的过程。

第一节 谈判与商务谈判

一、谈判的定义

谈判实际上包含"谈"和"判"两个紧密联系的环节。谈，即说话或讨论，就是当事人明确阐述自己的意愿和所要追求的目标，充分发表关于各方应当承担和享有的责、权、利等看法；判，即分辨和评定，它是当事各方努力寻求关于各项权利和义务的共同一致的意见，以期通过相应的协议正式予以确认。因此，"谈"是"判"的前提和基础，"判"是"谈"的结果和目的。

不过，给谈判下一个大家都认同的定义，可能也还需要一个"谈判"的过程。从不同的角度和层面看，"谈判"有不同的定义，且不同的专家对其有不同的表述。从经济学角度看，谈判是通过交涉去实现交易利益最大化的过程。该定义突出的是谈判利益。如人们常讲的，以最少的钱买最多的可用之物，以中等质量的产品卖出最好的价钱。从哲学角度看，谈判是以有理或无理的理由说服对手的过程。该定义突出的是理性。从信息学角度看，谈判是交易双方通过信息交流，将非对称信息逐渐变成对称信息从而达到影响对方立场，实现自己追求条件的过程。该定义突出了"知"与"识"，即信息与理解，而不论是与非。目前，出现在各类文献中关于谈判的定义，见仁见智、多种多样，比较有代表性的列举如下：

我国谈判专家刘必荣指出：谈判不是打仗，它只是解决冲突、维持关系或建立合作架构的一种方式，是一种技巧，也是一种思考方式。谈判是赤裸裸的权力游戏，强者有强者的谈法，弱者有弱者的方式。我国学者丁建忠认为：谈判是为妥善解决某个问题或分歧，并力争达成协议而彼此对话的行为或过程。

而美国谈判协会会长、著名律师、谈判专家杰勒德·尼尔伦伯格在《谈判的艺术》一书中所阐述的观点非常明确：谈判是人们为了改变相互关系而交流意见，为了取得一致而相互磋商的一种行为。

美国法学教授罗杰·费希尔和谈判专家威廉·尤瑞合著的《谈判技巧》一书把谈判定义为："谈判是为达成某种协议而进行的交往。"美国谈判专家威恩·巴罗认为，谈判是一种双方都致力于说服对方接受其要求时所运用的一种交换意见的技能，其最终目的就是要达成一项对双方都有利的协议。

综合上述观点，我们认为谈判是指参与各方在一定的时空条件下，为了协调彼此之间的关系，满足各自的需要，通过协调而争取达到意见一致的行为过程。对这一定义，我们可以从以下几个方面来理解：

（1）对于任何谈判，一般来说都选择在参与者认为合适的地点和时间进行。谈判的时间和地点已经成为谈判的一个重要组成部分，其选择对谈判双方而言有很大影响，虽然有些一般性的谈判对此要求不是非常苛刻，但至少企业之间、团体之间乃至国家之间的谈判是如此。商务谈判、军事谈判等都对谈判时间和地点的选择十分重视。例如，20 世纪 60年代中苏会谈在各自代表的国家轮流进行，可见谈判当事方对谈判时间和地点选择的重视。

（2）谈判的直接原因是谈判当事方为满足己方的某种利益需求，这是人们进行谈判的动机和根本。谈判的参与者有着各自独立、明确的利益需求。进行谈判的根本目的就是实现和满足各自的利益需求。谈判专家杰勒德·尼尔伦伯格指出，当人们交换意见，改变关系或寻求一致时，人们就有了谈判行为。这里，交换意见、改变关系或寻求一致都是人们的某种需求。这些需求来自人们想满足自己的某种利益，当这种需求只有通过与他人的合作才能满足时，就需要通过谈判的方式进行了，而且这种需求越强烈，谈判的需求也越强烈。

（3）谈判是谈判者双方相互作用、协商和协调的过程。谈判者利益的实现和需求的满足是相互依赖的，同时又是相互冲突的，这使谈判过程既是一个沟通与信息共享、说服与被说服的过程，又是一个相互影响、相互制约、相互交流的过程。此外，对于谈判而言，谈判的开始意味着某种需求希望得到满足或某个问题需要得到解决。由于谈判当事方的各自利益、思维方式不尽相同，存在一定的差异和冲突，因而谈判的过程实际上就是谈判双方相互作用、协商和协调的过程，问题的解决和矛盾的协调不可能一挥而就，而是随着新问题的解决和新矛盾的产生而不断重复，这就意味着谈判需要一个过程。

（4）谈判是寻求和改善人们社会关系的行为。人们的一切活动都是建立在一定社会关系的基础之上的。就拿商品交易而言，表面上看是买方与卖方的商品交易过程，实际上是人与人之间的关系。买卖行为之所以能够发生，依赖于买卖双方建立一种新的社会关系，而这种关系的建立和巩固就是通过谈判进行的。

（5）谈判作为人们的一种行为和活动，要涉及相关的许多方面和领域。在谈判中，不仅常常会涉及经济、法律、金融、保险、哲学、文学等多方面的内容，而且有时还会涉及国际惯例、各国法规、各国商业习俗等方面的内容。因此，谈判的过程既涉及经济的各个方面，又涉及文化的各个方面，甚至有时还要涉及政治的方面，因而其内涵比较广泛。

二、谈判的基本原理

▶ 1. 谈判的本质

谈判的本质是人际关系的一种特殊表现。我们知道，人类是人的自然属性和社会属性的统一体，二者缺一不可。而正是人的社会属性，决定了从地球上有了人的那一天起，人就不可避免地要为了物质或精神方面的需要而彼此打交道。这就是人与人之间的关系，简称人际关系。谈判是讨论、协商，因此，就不能只有一个人或一方，而必然至少有两个人或两方。那么，它就必然表现为一种人与人之间的关系。可是，人际关系多种多样，如师生关系、同学关系、血缘关系等。我们当然不能简单地把多种多样的人际关系都归结为谈判关系。谈判是一种特殊类型的人际关系。

▶ 2. 谈判的核心任务

谈判的核心任务在于一方企图说服另一方或理解或允许或接受自己所提出的观点。一个人生活在现实的世界上，就要不断地和周围环境中的物和人发生各种接触，从而形成对周围环境中物和人的认识，产生自己的观点。但这些观点，别人是否理解，是否允许其存在，是否接受？如果别人不理解或不允许或不接受这些观点，那么应如何做呢？在这种情况下，可以考虑采取的一种办法就是谈判。通过谈判，使别人首先能理解我们的观点，更进一步，则要别人能允许和接受这些观点。

人们所处的自然环境以及社会环境存在差别，人们的思维素质、文化素质、道德素质等极不平衡，人们的心理发展状况呈现不同层次或水平，这就决定了人们在所追求和维护的基本利益方面的不一致。一些人所要追求的基本利益，可能不是另一些人也要追求的；一些人所要维护的基本利益，可能和另一些人想要维护的基本利益正好相反。存在差异的双方如想互相得到满足，可以考虑采取的一种方式就是在双方之间沟通，进行协商对话，而这也就是谈判。通过谈判，双方在需要和利益方面能得到协调和适应。

▶ 3. 谈判产生的条件

谈判产生的条件是双方在观点、利益和行为方式等方面既相互联系又相互冲突或差别。如前所述，谈判的核心任务是一方试图说服另一方或理解或允许或接受自己的观点、基本利益以及行为方式等。这就表明，谈判产生的前提条件，是人们在观点、基本利益和行为方式等方面出现了不一致。如果不存在这种不一致的情况，人们也就无须进行谈判。但是，我们都不能由此而得出一个简单的结论，即只要人们在观点、基本利益和行为方式等方面出现了不一致，就一定会导致谈判现象的产生。

谈判现象产生的重要条件之一，就是两个人或两方在观点、基本利益和行为方式等方面出现了既相互联系又相互差别或冲突的状况。例如，甲企业生产的产品急需推销，乙企业认为销售甲企业产品是极有利的，或者认为急需要甲企业产品作为本企业再加工的原材料。这就构成了它们之间的相互联系。然而，甲、乙两家企业又都是独立的商品生产经营者，它们各自所代表的基本利益不允许它们无偿地调拨，这就构成了它们之间的相互差别或冲突。如何才能在这种既相互联系又相互差别或冲突的局面中，既维护本身的利益，又考虑对方利益，从而求得两者的协调发展？这就需要借助于谈判。

在任何时候，每一种谈判现象的产生，都意味着谈判双方在观点、基本利益和行为方式等方面出现了既相互联系又相互差别或冲突的情况。所以，两个人或两方及早意识到双方的这种状况，对于促成谈判现象的发生是极其重要的。

▶ **4. 谈判的关系构成**

谈判的关系构成是双方在物质力量、人格、地位等方面都相对独立或对等。并不是人们在观点、基本利益和行为方式等方面出现了不一致，就一定会产生谈判现象；也不是人们在观点、基本利益和行为方式等方面存在既相互联系又相互冲突或差别的状况，就一定会产生谈判现象。例如，奴隶与奴隶主，他们各自在观点、基本利益和行为方式等方面很不一致。不仅如此，他们在这些方面也是既相互联系又相互冲突或差别的。但是在很多时候，他们之间不会出现谈判现象，也不可能出现谈判现象。为什么？这是因为，奴隶主把奴隶看作会说话的工具。奴隶失去了人身的自由，奴隶主掌握对奴隶生杀予夺的大权。奴隶主依靠强力压迫奴隶，使其服从自己。由此可见，在人与人之间构成谈判这种类型的关系，还需要依赖另一个重要条件，即作为谈判的双方，必须在物质力量、人格、地位等方面都获得了(哪怕是暂时获得了)相对独立或对等的资格。

在谈判过程中，谈判的一方，如果由于特殊原因而导致自己失去了与对方对等的力量或地位，那么另一方可能很快就不再把他继续作为谈判的对手，并且可能图谋采取另外的方式来解决问题。这时，谈判将转化为非谈判。因此，任何谈判者，要想使谈判正常地进行下去，就必须发展和壮大自己的物质力量，保持自己独立的人格和地位。

▶ **5. 谈判的工具**

谈判的工具是思维——语言链。进行谈判，至少要有两个或两个不同方面的代表。他们都要阐述自己的想法或意见，也需要听取对方的想法和意见，然后不断地进行磋商，争取使双方的想法和意见趋于一致。于是，他们之间就有一个如何把己方的信息传递给对方，同时又把对方的信息接收过来的问题。如果没有双方之间的信息传递和交换，也就无所谓谈判。

根据一些科学家的研究结果，我们看到这一问题是在如下过程中解决的：

甲方首先在思想上产生了一个希望把自己的观点传递给乙方的想法(思维层面的活动)，然后，需要选择恰当的语词和组成合适的语句或其他符号，把一定的想法或意见表达出来(语言层面的活动)。当一个人采用语言形式去表达自己的想法或意见时，由于语言形式可以是有声的口头形式，也可以是无声的文字形式(包括图表和其他符号)，这就要使声带、舌头、嘴唇等器官进行活动，或使手、臂等身体部位进行活动(称生理层面的活动)。通过舌头、声带、嘴唇的活动而发出的有声语言会形成一定的声波；通过手、臂活动而构成的文字会形成一定的光波(称物理层面的活动)。正是这种物理层面的活动，把声波或光波传达给乙方，刺激了乙方的耳朵或眼睛等生理器官，引起了乙方的生理层面的活动。生理层面的活动结果是把外界刺激输送到大脑，大脑再把它们转换为一定的语言层面的活动。最后，乙方又进行思维层面的活动，理解一定语言和语句或其他符号所表示的思维内容，从而接收到了甲方所发来的信息。

我们将以上传递和交换信息过程中的各环节称作思维——语言链。在这一链条中，任何一个环节上出现了障碍，都会使传送和交换信息的过程受到影响甚至中断。而这一切，最后又都会决定谈判能否顺利进行下去。

正因为谈判是借助于思维——语言链这个工具来传递和交换信息的，所以，谈判者培养自身的思维能力，提高自己的语言能力，具有突出的意义。

三、商务谈判的定义

所谓商务，是指经济组织或企业的一切有形资产与无形资产的交换与买卖事宜。按照国际习惯，商务行为可以分为以下四种：

（1）直接的商品交易活动，如销售、批发活动等；

（2）直接为商品交易服务的活动，如运输、包装活动等；

（3）间接为商品交易服务的活动，如金融、保险活动等。

所以，商务谈判是指在商务活动中，买卖双方为了满足各自的一定需求，彼此进行交流、阐述意愿、磋商协议、协调关系、争取达到意见一致从而赢得或维护经济利益的行为与过程。

商务谈判是在商品经济条件下发展起来的，其已经成为现代经济社会生活中必不可少的组成部分。可以说，没有商务谈判，经济活动就很难进行，小到日常生活中购物时的讨价还价，大到企业之间的交易、国家之间的技术合作和交流都离不开商务谈判。商务谈判所涉及的知识领域极广，是融市场营销、国际贸易、金融、法律、科技、文学、艺术、地理、心理和演讲等多种学科为一体的综合性学科，是一项集政策性、技术性和艺术性于一体的社会经济活动。

四、商务谈判的主要特征

商务谈判是人类一种有意识的社会活动，虽然商务谈判所涉及的内容极其广泛，但商务谈判还是属于一种专业谈判，具有以下几个特征。

▶ **1. 商务谈判是一种协调过程**

谈判是双方通过相互协调不断调整各自的需要，从而达到意见一致的过程。在谈判中，双方都会意识到"冲突"与"合作"是一对不可或缺的矛盾。要解决这一对矛盾，最好的办法就是协商。协商的过程也就是一个调整各自的需求和利益的过程，换句话说，是一个互相逐渐让步、逐渐妥协的过程。对此，我们必须有充分的思想准备：

（1）任何一方固执己见，死不让步，谈判往往难以进行；

（2）任何一种谈判结论都不可能一步到位，哪怕是再简单的谈判；

（3）从某种角度上来讲，合理的、有节制的让步对结局来说也是一种收获。因为谈判破裂，对双方都没好处，只有这样才能达成一致意见。

▶ 2. 商务谈判是"合作"与"冲突"的对立统一

由于利益上的冲突，商务谈判中双方的行为企图一般都具有排斥性（冲突）。在谈判桌上，竞争与抗衡是第一位的，因为，没有冲突也就没有必要谈判。相反，如果光有这种排斥与冲突，没有协商与合作，谈判也进行不下去。也就是说，谈判双方的利益既有统一的一面，又有冲突的一面，所以，谈判成功是一种对立统一。

为了很好地解决谈判中的这对矛盾，首先，必须对此要有深刻的认识；其次，在制定谈判的战略方针、选择与运用谈判策略与战术时，必须注意既要不损害双方的合作关系，又要尽可能为本方谋取最大的经济利益，即在这两者之间找到一个平衡点。对于谈判人员来说，应该提倡在合作的前提下达到本方利益最大化，即在使对方通过谈判有所收获的同时，使自己获得更多的收获，努力实现"合作利己主义"。

▶ 3. 商务谈判是"互惠的"，但又不是"平等的"

谈判的"互惠性"是指通过谈判，双方都可以从中得到利益。谈判的"不平等性"是指谈判双方由于受企业实力不同、对谈判的环境了解不同、谈判人员的谈判技巧与策略的选用不同等因素的影响，对谈判利益的享有不会是完全一样的。

▶ 4. 商务谈判以经济利益为目的，以价格谈判为中心

这是商务谈判区别于其他谈判的主要特点。商务谈判发生的根本原因在于人们追求经济上的利益需要，其目的决定了当事人必然注重经济效益，力争多得一些，少给一些。比如，购销谈判中，供方希望把价格定得尽量高一些，而需方则希望尽量压低价格。在借贷谈判中，借方总是希望借款期限长一些，利息低一些；而贷方则希望利息高一些，期限短一些。诚然，商务谈判以经济利益为目的，所涉及的因素多种多样，但是，其核心角色是价格。这是因为双方经过谈判，最后经济利益的划分主要通过价格表现出来。

▶ 5. 商务谈判既是一门科学，又是一门艺术，是科学与艺术的有机整体

作为一门科学，商务谈判需要精密的计算、准确的数据、严格的推理、翔实的论证。谈判桌上差之毫厘，谈判桌下就可能失之千里，绝对马虎不得。作为一门艺术，商务谈判人员需要揣摩对方的心理，观察场上的气氛，灵活掌握原则，恰当使用策略技巧，讲究原则而不呆板，精确而不死抠数字。极大程度地发挥自己的主观能动作用、发挥自己的创造性思维，既做得对，又做得好，这样才能取得较好的效果。因此，对于一个谈判者而言，在谈判中既要讲科学，又要讲艺术。在涉及对谈判双方实力的认定、对谈判环境因素的分析、对谈判方案的制订以及对交易条件的确定等问题时，则更多地体现出科学性的一面；而在具体谈判技巧的运用和谈判策略的选用上，体现比较多的是谈判的艺术性。"科学"告诉我们在谈判中如何做，"艺术"则帮助我们把谈判做得更好。

五、商务谈判的功能

▶ 1. 实现购销

在现代市场经济中，流通即买和卖，实际上就是商务问题。它关系到整个社会经济运行的顺利，关系到一个社会组织（特别是企业）的发展，也体现了人们及各类社会组织之间的社会关系。商务问题，首先又是一个商务谈判的问题。因为，任何商务活动都只能和必须借助这样或那样的商务谈判才能成为现实。例如，货物的买卖，其品种、规格、品质、数量、价格、支付、交货、违约责任等，都要通过商务谈判来确定。只有当事各方经过认真的谈判就上述一系列交易条件达成协议时，货物的买卖才能进行。其他，如技术贸易、合资、合作等更广泛意义的购销交易，也只能通过相应的商务谈判并达成协议才能实施。所以，商务谈判在现代社会举足轻重，它是各种购销活动的桥梁，决定着各种商品购销关系的实现。

▶ 2. 获取信息

在现代市场经济条件下，由于面临激烈的市场竞争，社会组织特别是企业的生存和发展必须自觉以市场为导向，而只有及时、准确地掌握足够的市场信息，才能知己知彼、正确决策，才能占优占先并灵活应对，才能掌握市场竞争的主动权，因此，信息是现代社会的宝贵资源。商务谈判，正是获取市场各种信息的重要途径。

商务谈判作为获取信息的重要途径，体现在商务谈判的议题确定、对象选择、背景调查、计划安排、谈判磋商、合同履行等方方面面，贯穿在商务谈判的自始至终。例如，与对方谈判货物买卖，首先就要了解该方的资质和市场的生产、需求、消费、技术、金融、法律等各种信息，还要了解该方提供的产品的来源、数量、品质、价格、服务、供货能力等，并将其同市场上的同类产品相比较，以便在此基础上提出己方具体的交易条件要求与对方磋商。而且，谈判中的相互磋商本身也是信息沟通，它反映着市场的供求及其趋势，其中许多信息往往始料不及；同时，这种相互磋商，常常使当事各方得到有益的启示，从中可以获得许多有价值的信息。

▶ 3. 开拓发展

社会组织的发展，不但需要自身素质和能力的不断提高，更需要将这种素质和能力转化为现实效益的不断开拓来推动。所谓开拓，就是开辟、扩展。例如，企业的开拓，就要求在不断提高企业的整体素质以及产品水平、生产效率的基础上，不断开辟、扩展新的市场。而这种新的市场的开辟、扩展，其内容实际上包括产品的扩大销售和各种生产要素的扩大引进，即卖和买两个方面的不断扩大。在这里，卖和买两个方面的扩大及其所涉及的各项交易，显然是通过一系列商务谈判来完成的。因此，只有通过成功的商务谈判这一纽带，才能实现市场的开拓，进而促进企业的发展。当然，企业开拓市场，通常还要采取产品、价格、渠道、促销等营销组合策略和其他各种经营策略。但是，这些策略的效果，最终必然要在商务谈判中得到反映、受到检验，并成为现实。

总之，商务谈判是社会组织与外部联系的桥梁、途径和纽带。其中，实现购销是商务谈判的基本职能。随着社会主义市场经济体制的健全和完善，以及我国经济融入世界经济，人们必将越发认识到搞好商务谈判和充分发挥其职能的重要作用。

第二节 商务谈判的要素与类型

一、商务谈判的要素

商务谈判的要素是指构成商务谈判活动的必备要素。它从静态的结构揭示商务谈判的内在基础。商务谈判是指在商务活动中为满足买卖双方各自的经济利益目的而进行的谈判。因此，从这个角度而言，商务谈判主要由谈判主体、谈判客体和谈判环境三个要素构成。

▶ 1. 商务谈判主体

商务谈判是人与人之间进行智力和心理较量的过程，而商务谈判的成效在很大程度上取决于谈判主体的主观能动性和创造性，因此没有谈判当事人，就没有谈判。当事人是谈判形成的原动力，是谈判的主体。谈判主体是商务谈判活动的主要因素，起着至关重要的作用。谈判主体既可以是一个人，也可以是一个合理组成的群体。在商务谈判中，谈判的主体是指主持谈判、参与谈判以及与交易利益相关的人员。该主体应具有商务谈判及其相关的知识、具有谈判能力、拥有相应权力的心理健全的人。

▶ 2. 商务谈判客体

商务谈判客体是指谈判涉及的交易或买卖的内容，是谈判的起因。在谈判过程中，谈判标的是核心，其对谈判的影响是深刻的。标的的多样性以及在交易中的复杂性，决定了它对谈判带来的冲击也是多层次的。不了解标的，就很难了解谈判的真实面貌。在商务谈判中，商务谈判的标的几乎没有什么限制，类别十分广泛。可以说，任何可以买卖的有形、无形产品都可以作为谈判标的。有形的标的包括所有的固态、液态、气态物体，无形标的包括文化、艺术、服务、知识、高技术等。

▶ 3. 商务谈判环境

商务谈判环境是指当事人与谈判标的均处在某个特定的客观环境。客观存在的谈判环境会给当事人在谈判时带来一定的影响，其能为谈判者实施谈判策略与技巧提供依据。谈判环境主要包括政治环境、经济环境、人际关系环境等。

政治环境是指本国政局稳定状态、政策要求以及谈判双方所在国之间的外交状态。政治和经济是紧密相连的，政治对于经济具有很强的制约力。在国内商务谈判中，政治环境多指政局及政策状况。国际商务谈判中的政治环境比较复杂，它既涉及两国各自的政局，又包括两国之间的外交关系，通常情况下后者对谈判影响较大。因此，在进行经济往来之前，必须对谈判对方的政治环境进行详尽的了解，主要包括政局的稳定、政府之间的关系、政府对进口商品的控制等。

经济环境是指谈判当事人所处的经济背景。经济环境分为宏观和微观两种。宏观经济环境主要指国家的经济政策方针、当事人所在国家的经济发展状况、人民的生活水平、交易货币汇率变化情况等。这些因素既反映谈判当事人所处的宏观经济状态，又反映交易条件的好坏。微观经济环境主要指标的物所处的市场状态和谈判当事人所在企业的经营状态。标的物的市场状态及其市场身价，也是谈判经济背景好坏的信号。该状态可分为四种：垄断市场、供大于求、求大于供和供求平衡。当事人所在企业状况是指企业的生产状况、产品的更新换代、销售状况、资本运作、品牌经营等现实情况。它决定谈判当事人对进行商品交易需求的程度和谈判中所持的态度，是谈判当事人取得谈判胜利的关键信息。

人际关系是指谈判者所属企业之间、谈判者之间、企业领导人之间的关系。

二、商务谈判的类型

▶ 1. 按谈判参与方的数量分类

按谈判参与方的数量分类，商务谈判可分为双方谈判和多方谈判。

双方谈判，是指谈判只有两个当事方参与的谈判。例如，一个卖方和一个买方参与的交易谈判或者只有两个当事方参与的合资谈判均为双方谈判。在国家或地区之间进行的双方谈判，也叫双边谈判。

多方谈判，是指有三个及三个以上的当事方参与的谈判。如甲、乙、丙三方合资兴办企业的谈判。在国家或地区之间进行的多方谈判，也叫多边谈判。

双方谈判和多方谈判，由于参与方数量的差别而有不同的特点。双方谈判，一般来说涉及的责、权、利划分较为简单明确，因而谈判也比较易于把握。多方谈判，参与方越多其谈判条件越错综复杂，需要顾及的方面就越多，也难以在多方的利益关系中加以协调，从而增加谈判的难度。

▶ 2. 按谈判议题的规模及各方参加谈判的人员数量分类

按谈判议题的规模及各方参加谈判的人员数量，商务谈判可分为大型谈判、中型谈判和小型谈判，或者分为小组谈判、单人谈判。谈判规模，取决于谈判议题及其相应的谈判人员的数量。谈判议题越是结构复杂，涉及的项目内容越多，各方参加谈判的人员数量也会越多。这样，谈判自然有大型、中型、小型之分。但是，这种划分只是相对而言，并没有严格的界限。通常划分谈判规模，以各方台上的谈判人员数量为依据，各方在12人以上的为大型谈判，4～12人为中型谈判，4人以下为小型谈判。一般情况下，大、中型谈判，由于谈判项目内容以及涉及的谈判背景等较为复杂，谈判持续的时间也较长，因而需要充分做好谈判的各方面准备工作，如组织好谈判班子（其成员要考虑有各类职能专家）、了解分析相关的谈判背景和各方的实力、制订全面的谈判计划和选择有效的谈判策略、做好谈判的物质准备等。小型谈判，由于其规模较小，虽也应做好准备、认真对待，但谈判内容、涉及背景、策略运用等均相对简单。

按照谈判各方参加人员的数量，商务谈判还可分为小组谈判、单人谈判。小组谈判，指各方出席谈判的人员在2人以上组成小组进行的谈判。谈判小组人员较多或职级较高，也称谈判代表团。单人谈判，也称单兵谈判，即指各方出席谈判的人员只有1人，为"一对一"的谈判。小组谈判与单人谈判，其规模通常也由谈判议题决定，所以，同大型、中型谈判与小型谈判相类似。规模大的谈判，有时根据需要也可在首席代表之间安排"一对一"的单人谈判，以磋商某些关键或棘手问题。另外，单人谈判，独立作战，因而对谈判人员又有较高的要求。

▶ 3. 按谈判所在地分类

按谈判所在地分类，商务谈判可分为主场谈判、客场谈判和第三地谈判。

主场谈判，也称主座谈判，是指在自己一方所在地、由自己一方做主人组织的谈判。主场谈判，占有"地利"，会给主方带有诸多便利，如熟悉工作和生活环境、利于谈判的各项准备、便于问题的请示和磋商等。因此，主场谈判在谈判人员的自信心、应变能力及应变手段上，均占有天然的优势。如果主方善于利用主场谈判的便利和优势，往往会对谈判形成有利影响。当然，作为东道主，谈判的主方应当礼貌待客，做好谈判的各项准备。

客场谈判，也称客座谈判，是指在谈判对手所在地进行的谈判。客场谈判，客居他乡的谈判人员会受到各种条件的限制，也需要克服种种困难。客场谈判人员，面对谈判对手必须审时度势，认真分析谈判背景、主方的优势与不足等，以便正确运用并调整自己的谈判策略，发挥自己的优势，争取满意的谈判结果。这种情况在外交、外贸谈判中历来为谈判人员所重视。

为了平衡主、客场谈判的利弊，如果谈判需要进行多轮，通常安排主、客场轮换。在这种情况下，谈判人员也应善于抓住主场机会，使其对整个谈判过程产生有利的影响。

第三地谈判，是指在谈判双方(或各方)以外的地点安排的谈判。第三地谈判，可以避免主、客场对谈判的某些影响，为谈判提供良好的环境和平等的气氛，但是，可能引起第三方的介入而使谈判各方的关系发生微妙变化。

▶ 4. 按商务交易的地位分类

按商务交易的地位，谈判可分为买方谈判、卖方谈判和代理谈判。

(1) 买方谈判，是指以求购者(购买商品、服务、技术、证券、不动产等)的身份参加的谈判。显然，这种买方地位不以谈判地点而论。买方谈判的特征主要表现为：

① 重视搜集有关信息，"货比三家"。这种搜集信息的工作应当贯穿在谈判的各个阶段，并且其目的和作用应有所不同。

② 极力压价，"掏钱难"。买方是掏钱者，一般不会"一口价"随便成交。即使是重购，买方也总要以种种理由追求更优惠的价格。

③ 度势压人，"买主是上帝"。买方地位的谈判方往往会有"有求于我"的优越感，甚

者盛气凌人。同时，"褒贬是买主"，买方常常以挑剔者的身份参与谈判，"评头品足""吹毛求疵"均在情理之中。只有在某种商品短缺或处于垄断地位时，买方才可能俯首称臣。

（2）卖方谈判，是指以供应者（提供商品、服务、技术、证券、不动产等）的身份参加的谈判。同样，卖方地位也不以谈判地点为转移。卖方谈判的主要特征为：

① 主动出击。卖方即供应商，为了自身的生存和发展，其谈判态度自然积极，谈判中的各种表现也均表现出主动精神。

② 虚实相映。谈判中卖方的表现往往是态度诚恳、交易心切与软中带硬、待价而沽同在，亦真亦假、若明若暗兼有。当己方为卖方时，应注意运用此特征争取好的卖价。而当他方为卖方时，也应注意识别哪是实、哪是虚。

③ "打""停"结合。卖方谈判常常表现出时而紧锣密鼓，似急于求成；时而鸣金收兵，需观察动静。如此打打停停、停停打打，对于克服买方的压力和加强卖方地位，通盘考虑谈判方案及其细节，以争取谈判的成功是必要的。

（3）代理谈判，是指受当事方委托参与的谈判。代理，又分为全权代理和只有谈判权而无签约权代理两种。代理谈判的主要特征为：

①谈判人权限观念强，一般都谨慎和准确地在授权范围之内行事；

②由于不是交易的所有者，谈判地位超脱、客观；

③由于受人之托，为表现其能力和取得佣金，谈判人的态度积极、主动。

▶ **5. 按谈判的态度分类**

按谈判的态度与方法，谈判分为软式谈判、硬式谈判和原则式谈判。

（1）软式谈判，也称关系型谈判。这种谈判，不把对方当成对头，而是当作朋友；强调的不是要占上风，而是要建立和维持良好的关系。软式谈判的一般做法是：信任对方－提出建议－做出让步－达成协议－维系关系。当然，如果当事各方都能视"关系"为重，以宽容、理解的心态，互谅互让、友好协商，那么，无疑谈判的效率高、成本低，相互关系也会得到进一步加强。然而，由于价值观念和利益驱动等原因，有时这只是一种善良的愿望和理想化的境界。事实是，对某些强硬者一味退让，最终往往只能达成不平等甚至是屈辱的协议。在有长期友好关系的互信合作伙伴之间，或者在合作高于局部近期利益、今天的"失"是为了明天的"得"的情况下，软式谈判的运用是有意义的。

（2）硬式谈判，也称立场型谈判。这种谈判，视对方为劲敌，强调谈判立场的坚定性，强调针锋相对；认为谈判是一场意志力的竞赛，只有按照己方的立场达成的协议才是谈判的胜利。采用硬式谈判，常常是互不信任、互相指责，谈判也往往易陷入僵局、旷日持久，无法达成协议。而且，这种谈判即使达成某些妥协，也会由于某方的让步而履约消极，甚至想方设法撕毁协议、予以反击，从而陷入新一轮的对峙，最后导致相互关系的完全破裂。在对方玩弄谈判工具其阴谋需加以揭露、在事关自身的根本利益而无退让的余地、在竞争性商务关系、在一次性交往而不考虑今后合作、在对方思维天真并缺乏洞察利弊得失之能力等场合，运用硬式谈判是有必要的。

（3）原则式谈判，也称价值型谈判。这种谈判，最早由美国哈佛大学谈判研究中心提出，故又称哈佛谈判术。原则式谈判，吸取了软式谈判和硬式谈判之所长而避其极端，强调公正原则和公平价值，主要有以下特征：

①谈判中对人温和、对事强硬，把人与事分开；

②主张按照共同接受的、具有客观公正性的原则以及公平价值来取得协议，而不简单地依靠具体问题的讨价还价；

③谈判中开诚布公而不施诡计，追求利益而不失风度；

④努力寻找共同点、消除分歧，争取共同满意的谈判结果。

原则式谈判是一种既理性又富有人情味的谈判。运用原则式谈判的要求有：当事各方从大局着眼，相互尊重，平等协商；处理问题坚持公正的客观标准，提出相互受益的谈判方案；以诚相待，采取建设性态度，立足于解决问题；求同存异，互谅互让，争取双赢。这种谈判态度与方法，同现代谈判强调的实现互惠合作的宗旨相符，日益受到社会的推崇。

▶ **6. 按谈判所属部门分类**

按谈判所属部门，谈判分为官方谈判、民间谈判和半官半民谈判。

官方谈判，是指国际组织之间、国家之间、各级政府及其职能部门之间进行的谈判。官方谈判的主要特征是：谈判人员职级高、实力强；谈判节奏快、信息处理及时；注意保密、注重礼貌。

民间谈判，是指民间组织之间直接进行的谈判。民间谈判的主要特征是：相互平等、机动灵活、重视私交、计较得失。

半官半民谈判，是指谈判议题涉及官方和民间两方面的利益，或者指官方人员和民间人士共同参加的谈判、受官方委托以民间名义组织的谈判等。半官半民谈判兼有官方谈判和民间谈判的特点，一般表现为：谈判需兼顾官方和民间的双重意图及利益，制约因素多；解决谈判中的各类问题时，回旋余地大。

▶ **7. 按谈判的沟通方式分类**

按谈判的沟通方式，谈判分为口头谈判、书面谈判。

口头谈判，是指谈判人员面对面直接用口头语言来交流信息和协商条件，或者在异地通过电话进行商谈。口头谈判是谈判活动的主要方式，主要优点是：当面陈述、解释，直接、灵活，也为谈判人员展示个人魅力提供了舞台；便于谈判人员在知识、能力、经验等方面相互补充、协同配合，提高整体谈判能力；反馈及时，利于有针对性地调整谈判策略；能够利用情感因素促进谈判的成功等。口头谈判也存在某些缺陷，如利于对方察言观色，推测己方的谈判意图及达到此意图的坚定性；易于受到对方的反击，从而动摇谈判人员的主观意志。但是，这些缺陷，反过来也是可供利用的优点。

书面谈判，是指谈判人员利用文字或者图表等书面语言来进行交流和协商。书面谈判一般通过信函、电报、电传等具体方式。书面谈判通常作为口头谈判的辅助方式，主要优点是：思考从容，利于审慎决策；表达准确、郑重，利于遵循；避免偏离谈判主题和徒增不必要的矛盾；费用较低，利于提高谈判的经济效益等。书面谈判，切忌文不达意和马虎粗心，因此，对谈判人员的书面表达能力和工作作风有较高的要求。

▶ 8. 按谈判参与方的地域分类

按谈判参与方的地域，谈判分为国内谈判、国际谈判。

国内谈判，是指谈判参与方均在一个国家内部。国际谈判，是指谈判参与方分属两个及两个以上的国家或地区。

国内谈判和国际谈判的明显区别在于，谈判背景存在较大的差异。对于国际谈判，谈判人员首先必须认真研究对方国家或地区相关的政治、法律、经济、文化等社会环境背景。同时，也要认真研究对方国家或地区谈判者的个人阅历、谈判作风等人员背景。此外，对谈判人员在外语水平、外事或外贸知识与纪律等方面，也有相应的要求。

▶ 9. 按谈判内容与目标的关系分类

按谈判内容与目标的关系，谈判分为实质性谈判、非实质性谈判。

实质性谈判，是指谈判内容与谈判目标直接相关的谈判。非实质性谈判，是指为实质性谈判而事前进行的关于议程、范围、时间、地点、形式、人员等的磋商和安排，事中进行的有关各方面具体事项的联络和协调，事后进行的对协议拟作技术处理和其他善后工作等的事务性谈判。

事实表明，谈判越是重要、复杂、大型、国际化，非实质性谈判与实质性谈判的关系就越密切、越不可轻视。所以，不能认为非实质性谈判是无关紧要的谈判。而那些善于利用自身的主动性，对谈判的议程、范围、时间、地点等进行的周密安排，往往能在实质性谈判还没有开始就已经事实上取得了主导和优势。这种主导和优势，有可能直接导致在实质性谈判中产生有利于己方的谈判结果。反之，某些稳操胜券的谈判，可能由于事前安排的一个小小疏漏或者变动而酿成败局。因此，20 世纪 60 年代以来，国际上越来越重视非实质性谈判给予实质性谈判的影响作用，甚至可能是决定性作用。

第 三 节　商务谈判的基本形态及原则

一、商务谈判的基本形态

商务谈判尽管主题不同，形式各异，方法千变万化，但是它的基本形态不外两种："赢—输"式谈判和"赢—赢"式谈判。

▶ 1. "赢—输"式谈判

"赢—输"式谈判是现代社会中谈判的一种基本形态，也是人们最为熟悉的谈判形态。

一般来说，该种商务谈判中一方的获得是以另一方的付出为代价的。例如，甲与乙正在就分割一块同等条件的土地进行谈判。由于土地的面积一定，条件固定，因此在分割中，当甲取得较大的面积时，乙所得的份额就小，反之亦然。在这种情况下，甲与乙的利害关系势必处于正面的冲突之中。在这一类型的谈判中，冲突多于合作，得失相当明显，因此常常给人以"输—赢"之感。

当然，在这一类型的谈判中，尽管谈判各方处于高度的利害冲突状态之中，但不容忽视的是谈判各方自始至终存在一定程度的合作，因为谈判本身就是一种合作过程。为使这类谈判取得成功，宜采用"皆大欢喜"的谈判方针及相应策略。只有这样，谈判各方才能达成协议，不同程度地满足自身需要。

▶ 2."赢—赢"式谈判

"赢—赢"式谈判，是现代社会中谈判的另一种基本形态，也是人们最为广泛采用的谈判形式。在"赢—赢"式谈判中，参与谈判的各方都能通过彼此的通力合作而各得其利。例如，劳资双方通力合作，能够创造并分享更大的生产成果，此时，对方都为自身赢得了更大的利益。当然，劳资双方除了通力合作，共同创造更大的生产成果外，在成果的分享中不免设法为己方争取较大的占有率。换言之，双方在合作的过程中，仍处于相互冲突的状态。与"赢—输"式谈判不同的是，在"赢—赢"式谈判中合作占主导地位，宜采用"谋求一致"的方针及策略。例如，甲、乙双方合作制作一个大面包，假设分成比例已定，则面包做得越大，双方各自的利益则越大，这样，在合作的过程中，双方都满足了各自的需要。"赢—赢"式谈判是一个双方立足长远、共同获利的合作过程，其中心点是双方要尽全力地、创造性地寻找能够满足双方需要的解决方案。这种谈判的努力与结果，同双方谁都想得到一切、谁也不能忍受对方获利，直到一方放弃相比，显然能创造更大的整体价值和利润，对于企业的未来来说更是如此。

"赢—赢"式谈判有以下好处：

"赢—赢"式谈判的实质，是使服务开始于谈判。在品牌化的市场发展时代，品牌忠诚度决定着产品的长期发展。而品牌忠诚度的获得，一方面源于产品的品质；另一方面来自企业的服务。而所谓的服务，是指企业要尽最大努力满足经销商的各种合理需求。"赢—赢"式谈判就是满足经销商需求的服务之一。如果企业把经销商视为合作伙伴而不是利益伙伴，就更容易从经销商的角度思考问题，从服务而不仅仅是谈判策略的角度去看待"赢—赢"式谈判的实质。

实施"赢—赢"式谈判，是提高谈判效率的重要保证。谈判方式的选择之所以有助于提高谈判效率，是因为谈判达成协议的效率应该是双方都追求的内容之一。效率高的谈判，使双方都有更多的精力和热情推进谈判并使之成功。因为谈判的双方都有潜在的共同利益，共同利益就意味着商业机会，强调共同利益可以使谈判更顺利。

实施"赢—赢"式谈判，有助于营销观念的更新。我们必须认识到："赢—赢"式谈判在绝大多数的谈判中都是应该存在的。从某种角度来说，不是谈判技巧决定双赢，而是观念决定双赢。谈判者树立什么样的观念，就会采取什么样的谈判策略，并应用相关的谈判技巧。因此说，实施"赢—赢"式谈判，有助于谈判观念的更新。

因此，谈判只有双赢，没有输家；"赢—赢"式谈判是商务谈判中唯一正确的策略。

二、影响谈判形态的因素

谈判的基本形态取决于谈判当事人双方获得利益的大小、合作与冲突的对比关系。当利益大小一定时，如果合作成分大于冲突成分，就会出现"赢—赢"形态；反之，如果合作成分小于冲突成分，就会出现"赢—输"形态。影响谈判合作与冲突程度的因素有很多，主要有谈判成果的固定程度、谈判各方的需要满足程度、谈判主题的多少、谈判时间是否充裕、谈判双方的实力与经验等。

▶ **1. 谈判成果的固定程度**

在商务谈判中，当谈判成果固定时，当事人双方之间所具有的冲突性也就越大。例如，对一块面积固定的土地进行分配时，由于谈判双方所分配的物体固定，在这种情况下，当事人一方利益的增加，就意味着另一方利益的减少，因此，谈判双方在谈判中冲突性的意味，就远远大于合作性。

▶ **2. 谈判各方自身需要的满足程度**

在商务谈判中，谈判双方对谈判所希望获得的利益满足程度越迫切，双方在谈判中也就越希望尽快达成交易，双方之间的利益冲突也就越少。因为双方利益的满足取决于彼此合作程度的高低，合作程度越高，交易也就越快，因此，谈判各方自身需要满足程度越高，谈判就越具有合作性。例如，买卖双方之间的谈判，卖方希望卖出物品，获得钱财；而买方希望获得物品，尽快使用。在这种情况下，双方之间的希望越迫切，双方之间交易的冲突性就越少，交易的合作性就越大。虽然买卖中讨价还价屡见不鲜，但双方之间需求影响却很大。

▶ **3. 谈判主题的多少**

在商务谈判中，谈判双方所谈论的主题越多，双方之间所具有的协调性就越大，双方之间也就具有更多的讨价还价的余地。即在商务谈判中，当事人双方在某一主题谈判中的所失，可以从另外一些主题中获得，从而避免了主题单一性所带来矛盾的不可调和性，起到相互平衡、相互协调的作用。例如，买卖双方若只针对商品的价格进行谈判，则它的冲突性甚高。因为，对卖方越有利的价格对买方就越不利。但当买卖双方同时对价格、付款条件、交货方式、售后服务等进行协商时，卖方可以要求支付现款进行补偿。因为买卖双方对其中一些主题所产生的分歧，可以借助另一些主题的调节来进行总体平衡。显然，多主题的谈判具有互作用，从而使谈判的冲突性有所减弱而合作性有所增强。

▶ **4. 谈判时间是否充裕**

在商务谈判中，谈判时间对商务谈判影响很大。谈判时间越充裕，谈判各方对问题分析也就越透彻，从而能够促进谈判的进一步进行。反之，谈判各方所能使用的时间越短，双方对谈判问题也就越缺乏系统的理解和掌握，谈判双方就不容易达成一致，而使谈判处于高度的冲突状态。当然，谈判时间长，也未必是一件好事。一是浪费时间；二是时间越长，自己的意图越容易被对方掌握；三是时间越长，谈判中所带来的意外情况也就越多，中国有句俗话"夜长梦多"。因此在谈判中应视具体情况灵活掌控时间。

▶ **5. 谈判双方的实力与经验**

在商务谈判中，当谈判双方实力与经验相当时，谈判双方就会抱着一种平和心态进行谈判，就很难用强力压制对方，要使谈判取得成果，各牟其利，只有携手合作。相反，当谈判双方的实力与经验相当悬殊时，强者一方往往以居高临下之势，用以大吃小的手段进行谈判，从而使谈判的冲突性增强。

三、商务谈判的基本原则

商务谈判的基本原则是谈判的指导思想和基本准则。它决定了谈判者在谈判中将采用什么谈判策略和谈判技巧，以及以一种什么样的心态运用这些策略和技巧，帮助谈判者决定哪条路该走，哪条路要回避，哪些步骤可以忽略。这些原则往往因合作或竞争以及人们被对待的方式的不同而不同。

▶ **1. 双赢原则**

双赢原则，也就是互利互惠的原则，是达成交易的前提，是商业谈判必须遵循的原则。

【案例1-1】

格林先生想向当地银行申请贷款，但是格林先生经营的企业近来不太景气，因此银行拒绝贷款。格林先生想出一个办法，他让财务部门整理出一些材料，说明企业近来之所以不太景气是因为银行的失误造成的。他用这些材料向银行提出抗议。银行对他的抗议有些措手不及，于是银行经理出面向格林先生道歉。当银行经理担心格林先生进一步问罪时，格林先生提出了贷款要求，银行经理当即同意。不久，格林先生和银行经理共进午餐，在几分酒意下，格林先生说出了自己的计谋。银行经理愤怒到了极点，断然取消了这笔贷款。

分析： 格林先生忘记了谈判里的一条重要原则，就是"双赢"。当一方感觉到自己是输的一方时，自认为失败的一方会千方百计寻找各种理由、机会，甚至采取意想不到的措施，延缓合同的履行，挽回自己的损失，其结果可能是两败俱伤，致使谈判彻底失败。

在谈判中，最重要的是应明确双方不是对手、敌手，而是朋友、合作的对象。

首先，人们谈判是为了改变现状或协商行动。这就要求参与谈判各方合作或配合，如果没有各方的提议、谅解与让步，就不会改变原有的现状，达成新的意向。

其次，如果把谈判纯粹看成一场棋赛，或一场战斗，不是你输就是我赢，那么双方都会把对方看成是敌手，千方百计地想压倒对方，击败对方，以达到己方单方面的目的。由于双方都把对方看成自己的对手，双方各自的利益互不相容。一方多得就意味着另一方少得，一方获利就意味着另一方让利。因此，双方对立的另一危害就是互相攻击，互相指责。谈判者为了维护各自的利益，只知道一味地指责对方、埋怨对方，却不注意寻找双方都可能接受的条件，从而使双方的关系更加紧张、对立，达成协议的可能性变得更小。只有在这样的指导思想下，谈判者才能从客观、冷静的态度出发，寻找双方合作的共同途径，消除达成协议的各种障碍。

要坚持合作互利的原则，可以从以下三个方面着手：

第一，从满足双方的实际利益出发，发展长期的关系，创造更多的合作机会。

第二，秉持诚挚的态度，这是做人的根本。

第三，坚持实事求是。这是指谈判各方在提出己方的要求、条件时，要尽可能符合客观实际，充分估量己方条件的切实可行性，本着公平合理的观点去评价对方的要求、立场。

【案例 1-2】

戴安在一个俱乐部做经理，他计划为俱乐部建一个舞厅。他找到一个承包商，而这个人正想进入建筑行业。承包商愿意为他廉价提供一个优质的舞厅，作为开张优惠，同时他要求在舞厅建成后允许别的客户参观，以宣传工程质量，为自己招揽生意。戴安答应了，但他又进一步要求承包商承担装饰工程。承包商开始很不乐意。戴安告诉他，舞厅美观有利于宣扬工程质量。后来，承包商不仅答应再加装饰而且不惜工本地大加装饰。最终戴安以很优惠的价钱得到一个装修非常不错的新舞厅，而承包商也获得几笔新的生意。这笔交易在双方都很满意和互惠的情况下成功了。

(资料来源：李爽. 商务谈判［M］. 北京：清华大学出版社，2011)

分析：我们在谈判中是可以提出高的要求的，但必须要让对方还有利可图。自己的要求和对方要求之间差距越大，自己就必须发出更多的积极有力的信号，必须做更多的事使他们靠近自己的要求，直到彼此能够互相满足。

在谈判中，传统的分配模式经常无助于协议的达成，对于双方争论的东西，或者是我得到，或者是你得到；一方多占一些，往往意味着另一方要损失一些。但是现代谈判模式和观点则认为，在谈判中每一方都可能有各自的利益，一方的利益焦点和另外一方并不见得是完全对立的。在产品出口贸易的谈判中，卖方最关心的可能是货款的一次性结算，而买方最关心的可能是产品质量是否是一流的。这说明人们在同一事物上可能有不同的利益，在利益的选择上也可能有多种取向。

【案例 1-3】

林丽是一个初中学生。在科学课上老师布置了科学实验，林丽所在的小组需要一箱橘子，用橘子榨出汁来，再用汁做出饮料。小组成员还计划课后把做出的饮料通过慈善机构送给生活贫困的人。小组成员对任务进行了分工，林丽负责购买橘子，以备实验用。于是，下午放学后，林丽急忙赶往学校附近的一家水果店。路上，林丽遇到了另外一个班的学生胡琴，一打招呼，发觉胡琴也是为明天的科学课去买橘子的。林丽说：那正好，咱们一起去买吧。二人高高兴兴地往店里走去。

到了店里，店老板刘华正要下班。刘华问："欢迎二位同学，买点什么？"林丽回答："我们要各买一箱橘子。"胡琴也说："是的，我们都各要这么大小的一箱橘子。"说着还比画了纸箱子的大小，那是标准的纸箱。刘华说："真遗憾，现在只剩下一整箱橘子了，零散的也没了。你们谁可以明天再来？"林丽和胡琴都表示，必须现在就要，明天早上上科学课要用，明天就来不及了。刘华赶紧给别处可能有水果卖的地方（如其他水果店）打电话，结果其他店都已经下班了。对于熟悉的其他店主，他将电话打到他们家里，也被告知没有橘子了。刘华问："你们二位谁发扬风格可以让一让别买了？"林丽和胡琴都表示必须买。刘华又问："能否一人买一部分？"林丽和胡琴都表示必须买一整箱，买一部分还不如不买。刘华再问道："那你们二位是谁先到达本店的呢？"刘华注意到她们二人是一起来的。林丽和胡琴互相看看，都承认是路上偶然遇到，同时到店里来的。

林丽在思考：自己必须买下这箱橘子，否则明天的任务就完不成了。可是如何买下这唯一的一箱橘子呢？

同样，胡琴也在思考：自己必须买下这箱橘子，否则明天的任务就完不成了。可是如何买下这唯一的一箱橘子呢？

分析：以上例子表明，林丽和胡琴的根本利益不仅是不冲突的，而且还可以协商得到更加有利的购买方案而使双方更加有利，即合买一箱橘子，节约购买费用。如果从传统的冲突角度去进行这一谈判，显然得不到这一有利结果。因此，谈判的互利互惠原则就是要协调双方的利益，提出互利性的选择。

在一定情况下，谈判能否达成协议取决于能否提出互利性的选择方案。为了更好地协调双方的利益，不仓促地确定选择方案，在双方充分协商、讨论的基础上，进一步明确双方各自的利益，找出共同利益、不同利益，从而确定哪些利益是可以调和的。

互利性选择方案可以考虑以下两种方式：

（1）打破传统的分配模式，提出新的创新分配方案。人们的习惯性思维往往是，对于争着要的东西，或是我得到，或是你得到，好像没有更好的选择。这种观念是影响人们寻找互利解决方案的主要障碍。要打破传统的分配办法，提出新的选择形式，就需要灵感和创造性。

（2）寻找共同利益点，以增加合作的可能性。当双方为各自的利益讨价还价、激烈争辩的时候，很可能忽略了双方的共同利益点。经常出现这样的情况，双方为某一条款争执不下，结果不欢而散，致使谈判破裂。但事后冷静下来，权衡考虑达成协议对己方的利益，常常追悔莫及。其根本原因就是当时考虑的都是各自的利益。如果都能从共同利益出发，认识到双方的利益是互为补充的，那么就去寻找对双方来说都更加有利的方案。

▶ 2. 客观标准原则

客观标准是指独立于各方意志之外、合乎情理和实用的准则。它既可能是一些惯例、通则、法规，也可能是职业标准、道德标准、科学准则等。

谈判双方有多种方法清除或调和彼此的分歧，以达成协议。一般是通过双方的让步妥协来实现的。这种让步妥协是基于己方的意愿，即愿意接受什么，不愿意接受什么，所以常常会出现一方做出让步以换取另一方对等的让步。这样，调和或消除双方的分歧就变得十分困难，付出的代价也是巨大的。在许多情况下，谈判会陷入另一场持久的僵局中，其结果可能不利于双方以后的进一步合作。结果可能就是演变成为一场意愿的较量，看谁最固执或谁最慷慨。谈判的内容就集中在看谁更加愿意达成协议。这样，谈判就变成双方意愿的一种较量。

在谈判中，当利益冲突不能采取其他方式协调时，客观标准的使用在商务谈判中就能起到非常重要的作用。坚持客观标准，能够很好地克服双方在讨价还价上所产生的弊病，有利于谈判者达成公正的协议。

【案例 1-4】

齐电公司 2015 年 12 月向长宁公司投保财产保险，其中有一台 2007 年出产的变压器的账面原值为 20 万元，净值为 12 万元，经齐电公司与长宁公司协商，该变压器以投保时的市场重置价值 30 万元投保，长宁公司则按 30 万元的保险金额出具了保险单并收取了保险费。

2016 年 6 月 25 日，由于一场突如其来的强劲的山洪暴发，使齐电公司的厂房及生产设备遭受了严重的损失，厂房几乎被夷为平地，大量的设备被山洪卷得无影无踪，其中就有前面提到的那台变压器。

经过保险公司的现场勘查，确认为保险责任，经过双方对损失的初步认定，对赔偿已有了一个初步的看法，但是对该变压器的赔偿金额，双方意见分歧较大，无法达成协议，为此双方暂时停止了谈判，由双方各自准备有关论据再进行进一步谈判。

齐电公司对上述变压器的损失坚持按保险金额 30 万元索赔，齐电公司的理由是：既然在投保时双方已协商按 30 万元确定了保险金额，并以此为依据交付了保险费，现在该变压器发生全损（已被洪水冲走，无法找到），保险公司就应该按原保险金额赔偿。

保险公司则认为，财产保险合同是不定值保险合同，保险金额是保险合同双方当事人在订立保险合同时约定的据以计算保险费的基础以及赔偿的最高限额，而并非保险标的的实际价值。在不定值保险合同中，保险标的的实际价值的计算要在保险责任事故发生以后，需要确定保险赔偿金额时才进行。

为了在下次谈判中有理有据地说服齐电公司接受自己的观点，长宁公司进行了充分的准备。

变压器的实际价值到底是多少？

这个问题是本案谈判能否顺利达成协议的关键所在，为此保险公司在这个问题上准备了两种方案。

(1) 变压器的净值。变压器的净值是指变压器的原值减去折旧以后的价值。变压器的账面原值 20 万元，减去折旧以后账面反映的是 12 万元。

(2) 变压器的实际价值(市场价值)。变压器的实际价值(市场价值)是根据未来其创造效益决定的，由未来的效益折成现在的价值。这个价值在市场成交之前是无法由双方当事人单方确定的，目前比较可行的办法是由中介机构进行公正的评估。为了做到心中有数，也使对方能接受这个原则，保险公司聘请了国内比较著名的中介机构对变压器的市场价值进行了公正的评估，其市场价值为 15 万元。

在保险的理论中，财产保险一般分为定值保险和不定值保险。

定值保险是指双方当事人在订立保险合同时就已经确定保险标的的保险价值，并将之载明于保险合同中。在定值保险合同中，保险标的的保险价值由双方自愿确定，其可能高于或低于保险标的在遭受保险危险时的实际价值。但是在发生保险事故后，除非保险人有足够的证据证明投保人在确定保险价值上有欺诈行为，否则，保险人不得以保险标的的实际价值与双方约定的价值不符为由，拒绝履行保险合同的义务。实践中定值保险合同多用于以某些不易确定价值的财产(如字画、古玩、船舶等)为保险标的的财产保险合同。

不定值保险合同是指双方当事人在订立保险合同时不预先确定保险标的的保险价值，仅载明须至危险事故发生后再行估计价值而确定其损失的保险合同。在不定值保险合同中，双方当事人仅约定了保险金额，而将保险标的的实际价值的估算留待保险事故发生后，需要确定保险赔偿金额后才能进行。一般的财产保险，都采用不定值保险的形式。

财产保险条款中对保险金额的确定也有明确的规定。在固定资产的保险金额确定中，投保人可以选择如下三种形式：账面价值、重置价值和估价。保险价值是指保险标的的出险时的实际价值。当保险标的发生全部损失时，如果保险金额高于保险价值则按保险价值(即实际价值)赔偿；如果保险金额低于保险价值则按保险金额赔偿。显然本案中的变压器的保险金额并非是赔偿的唯一标准，而必须以其实际价值为准。

保险公司在进行了谈判前的充分准备后，确定了下一次谈判的基本策略，就是在坚持原则(该保险合同为不定值保险合同)的基础上，充分考虑双方的实际利益，以求双方都得到满意的结果。

在接下来的谈判中，开始齐电公司仍然坚持索赔 30 万元的观点，认为既然保险公司接受了 30 万元的保险金额，就应该按 30 万元赔偿。但是，保险公司的谈判代表从对方的谈话中感觉到对方并没有比上一次拿出更加有说服力的论据，反而显得有些"底气不足"，便估计对方可能就保险方面的问题进行了认真的研究或是请教过有关专家，已经知道在这个问题上纠缠下去是理亏的。这时，保险公司的代表已经意识到这个原则问题可以解决，于是，理直气壮地就如何看待这份保险合同的保险金额与保险价值的关系从理论上和有关保险条款以及保险法的规定等角度进行了分析，从而使齐电公司的谈判代表接受了这一基本原则。

接下来双方就如何确定实际价值又发生了争议。齐电公司提出按变压器的账面原值20万元赔偿损失。保险公司指出该变压器已经使用了8年，必须扣除折旧后按账面净值12万元赔偿。

由于双方的差距太大，各说各的道理，无法达成赔偿协议。这时，保险公司的谈判代表看到时机已经成熟，就提出了以中介机构的评估值作为赔偿标准的意见，对方考虑了一会儿，提不出更好的建议，只得表示同意。接着，保险公司的代表马上提出聘请某评估行进行评估(也就是保险公司已经请过的)，并且评估费用由保险公司承担的意见。这时齐电公司的谈判代表已经没有了主张，主动权已经掌握在长宁公司的代表手中。因此，长宁公司所提出的中介机构在国内比较著名，且就在本地，可以节省不少费用，所以齐电公司也没有反对的理由。之后，双方约定待评估结果出来以后再进行谈判。

过了三天，长宁公司代表带着评估结果到齐电公司，齐电公司看结果是15万元，比其账面净值12万元还高出3万元。在客观标准面前，双方愉快地签订了赔偿变压器15万元损失的赔偿协议，谈判取得了圆满的成功。

分析：在整个谈判过程中，保险公司自始至终坚持了一个原则立场，就是该保险合同属于不定值保险合同。其目的很明确，就是只有在坚持这一原则的基础上，才能合情合理地过渡到按实际价值赔偿的办法中，以此最大限度地保护本公司的利益不受损失。在谈判的过程中，保险公司能够从理论上、法律上以及实际条款中，有理有据、开诚布公地摆事实讲道理，使对方不得不服从这一原则。

当谈判处于僵持状态，双方对什么是"实际价值"争持不下时，有必要采用谈判双方都认可的客观标准，这可以促使双方根据原则而不是彼此施加压力进行谈判。此例中在认定"实际价值"的时候，采用了以中介机构的评估价值作为客观标准，具有公平性、有效性和科学性，使双方可以根据客观标准达成协议。

由于商务谈判所涉及的内容极其广泛，客观标准也是多种多样。在谈判中坚持客观标准要注意以下几点：

(1) 标准的公正性。通常在商务谈判中，一般遵循的客观标准有市场价值、科学原则或计算、产业标准、成本、有效性、对等的原则等。客观标准的选取要独立于双方的意愿、公平和合法，并且在实践中是可行的。

(2) 寻找客观依据，建立公平的利益分配方法。在谈判中，多问对方："提出这个方案的理论依据是什么？""为什么是这个价格？""这个价格是如何算出来的？"

(3) 善于阐述自己的理由，用严密的逻辑推理来说服对手。同时，也要接受对方合理正当的客观依据。两个不同的标准也可以谋求折中。

▶ **3. 人事分开原则**

所谓人事分开原则，就是在谈判中区分人与问题，把对谈判对手的态度与对讨论的问题区分开来，就事论事，不要因人误事。

谈判的主体是人，因此谈判必然受到谈判者个人的感情、价值观、性格等方面的影响。一方面，谈判过程中可能会产生相互满意的心理，建立起一种相互信赖、理解、尊重和友好的关系。在心情愉快、感觉良好的心理状态下，人们会更乐于助人、乐于关心他人利益，乐于做出让步，使谈判进行得更顺利、更有效。另一方面，在谈判中也会出现相反的情况，即谈判双方意气用事、互相指责、抱怨，甚至尖酸刻薄、充满敌意。

许多谈判中双方争执的问题，经常是谈判者个人的问题，而不是谈判本身固有的问题。他们习惯于从个人观点和成见出发来理解对方的看法，这样就无法合理探讨解决问题的办法。

谈判中人与事相混淆的另一个原因是人们常把对于对手要求的不满，作为对人的看法和态度。这会导致对方个人感情上的变化，使对方为了保全个人面子，顽固地坚持个人立场，从而影响谈判的进行。谈判中对方把彼此当作对手，也容易造成人与事的混淆。在这样的情况下，谈判者所说的每一句话，都容易被对方理解为是针对个人的，双方都注意防卫并做出反应，全然忽视了对方的合理利益和公正要求，使容易解决的问题反而变得复杂。

在谈判中应坚持把人与事分开，具体做法是：

（1）站在对方的角度看问题。在谈判中，提出建议时要从对方的立场出发考虑提议的可能性，理解或谅解对方的观点。当然理解并不等于同意，对别人思想、行动的理解会使自己全面正确地分析谈判形势，从而能以正确的方法缩小冲突范围，缓和谈判气氛，有利于谈判顺利进行。

人们习惯于以自己的观点去推断别人的行为和意图，这种习惯往往导致谈判双方对于对方所提建议可能从最坏的角度进行推测。即使挑不出对方的提议对自己有什么危害，也总觉得他们是为自己利益提出的建议，恐怕对己方不利，不能轻易地同意了事。

站在对方的角度看问题，会更好地克服想当然的推断所造成的偏见，从而能正确分析和理解对方的看法。提出"假如自己是对方，自己会如何做"的设想，会使自己抛弃这些先入为主的偏见，看到事物的全部，也能够客观、冷静地分析具体问题，这样谈判就容易多了。

（2）多阐述客观情况，避免责备对方。双方谈判中经常互相指责、抱怨，而不是互相谅解、合作。当对谈判中某些问题不满意时，就会归罪于某一方或某个人，这样就把要解决的问题搁在一边，对方或某人进行指责、攻击。虽然这种做法维护了个人的立场和尊严，但对谈判过程产生了相反的作用。对方在受攻击时会采取防卫措施，他们或是拒绝要求，或是反唇相讥。

在这种情况下，一种比较好的解决方法就是对对方的提议或见解给予适当的肯定，同时强调双方的分歧所在，这种一分为二的说法有助于问题的解决。

在语言的表达上避免责备对方，例如可以说"我感到失望"，而不说"你背信弃义"；可以说"请原谅，我没能理解你话的含义"，而不说"是你没说清楚你的意思"等。这样既讲明了客观情况，又避免了因责备对方而引起的防卫性反应。

（3）使双方都参与方案的设计。在很多情况下，双方各自从自己的立场出发，拿出一个旨在让对方接受的提议或方案，这样即使是对谈判双方有利的协议，对方也可能因为怀疑而拒不接受。如果提出的一方一味坚持自己的方案，另一方也很有可能态度强硬，导致僵局。如果改变一下方式，让双方都参与方案的起草和协商，就可以避免出现上述情况。

一个能容纳双方主要内容、包含双方主要利益的建议会使双方都认为是自己提出的方案，他们就能切切实实地感到他们是提议的主要参与者、制订者，达成协议就会变得比较容易，他们不能反对自己的方案。因为对提议内容的每项批评改进与让步，都是双方谈判人员积极参与的结果，所以当各方对解决的办法逐一确认时，整个谈判过程就变得更加有秩序、有效率。

要使对方参与，就应使他们尽早参与，太晚了就会让对方感觉不是真正的参与。把对方有建设性的意见写进提议中，并给对方的想法、观点可能的称赞。这样就使对方觉得他们在提议中起了主要作用，就会把提议看成自己的观点，不仅能很容易地接受提议，甚至还会出现维护提议的行为。

（4）保全面子，不伤感情。为了不伤感情，保全面子，谈判双方要认识、理解对方的感情。谈判双方还要善于倾听，以示尊重。当谈判对方处于窘困的境地时，自己应尽量想办法减少对方的这种状况。最后双方要以各种方式多加沟通。

【案例 1-5】

海龙公司派王琳向兴业公司推销管阀件。在此之前，海龙公司曾有技术人员去兴业公司做过技术交流。在 2015 年年底兴业公司招标中，海龙公司也中了其中一台设备的标。

一开始，在王琳与管阀件组的相关人员进行座谈时，就碰了个软钉子。负责管阀件的主要有三个人，其中冯小姐是海外业务部管阀件的采购员。三人中冯小姐最为能说会道，伶牙俐齿。刚坐下，她就说："王小姐真会做生意，一个过滤器要 10 万美元。"王琳听了一愣，便问她是哪个过滤器。她说是招标设备中因工程需要又准备增买的过滤器。王琳立即明白了，她是听错了，海龙公司报价 4 万美元，她听成 10 万美元了。而且价格不是王琳报的，报价也不是报给她的，这里有很大的误会，但在她的脑海里已形成了王琳是个漫天要价的生意人的形象。王琳对她说："冯小姐，你误会了，价格可能是你们听错了。"她并没有相信。王琳知道，在那种场合下，要让她承认自己有错是不可能的。王琳便岔开话题，和他们说些有关技术上的问题。

第二天，王琳找了个机会单独和冯小姐见面，冯小姐一见王琳就说："早就听说过您的大名，说您是业务骨干，直到昨天才有机会见面。"她说："你们的过滤器怎么报价那么高？"王琳说："冯小姐，价格是我们老板报的，我只是个普通的雇员，没有资格随便报价的，并且在价格上，可能因为台湾人普通话说得不是很好，4 和 10 没说清楚，你们听错了。"冯小姐想了想说："那也有可能，不过那价格还是偏高。"王琳接着说道："是吗？那我也不知道底价是多少，老板是不会将底价告诉我的，我只是个打工的，不像你们……"冯小姐便滔滔不绝地跟王琳说起了她们的公司，聊起了她们的部门。从那儿以后，两人又多次在一起聊天，时间长了，两人竟成了好朋友。有了这层关系以后，王琳的工作就进展得顺利多了。

十多天后，王琳便和技术人员一起探讨他们技术方面的需求。技术问题确定后，便讨论每一类管阀件价格大约应是多少，向他们咨询，而后将信息反馈给公司，公司知道情况后又与原厂商量，最终达成一致意见，签订了40万美元的合同。

分析：从这个案例可以看出，如果对手一开始就持敌对的态度，或者贸然行事，就应该先要了解清楚根源。没有无缘无故的爱，也没有无缘无故的恨。不要将对手视为敌人，要将其视为朋友，把对手看成利益的共同体，做好沟通，共同去解决问题，谈判才可能成功。

▶ **4. 其他原则**

（1）合法原则。任何谈判都是在一定的法律约束下进行的，谈判必须遵循合法原则。合法原则，是指谈判及其合同的签订必须遵守相关的法律法规。其主要体现在四个方面：谈判主体必须合法；交易标的必须合法；谈判各方在谈判过程中的行为必须合法；签订的合同必须合法。

谈判主体合法是谈判的前提条件。无论是谈判的行为主体还是谈判的关系主体，都必须具备谈判的资格，否则就是无效的谈判。交易标的合法是谈判的基础。如果谈判各方从事的是非法交易，那么他们为此举行的谈判不仅不是合法的谈判，而且其交易项目应该受到法律的禁止，交易者还要受到法律的制裁。谈判行为合法是谈判顺利进行，并且取得成功的保证。谈判要通过正当的手段达到目标，而不能通过一些不正当的手段谋取私利。只有在谈判中遵循合法原则，谈判及其签订的合同或协议才具有法律效力，谈判当事人的权益才能受到保护，实现预期的目标。

（2）平等协商原则。即平等一致，相互尊重。不允许仗势欺人，以大欺小。

（3）求同存异原则。谈判作为一种为谋求一致而进行的协商活动，谈判双方一定蕴藏着利益上的一致与分歧，因此，为了实现谈判目标，谈判者还必须遵循求同存异原则。所谓求同存异原则是指谈判双方对于一致之处达成共同协议；对于一时不能弥合的分歧，不强求一致，允许保留意见，以后再谈。为了很好地遵守这一原则，应从以下几个方面入手：

①要正确对待谈判各方的需求和利益上的分歧，谈判的目的不是扩大矛盾，而是千方百计弥合分歧，使各方成为谋求共同利益、解决分歧的伙伴。

②把谈判的重点放在探求各自的利益上，而不是放在对立的立场观点上。

③要在利益分歧中寻求相互补充的契合利益，达成能满足各方需求的协议。

（4）讲求效益原则。所谓讲求效益原则就是指人们在谈判过程中，应当讲求效益，提高谈判效率，降低谈判成本。科学技术发展日新月异，产品寿命周期日益缩短。因此，企业开发新产品在还没有上市时就开始进行广泛的供需洽谈，以利于尽早打开市场，多赢得客户，取得较好的经济效益。这就从客观上要求商务洽谈人员要讲求经济效益，提高谈判效率。

（5）信雅原则。信，就是要诚实守信、注重信用，要以诚相待、取信于人，要言必行、行必果，要讲信用、重信誉。"信"是商业活动最基本的规则，也是企业最宝贵的资产，任何一个企业都不可把"信"字当儿戏。

雅，就是要高雅文明、尊重对方、遵守礼节、形象大方、言行有度、举止得体、有理有节、推崇真善美。在谈判过程中，双方都应抱有合作的诚意，高度重视信用问题，以诚相待，信任对方，遵守诺言，在双方之间建立一种互相信任的关系，为签约后的长期合作打下基础。要知道，任何不诚意的合作都是要破裂的。

四、商务谈判的评价标准

谈判是人们有意识、有目的的交易活动，因而确立若干谈判得失的评估标准是非常重要的。评估标准可以指导谈判者的实际谈判工作，并对自己的谈判结果进行评价。那么，什么样的谈判才可以称之为成功的谈判，如何来衡量商务谈判成功与否呢？

商务谈判本质上是谈判双方确立共同利益的过程。理想的谈判应该确保双方都能从中获得利益，得到满足，而不仅仅是谋求某一方的利益和满足。杰勒德·尼尔伦伯格也指出，谈判不是一场棋赛，不要求决出胜负；谈判也不是一场战争，要将对方消灭或置于死地。相反，谈判是一项互惠的合作事业。从这个意义上讲，我们可以把评价商务谈判是否成功的价值标准归纳为以下三个方面。

▶ 1. 谈判目标的实现程度

商务谈判是一种行为过程，而任何行为都是指向特定目标的。谈判目标不仅把谈判者的需要具体化，通过某些量化的指标来体现，并且，目标还是驱动谈判者行为的基本动力，引导着谈判者的行为，使之始终朝向预期的方向。商务谈判的目标是与经济利益直接相关的，是指谈判者预期从谈判中获得的经济利益。由于参与谈判的双方都存在一定的利益界限，因此谈判目标应至少包括两个层次的内容，即努力争取的最高目标以及必须确保的最低目标。如果一味地追求最高目标，把对方逼得无利可图甚至导致谈判破裂，就不可能实现预期的谈判目标；同样，为了达成协议而未能守住最低目标，预期的谈判目标也无法实现。因此，成功的谈判应该是既达成了某项协议，又尽可能接近本方所追求的最佳目标。谈判的最终结果在多大程度上符合预期目标的要求，是衡量商务谈判是否成功的首要标准。

▶ 2. 谈判效率的高低

谈判效率是指谈判者通过谈判所取得的收益与所付出的成本之间的对比关系。谈判的成本包括三项：一是谈判桌上的成本，即谈判的预期收益与实际收益之间的差额；二是谈判过程的成本，即在整个谈判过程中耗费的各种资源，包括为进行谈判而支出的人力、财力、物力和时间、精力等；三是谈判的机会成本，即由于放弃最有效地使用谈判所占用的资源而造成的收入损失。谈判者的一部分资源因为投入某项谈判而被占用，从而丧失了其他的盈利机会，损失了可望获得的利益。对这三项谈判成本，人们往往比较关注第一项，而不重视另外两项。他们致力于降低谈判桌上的成本，最终却导致了谈判总成本的增加。

如果谈判所费成本很低，而收益却很大，则本次谈判是成功的、高效率的；反之，如果谈判所费成本很高，而收益却很小，则本次谈判是失败的、低效率的。

在有些谈判中，由于各方利益冲突相当激烈，抑或是谈判者的失误，使谈判花费过多的时间、精力与费用，虽然最后勉强达成协议，但是由于所花代价超过了谈判所取得的成果，这种谈判显然是低效率和不明智的。因此，作为一个合格的谈判者必须具有效率观念，在谈判中进行必要的权衡。

▶ 3. 互惠合作关系的维护程度

商务谈判既是确立利益的过程，同时也是人们之间进行合作，共同解决问题的过程。因此，谈判的结果不只体现在利益的分配，以及与此相关的各项交换条件上，它还应体现在人们之间的相互关系上，即谈判是促进和加强双方的互惠合作关系，还是削弱甚而瓦解双方的互惠合作关系。精明的谈判者往往不过分计较一时一地的得失，他们更善于从长远的角度来看待问题。在目前的某一项谈判中，他们可能放弃了某些可以得到的利益，但这种做法有效地维护了双方的合作关系，为彼此在未来的合作铺平了道路。因此，在谈判中应当重视建立和维护双方的互惠合作关系，以谋求长远的利益。

根据以上三个方面的评判标准，一项成功的商务谈判应该是这样的谈判，即谈判双方的需要都得到了最大程度的满足，双方的互惠合作关系有了进一步的发展，任何一方的谈判收益都远远大于成本，整个谈判是高效率的。

本章小结

谈判是指参与各方在一定的时空条件下，为了协调彼此之间的关系，满足各自的需要，通过协调而争取达到意见一致的行为过程。谈判的目的就是协调利益冲突，实现共同利益。商务谈判是指在商务活动中为满足买卖双方各自的经济利益而进行的谈判，其基本要素主要有谈判主体、谈判客体和谈判环境。

作为人类一种有意识的社会活动，商务谈判具有以下几个特征：它是一种协调过程；是"合作"与"冲突"的对立统一；是"互惠的"但又不是"平等的"；是以经济利益为目的，以价格谈判为中心的；既是一门科学，又是一门艺术，是科学与艺术的有机整体。

商务谈判有两种基本形态："赢—输"式谈判和"赢—赢"式谈判。其基本形态的选择取决于谈判当事人双方获得利益的大小、合作与冲突的对比关系。而影响谈判合作与冲突程度的因素有很多，主要有谈判成果的固定程度、谈判各方的需要满足程度、谈判主题的多少、谈判时间是否充裕、谈判双方的实力与经验等。

在商务谈判中，应遵循的原则有双赢原则、客观标准原则、人事分开原则、合法原则、平等协商原则、求同存异原则、讲求效益原则、信雅原则。而评估商务谈判得失的标准有三个：谈判目标的实现程度；谈判效率的高低；互惠合作关系的维护程度。

思考题

1. 什么是谈判？谈判具有什么特点？
2. 什么是商务谈判？商务谈判具有什么特征？
3. 商务谈判主要有哪些类型？
4. 在商务谈判过程中应该遵循什么原则？
5. 商务谈判的价值评判标准是什么？

案例分析

1992 年，承德露露集团决定和俄罗斯一家饮料公司合资在俄罗斯成立露露集团的分公司。

合作的初步构想：露露集团为技术提供方，俄方提供土地、厂房及运作和销售环节中所需的俄方人员。

俄方合作者对露露集团的一整套生产工艺（包括严格的多重消毒环节）很满意。承德露露集团也派人赶在谈判之前去俄罗斯考察了俄方提供的地皮。前期工作一切进行完毕，俄方来到承德开始谈判。

饮料的生产流水线复杂，需要相当大的厂房。俄方提供的两块地皮，一处位于郊区，靠近俄罗斯人周末必去的别墅区，面积足够大，价格也便宜。另一处则在繁华的市区，虽然是市民们的主要生活、消费地区，场地面积却小很多，建立生产线以后几乎没有办公室的空间了，而且地价相对贵得多。

谈判桌上，俄方想尽办法说服露露集团选择郊区位置。但是，考虑到市民们一周内只有 1~2 天在别墅中度过，非常不利于打开饮料市场，虽然市区办公室将会非常狭小，露露集团决定坚持选择市区的位置，谈判陷入了僵局。

谈判的第三天，为双方牵线的中国机械进出口公司提出了一个方案：先在市区建厂，迈出有利的第一步。等到三年之后成本收回，由中国机械进出口公司出面为露露集团联系在郊区建一个分厂，达到生产在郊区，经营、销售在市区的最终目标。双方对该方案均表示认可，双赢谈判成功了。

问题：

（1）中俄双方的分歧是什么？

（2）中俄双方在谈判中取得成功的原因有哪些？

（3）一个成功的商务谈判者在商务谈判中应遵循哪些原则？

实训项目

一、实训名称

对商务谈判原理的实践

二、实训目标

通过训练，使学生具备组建谈判小组，进行团队协作、信息收集及分析的能力，通过模拟谈判，认识商务谈判的构成要素及原则。

三、实训背景

一条龙花生厂是一家生产经营型外资企业，地处市郊，主要以生产花生为主的小吃食品，加工生产花生、薯片、蚕豆、瓜子等20多个品种，面临同行业14个品牌的竞争，需要通过广告、促销、市场开发等手段占据市场，价格属中下水平，目前仅限于本市范围内销售，销售返利为1%。

吉祥培训基地（公司）是一所以进行短期培训为主的技术学校，每年培训学生1万人左右，通过与厂家合作为学生提供实践机会，但是资金紧缺，没有商店、仓库，计划通过谈判免费代销该企业的产品。

四、实训步骤及要求

1. 以4~6人为一组，组建谈判小组，以小组为单位，通过分工协作，对实训背景进行分析，并进行相关信息的收集整理，为模拟谈判做准备。

2. 当堂进行模拟谈判，之后由其他观摩同学点评，再由场上谈判双方自评和互评，最后由教师对双方进行评价。谈判结束后，以小组为单位对本次谈判进行讨论总结，并提交书面的谈判评估报告。

2 第二章
商务谈判的准备

学习目标

1. 了解谈判班子的规模、谈判人员应具备的素质、谈判人员的配备、谈判班子成员如何分工与合作；

2. 掌握商务谈判信息搜集的主要内容、信息搜集的方法；

3. 掌握如何拟定商务谈判方案；

4. 了解模拟谈判的意义和方法。

导入案例

在美国东北部的一个城市，有位叫飞利浦·哈奈特的先生，拥有一家中等规模的工程信息咨询公司。在他的公司十分景气的岁月里，他与本地一家银行保持着良好的业务关系。但"天有不测风云，人有旦夕祸福"，对企业来说也是如此。有一段时间，由于市场变化和公司经营的问题，哈奈特的公司业绩一落千丈，负债累累，已濒临破产。这时，那家一直向他提供贷款的银行除了急于收回到期贷款外，已不愿意向他提供贷款了。这不难理解，银行出于自身利益的考虑，向来倾向于"锦上添花"，而不是"雪中送炭"。

为了重整旗鼓，东山再起，哈奈特先生只能寄希望于银行再贷款给他。但是，对于一个濒临破产的企业，要想博得银行的同情，取得贷款，简直比虎口拔牙还难。为此，哈奈特只能另辟蹊径。他决定从收集银行的信息着手。哈奈特指示公司的财务部门，整理所有与银行往来的账目、记录等，千方百计寻找银行的过错。最后，他根据财务部门整理的材料拟出一份抗议案，其内容包括：银行的办事能力差，办手续所需时间过长，致使哈奈特的公司购买一项产品的计划被耽误，从而蒙受重大损失；在领款时，作为银行的老客户也要在柜台排队。最严重的抗议事项则是，由于银行职员的疏忽，一笔原本应该汇入哈奈特公司账户的款项，竟阴差阳错地汇入另一家公司的账户。另外，还有几条"罪状"也同时以严肃的口吻列入了抗议案中，一并送往银行，要求银行解释。

该银行对于此项抗议案措手不及，于是首先由一位部门经理打电话道歉，接电话的财务部门非常冷淡的态度使得银行更感紧张，以为哈奈特公司已从其他银行取得了贷款，不需要他们的帮助了。在银行业竞争激烈的今天，信誉是至关重要的，因此，该银行非常担心这件事使自己的信誉受损。于是，该银行经理主动与哈奈特取得联系。出乎这位经理的预料，哈奈特先生在电话中闭口不谈抗议的事，反而以轻松的语气问道："对两年以上的私人贷款，如何计算利率呢？"

那位经理原来一直猜想会受到怎样猛烈的攻击，想不到对方却提了这样一个问题，而且语气显得十分友好，在吃惊之余，也大大松了一口气，于是耐心地把利息的计算方法告诉了对方。

"这样的利息是不是现在市面上最优惠的？"

"当然，据我所知，这是目前最优惠的一种贷款条件。"

这时，哈奈特先生才进一步说明他想通过最优惠的方式从该银行获得一笔贷款，并表达了希望与该银行加强往来的愿望。结果这位经理满足了他的要求。

分析： 这个事例充分表明商务谈判需要做充分的准备，即收集、处理对方的信息。只有了解掌握对手的信息，才能使自己采取的策略有的放矢，逐步实现自己的目标。

"凡事预则立，不预则废"。要想使商务谈判获得圆满成功，需要具备多方面的条件，其中做好谈判的准备工作是重要内容之一。商务谈判准备工作的内容很多，主要包括四个方面，即确定谈判人员、了解谈判信息、制订谈判计划和模拟谈判。

第一节 组建谈判团队

我们知道，商务谈判是由谈判人员完成的，谈判队伍的规模、谈判人员的素质以及谈判班子内部的分工与协调对谈判的结果有直接的影响，决定着谈判的效果与成败。因此，选好谈判人员和组织好谈判班子是谈判准备工作的首要内容。

一、确定团队规模

组建谈判队伍首先碰到的问题就是规模问题，即谈判班子的规模多大才是最为合适的。一个谈判谈判队伍的最佳规模是多大？从最理想的角度看应该是一个人。如果参与谈判的人员增多，诸如信息沟通、角色分担等内部协调问题就会接踵而来，牵扯大家很多精力。然而商务谈判通常涉及各方面的专业知识，这是任何某一方面的个别专家力所不能及的，这就要求选择若干人员组成一个谈判班子。谈判专家根据以下影响谈判班子规模的因素和他们的经验，认为由 4 人左右组成一个班子比较合适。

在具体确定谈判队伍的规模时，主要考虑以下因素：

其一，谈判班子的工作效率。一个集体想要有效地开展工作，其内部就必须进行适当而严密的分工和协作，内部的意见交流必须畅通。谈判要求高度的集中统一，必须能对问题做出及时而灵活的反应。谈判人员多，意见就多，要把这些不同的意见全部集中起来，不是一件容易的事。在谈判这种高度紧张、内容复杂多变的活动中，要达到上述要求，谈判班子的规模过大是不可取的。从大多数的谈判实践来看，工作效率比较高时的人数规模在 4 人左右。

其二，有效的管理幅度。任何一个领导者能有效地管理其下属的人数总是有限的，即管理的幅度是有限的。商务谈判活动紧张、复杂、多变，既需充分发挥个人的独创性和独立的应变能力，又需要内部协调统一、一致对外，其领导者的有效管理幅度只能在 4 人左右。超过这个限度，内部的协调和控制就会发生困难。

其三，谈判所需专业知识的范围。一项谈判特别是一个大型交易项目的谈判，会涉及许多专业知识，但这并不意味着谈判就需要各种具备相应专业知识的人同时参加。因为谈判的不同阶段所涉及的主要专业知识的种类是有限的，只要谈判班子的成员具备这几种主要的专业知识就可胜任。某些非常专门或具体的细节谈判可以安排另外的小型谈判予以解决，或者请某些方面的专家作为谈判班子的顾问，给谈判人员献计献策或提供咨询服务，不必扩大谈判班子的规模。

总之，无论什么样的谈判，其谈判班子的规模必须符合既能胜任谈判，又能获得高效率与便于控制的要求。

二、选拔谈判人员

谈判人员的选拔主要从职业道德、心理素质、学识结构和能力素养等方面综合考虑。

▶ 1. 良好的职业道德

这是谈判人员必备的首要条件，也是谈判成功的必要条件。出现在谈判桌上的谈判人员是特定组织的代表，商务谈判人员不仅代表个体组织的经济利益，而且在某种意义上还肩负着维护国家利益的义务和责任。因此，商务谈判人员必须遵纪守法、廉洁奉公，忠于国家、组织和职守，要有强烈的事业心、进取心和责任感。

▶ 2. 健全的心理素质

谈判是各方之间精力和智力的较量，较量的环境不断发生变化，对方的行为也在较量中不断发生变化。要在较量中达到自己的目标，谈判人员必须具有良好的心理素质。健全的心理素质是谈判者主体素养的重要内容之一，表现为谈判者要具备坚韧顽强的意志力、高度的自制力和良好的协调能力。

（1）意志力。许多重大艰辛的谈判，就像马拉松运动一样，考验着参与者。谈判者之间的持久交替，不仅是一种智力、技能和实力的比试，更是一场意志、耐心和毅力的较量。谈判者只有具备坚韧的毅力，才能在较量中获得最后胜利。

（2）自制力。自制力是谈判者在谈判环境发生巨大变化适时克服心理障碍的一种能力。由于谈判始终是利益对决，谈判双方在心理上处于对立，故而僵持、紧张、激烈的局面不可避免，这会引致谈判者情绪的波动。如果是情绪的明显波动，如发怒、沮丧，可能会造成疏漏，从而给对方制造击败己方的机会。所以，一名优秀的谈判者，无论是在谈判的高潮阶段还是低潮阶段，都能心静如水，特别是当胜利在望或陷入僵局时，更应该能克制自己的情绪波动，喜形于色或愤愤不平，不仅有失风度，而且会让对方抓住弱点与疏漏，给对方造成可乘之机。

（3）协调能力。协调力是指谈判者善于与他人和睦相处，有良好的人际关系。在谈判中，谈判人员之间的协调行动是非常重要的。一个好的谈判者，既能尊重他人，虚心听取一切有利于谈判进行和谈判目标实现的合理建议，又能善于解决矛盾冲突，善于沟通，调动他人，使谈判人员为实现谈判目标密切合作，统一行动。

▶ 3. 合理的学识结构

商务谈判过程是测验谈判者知识、智慧、勇气、耐力的过程，更是谈判双方才能较量的过程，因此，商务谈判的参加者必须有合理的学识结构。商务谈判人员既要知识面宽，又要在某些领域有较深的造诣，也就是说，不仅在横向上有广博的知识，而且在纵向方面也要有较深的专业知识，两者构成一个 T 形的知识结构。

（1）谈判人员的横向知识结构。从横向来看，商务谈判人员应具备的知识包括：我国有关经济贸易的方针政策及我国政府颁布的有关法律和法规；某种商品在国际或国内的生产状况和市场供求关系、价格水平及其变化趋势的信息；产品的技术要求和国际惯例知识；国外有关法律知识，包括贸易法、技术转让法、外汇管理法以及有关国家税法方面的知识。

（2）谈判人员的纵向知识结构。从纵向来看，作为商务谈判的参与者，应当掌握的知识包括：丰富的专业知识，即产品的生产过程、性能及技术特点；某种（类）商品市场的潜力或发展前景；丰富的谈判经验及处理突发事件的能力；一门外语；谈判心理学和行为科学；谈判对手的性格特点等。

上述 T 形知识结构，构成了一个称职的商务谈判人员的必备条件，也是一名合格的谈判人员应具备的最起码的个体素质要求，否则，将无法应付复杂的谈判局面，承担谈判任务，更谈不上维护企业和国家利益。总之，扩大知识视野，深化专业知识，猎取有助于谈判成功的广博而丰富的知识，能使谈判者在谈判中运用自如、游刃有余，最终取得谈判的成功。

▶ 4. 较高的能力素养

谈判者的能力是指谈判人员驾驭商务谈判这个复杂多变的"竞技场"的能力，是谈判者在谈判桌上充分发挥作用所应具备的主观条件。它主要包括以下内容：

（1）认知能力。善于思考是一个优秀的谈判人员应具备的基本素质。谈判的准备阶段和洽谈阶段充满了多种多样和始料未及的问题和假象。谈判者为了达到自己的目的，往往采用各种手段掩饰真实意图，其传达的信息真真假假、虚虚实实。优秀的谈判者能够通过观察、思考、判断、分析和综合，从对方的言行迹象中了解对方的真实意图。

（2）运筹、计划能力。谈判的进程如何把握？谈判在什么时候、什么情况可以由准备阶段进入接触阶段、实质阶段进而达到协议阶段？在不同谈判阶段要注意重点的转移，采用何种技巧和策略？对此，谈判者都要精心计划和统筹安排。当然，这种计划离不开对谈判环境、谈判对手的背景、需要，以及可能采取的策略的调查和估计。

（3）语言表达能力。谈判就是要靠交谈来消除双方观点的分歧，达到彼此观点的一致，因此，准确、适度地表达与传递信息的能力，直接决定了谈判人员谈判能力的大小和谈判水平的高低。谈判中的语言包括口头语言和书面语言两类。无论哪种语言，都要求谈判人员准确无误地表达自己的思想和感情，使对方能够准确地理解自己所传达的信息，这是最基本的要求。另外，谈判中所运用的语言不仅应当准确、严密，而且应生动形象，富有感染力。

（4）应变能力。谈判中发生突发事件和产生隔阂是难以避免的，任何细致的谈判计划都不可能预料到谈判中所有可能发生的情况。千变万化的谈判形势要求谈判人员必须具备沉着、机智、灵活的应变能力，要能冷静、正确地分析、决断，善于将灵活性与原则性相结合，适当地处理各种矛盾，掌控谈判的局势。应变能力主要包括处理意外事故的能力、化解谈判僵局的能力、巧妙袭击的能力。

（5）交际能力。商务谈判是一项谈判过程，更是一项交际过程。交际能力是一个复杂的概念，涉及语言、修辞、社会、文化、心理等多种因素，包括一个人运用语言手段（口语或书面语）和副语言手段（形体语言）来达到某一特定交际目的的能力。谈判中的交际能力是与人沟通感情的能力，绝不是花言巧语的伎俩。

（6）创造性思维能力。创造性思维是以创新为唯一目的，并能产生创新的思维能力。它反映了人们解决问题的灵活性与创新性。谈判人员应具备丰富的创造性思维能力，勇于开拓创新，拓展商务谈判的新思维、新模式和新方法，从而提高谈判的效率。

▌三、管理谈判人员

▶ **1. 明确分工**

谈判者个体不仅要有良好的政治、心理、业务等方面的素质，而且要恰如其分地发挥各自的优势，互相配合，以整体力量征服谈判对手。在一般的商务谈判中，所需的知识大体上可以概括为：有关技术方面的知识；有关价格、交货、支付条件等商务方面的知识；有关合同法律方面的知识；有关语言翻译方面的知识。

根据谈判所需的知识和谈判实际的需要，谈判小组应配备相应的人员。

（1）技术精湛的专业人员。熟悉生产技术、产品性能和技术发展动态的技术员、工程师，在谈判中负责有关产品技术方面的问题，也可以与商务人员配合，为价格决策做参谋。

专业人员是谈判小组的主要成员之一，其主要的职责是：同对方进行专业细节方面的磋商；修改草拟谈判文书的有关条款；向首席代表提出解决专业问题的建议；为最后决策提供专业方面的论证。

（2）业务熟练的商务人员。商务人员是谈判小组中的重要成员，由熟悉贸易惯例和价格谈判条件、了解交易行情的有经验的业务人员或公司的主管领导担任，其具体职责是：阐明己方参加谈判的愿望和条件；弄清对方的意图和条件；找出双方的分歧或差距；掌握该项谈判总的财务情况；了解谈判对手在项目利益方面的期望指标；分析、计算修改中的谈判方案所带来的收益变动；为首席代表提供财务方面的意见和建议；在正式签约前提供合同或协议的财务分析表。

（3）精通经济法的法律人员。法律人员是一项重要谈判项目的必需人员。如果谈判小组中有一位精通法律的专家，将会非常有利于谈判所涉及的法律问题的顺利解决。法律人员一般是律师，或由既掌握经济知识又精通法律专业知识的人员担任，通常由特聘律师或企业法律顾问担任。其主要职责是：确认谈判对方经济组织的法人地位；监督谈判在法律许可范围内进行；检查法律文件的准确性和完整性。

（4）业务娴熟的翻译人员。翻译人员一般由熟悉外语和企业相关情况、纪律性强的人员担任。翻译是谈判双方进行沟通的桥梁。翻译的职责在于准确地传递谈判双方的意见、立场和态度。一个出色的翻译人员，不仅能起到语言沟通的作用，而且必须能够洞察对方的心理和发言的实质，既能改变谈判气氛，又能弥补谈判失误，增进谈判双方的了解、合作和友谊。因此，商务谈判对翻译人员有更高的要求。

（5）首席代表。首席代表是指那些对谈判负有领导责任的高层次谈判人员。在谈判中首席代表的主要任务是领导谈判组织的工作。这就决定了他们除具备一般谈判人员必须具备的素养外，还应阅历丰富、目光远大，既有审时度势、随机应变、当机立断的能力，又有善于控制与协调谈判小组成员的能力。因此，首席代表应该是富有经验的谈判高手。其主要职责是：监督谈判程序；掌握谈判进程；听取专业人员的建议和说明；协调谈判班子成员的意见；决定谈判过程中的重要事项；代表单位签约；汇报谈判工作。

（6）记录人员。记录人员在谈判中也是必不可少的。一份完整的谈判记录既是一份重要的资料，也是进一步谈判的依据。为了出色地完成谈判的记录工作，记录人员要有熟练的文字记录能力，并具有一定的专业基础知识。记录人员的具体职责是准确、完整、及时地记录谈判内容。

这样，不同类型和专业的人员就组成了一个分工协作、各负其责的谈判组织群体。

▶ **2. 强调合作**

当根据谈判内容和目的以及每个人的具体情况做出适当的分工，谈判人员在明确各自的职责后，还必须与其他人员进行相互呼应、相互协调和配合，才能为谈判的顺利进行打下坚实的基础。具体来说，就是要确定不同情况下的主谈人与辅谈人，明确各自的职责以及彼此之间的配合关系。

确定主谈人，是指在谈判的某一个阶段或针对某一个或几个方面的议题，确定以谁为主进行发言，阐述己方的立场和观点。这时其他人处于辅助的位置，称为辅谈人。一般来讲，谈判小组中应有一名技术主谈和一名商务主谈。

主谈人作为谈判队伍的灵魂，应具有上下沟通的能力；有较强的判断、归纳和决断能力；必须能够把握谈判方向和进程，设计规避风险的方法；必须能领导下属齐心合作，群策群力，打破僵局达到预定目标。

确定主谈人和辅谈人，以及他们之间的配合很重要。主谈人一经确定，本方的意见和观点都应由其来表达。在主谈人发言时，自始至终都应得到本方其他人员的支持。比如，口头上的附和"正确""没错""正是这样"等。有时也可以做出赞同的姿势，如眼睛看着本方主谈人不住地点头等。辅谈人的这种附和对主谈人是一种有力的支持，会大大加强他说话的力量和可信程度。如果己方主谈人在讲话时，其他人员东张西望、心不在焉，或者坐立不安、交头接耳，就会削弱己方主谈人在对方心目中的分量，影响对方的理解。

【案例 2-1】

买卖双方就交货问题进行谈判。卖方的主谈人说："两个月内交货很困难，因为两个月以内的订单都满了。"这时，他的一个辅谈人员接话说："别说两个月，三个月都难以保证，我手上还有一把订单呢！"

买卖双方就买卖机床的价格问题进行谈判。买方的主谈人说："好吧，如果你们实在要坚持这个价格，我们只好不买了。"而这时他的一个辅谈人立即以提醒的口吻说道："这不行啊！厂里正等着用呢！"

分析：在前面一个案例中，辅谈人的话无疑强化和支持了本方主谈人的讲话力量。而后一个案例中辅谈人的做法却大大削弱了主谈人的讲话力量。

应该指出，谈判小组成员之间的相互配合，不仅在谈判桌上需要，在其他场合也一样需要，这一点我国以往是不太注意的。例如，有位领导同志在与外商谈判前，把谈判组的成员介绍给对方时说："这是小王，刚上任的财务科长，大学毕业没几年，没什么谈判经验，这次带他来长长见识。"这样一来，对方在谈判中对小王的意见就不重视了。如果换一种讲法："这是王礼达先生，本厂的财务科长，负责本厂的资金调度，是一个精力充沛、聪明能干的小伙子。"效果就会大不一样。

第 二 节 准备谈判信息

谈判前收集了有关的信息和资料，才能采用相应的谈判策略、方法，有针对性地制订相应的谈判方案和计划。否则，对对方的情况一无所知，或知之不多，就会造成盲目谈判。这样即使不是"每谈必败"，至少也是"每谈获利甚少，甚至无利可获"。可见，谈判前信息的收集有多么重要。

▌一、商务谈判信息的作用

信息决定谈判的地位和力量，谈判是一个由信息不对称到对称的博弈过程。信息的多寡可以决定谈判力量的强弱。所以常说信息也就是实力。在商务谈判中，掌握对方财务状况、成本分析、期限压力、公司结构及经营压力等，就能以事实向谈判对手施加压力，谈判实力也就越强。谈判中正确、有效地运用信息，即掌握了谈判成功的"钥匙"。

▶ 1. 谈判信息是制订谈判计划和战略的依据

谈判战略是为了实现谈判的战略目标而预先制订的一套纲领性总体设想。谈判战略正确与否，在很大程度上决定着谈判的得失与成败。一个好的谈判方案应当是战略目标正确可行、适应性强、灵敏度高。这就需要有可靠的大量信息情报作为依据。

▶ 2. 谈判信息是谈判双方相互沟通的纽带

尽管各种商务谈判的内容和方式各不相同，但它们都是相互沟通和磋商的过程。没有谈判信息作为双方沟通的中介，谈判就无法排除许多不确定因素和疑虑，也就无法进一步协商、调整和平衡双方利益。掌握了一定的谈判信息，就能够从中发现机会和风险，捕捉达成协议的契机，使谈判活动从无序到有序，消除不利于双方的因素，促使双方达成协议。

▶ 3. 谈判信息是控制谈判过程的手段

为了使谈判过程指向谈判目标，使谈判在合理的限度内正常进行，必须有谈判信息作为准则和尺度。否则，任何谈判过程都无法有效地加以控制和协调。因此，在实际谈判中通过对方的言行获取信息，及时反馈，才能使谈判活动得到及时调节、控制，按照规定的谈判目标顺利进行。

【案例 2-2】

荷兰某精密仪器生产厂与中国某企业拟签订该种精密仪器的购销合同，双方就仪器的价格专门进行了谈判。谈判从荷方开出的 4 000 美元开始，最终中荷双方各让一步，以 2 700 美元成交。

谈判开始前中方进行了信息收集，了解到市场价格最高约为 3 000 美元，只有中国厂家有购买意向。

谈判中，荷方根据其产品的性能、优势、国际知名度以及市场潜力，报出一台仪器的售价为 4 000 美元。中方将所了解到的市场价格信息告知荷方，没有提出报价，看荷方的反应。荷方愣住了，在中方掌握的准确市场行情面前，只好降低报价至 3 000 美元。随后，中方根据自己掌握的信息，提出报价 2 500 美元，荷方代表听后十分不悦："我们宁可终止谈判！"而中方代表依然神色从容："既然如此，我们很遗憾。"

中方人员根据已经掌握的资料，相信荷方肯定不会真的终止谈判，还会再来找中方。最后谈判以中方价格成交。

分析：在这场谈判中，中方之所以会成功，关键在于中方在谈判前进行了调查，掌握了谈判信息，从而在谈判中从容不迫，占据了谈判的主动权。

二、商务谈判信息的内容

一般来说，需要收集和分析的商务谈判信息资料，主要有与商务谈判宏观环境有关的资料、与商务谈判业务有关的市场信息资料、与谈判对手有关的资料以及自我谈判实力的资料四大类。

▶ 1. 宏观环境方面的信息

（1）政治法律环境。社会经济活动都是在国家的宏观调控下进行的，政府的各项方针、政策为经济发展指明了方向，创造了一定的市场环境，从而保证了经济活动的顺利进行。企业的各种经济活动也是在这些方针指导下进行的。这就要求谈判人员必须了解政府的有关方针、政策，以及与此相适应的各种措施、规定，保证交易的内容、方式符合政府的有关规定，保证合同协议的有效性、合法性。

对于国际贸易往来，谈判人员还要了解、掌握有关国际贸易的各种法规条例，了解对方政府的关税政策、贸易法规、进出口管理制度，以及我国实行禁运或限制进出口的种类范围，以利于我方制订正确的谈判方针、计划，避免谈判中出现不必要的分歧、误会，以保证谈判顺利进行。

（2）社会文化环境。在商务谈判中，了解不同文化背景下的消费习俗、消费心理和购买行为十分必要。这是因为所交易产品的设计、命名、商标、包装、运输以及交货日期都有可能在不同程度上与消费习俗、购买心理有一定的联系，会影响购买者的经营与销售。

不同的社会文化背景就会形成不同的价值观念与行为取向。

①宗教信仰。据了解，宗教信仰者约占全球人口总数的15%，这是一个需要商务谈判工作者重视的数字，所有的宗教信仰者都有着一定的工作、生活及社交规范，只有了解了这些规范，才有可能为对方所接纳，否则，很可能会因为冒犯对方而被视为"敌人"。传统的宗教包括佛教、道教、伊斯兰教以及基督教等，不同宗教及教派都有着不同的行为礼仪及价值取向。只有了解并遵守这些宗教文化知识才能保证商务活动的正常进行。

②社会习俗。社会习俗的具体内容繁多，概括起来主要有：符合当地礼仪规范的衣着、饮食与称呼礼仪；工作与娱乐休息的关系；赠礼的礼仪与回赠的礼仪；对荣誉、名声、面子的不同理解；朋友的标准；基本价值观；时间的价值与效率；友情与金钱的取舍。

【案例 2-3】

克莉丝汀·法纳是华纳兰伯特公司的一名经理，华纳兰伯特是一家制药公司。克莉丝汀·法纳到爱尔兰的科克郡去协商在那里建一个2.75亿美元的工厂事宜。当地的规划委员会起初态度冷淡。克莉丝汀·法纳想起了她在哥伦比亚大学商学院所学的有关文化知识，于是，请规划委员会的人共进晚餐，增进彼此的了解。晚餐结束的时候，所有人都站在了同一战线。克莉丝汀·法纳说，他们制定出了统一的议程和一份规划流程。

分析： 克莉丝汀·法纳看到了双方存在的差异，并通过一个出发点——共进晚餐来表现己方的坦诚，以及对对方的好奇心。规划委员会的人感受到了克莉丝汀·法纳的诚意。通过共进晚餐，大家彼此加深了了解，最终站在了同一战线上。

▶ **2. 市场信息**

市场资料调查是商务谈判可行性研究的重要内容。市场情况瞬息万变、构成复杂、竞争激烈，对此必须进行有关供给、需求、营销、政治政策、经济环境、竞争状况等多角度、全方位、及时的了解，具体包括以下几个方面的内容：

（1）交易商品市场需求量、供给量分布及市场潜力和容量发展前景。

（2）交易商品的流通渠道和习惯性销售渠道。

（3）交易商品分布的地理位置、运输条件、政治和经济条件等。

（4）交易商品过去几年的交易价格、销量、价格变动、优惠措施及效果等。

（5）交易商品的供应商竞争者数量、各自产品的特点或需求者范围、品牌偏好、功能要求及售后满意度。

市场情况会对企业的商务谈判活动产生重大影响，谈判者要密切关注市场的变化，根据市场供求运动规律，选择有利的市场，并在谈判中注意对方的要价及采取的措施。

▶ **3. 有关谈判对手的信息**

"知己知彼，百战不殆。"准备过程中在对自身情况进行全面分析的同时，商务谈判者还要设法了解谈判对手的情况。谈判对手的信息是商务谈判所应具备的最有价值的资料，是谈判双方力量对比中一个重要的前述"砝码"，会影响谈判天平的倾斜度。具体包括以下几个方面的内容：

（1）对方的营运状况与资信。对所有可能的谈判对手的资格、企业的性质、资金状况及注册资金、市场地位、社会影响、信誉、历史、现状、资本积累与投资状况、技术设备水平，以及产品（服务）的品质、质量、数量、经营状况与财务状况、发展趋势等要弄清楚。对对方了解得越多，就越容易抓住对方的弱点，避开对方的锋芒，并能有针对性地找到突破口，以使己方在谈判中占据主动地位。同时，也可避免上当受骗。

在尽可能掌握对方上述有关资料的情况下，还应侧重了解两个问题：一是对方的营运状况。因为即使对方是一个注册资本雄厚的公司，但是如果运营状况不好，就会负债累累，而公司一旦破产，己方很可能收不回全部债权。二是对方的履约信用情况。应对交易对象在资格、信誉等方面进行深入了解，避免客户不能履约，防止货款两空，造成严重的经济损失。只有掌握了对方的运营状况和资格信誉，才能确定对方的现实能力、交易的可能规模及能否与对方建立长期经贸合作伙伴，才能做出正确的谈判决策。

（2）对方的真正需求与诚意。应尽可能摸清对方在本次谈判中的真正目标及需求，要透过现象去辨别、发现。要明白对方与我方合作的意图、目的是什么、合作愿望真诚与否、对方实现这种合作的迫切程度如何、可供对方选择的合作伙伴的余地有多大、对方过去履约率和信誉如何、对方的经营作风如何、对方与己方所在地区的其他企业是否有过来往。总之，要尽可能广泛地了解对方的需要、信誉、能力与作风等。

（3）对方身份权限。谈判之前要了解对方谈判人员的身份、分工，即他们是直接进口商、批发商、零售商还是代理商。如果是代理商，必须弄清楚其代理的权限范围及对方公司的经验范围。

绝大多数国家规定，如果是代理商越权或未经本人授权而代本人行事，代理商的行为就对本人无约束力，除非本人事后追认，否则本人不负任何责任。同样代理商订立的合同超出了公司章程中所规定的目标或经营范围，即属于越权行为。对属于越权行为的合同，除非事后经董事会研究予以追认，否则公司将不负任何责任。

在谈判中，同一个没有任何权限的人谈判是浪费时间，甚至会错过最佳交易时机；弄清代理商的代理权限范围和对方公司的经营范围，才能避免日后发生纠纷和损失。

【案例 2-4】

斯科特·布罗德曼是一家大化学公司的一名销售经理。有一件事令他十分费解，一个新账户的采购代表不停地提要求，尽管那笔交易已经十分诱人。于是斯科特提了一些问题，想看看幕后是否存在第三方。"我发现，原来他的老板正在监视他，而且经常在事后批评他。"斯科特说。在斯科特的帮助下，这位采购代表让其老板看到了行业标准以及他们的需求得到满足的过程。"他告诉他的老板，这是他所能达成的最有利的交易。"斯科特说。最后对方同意了协议。

分析：很少有人会忽视对自己很重要的第三方的意见。当你需要对某人施加影响而又自认为没有足够的影响力的时候，想一想对对方而言很重要的人还有谁，以及更容易受你影响的人又是谁。

（4）对方谈判的最后期限。在信息收集工作中需要格外注意的是谈判的最后期限。任何谈判都有一定的期限，最后期限的压力常常迫使人们不得不采取快速行动，立即做出决定，所以重要的结论和最终结果都是在谈判结束之前才能最后确定，期限在谈判中起到了极其重要的作用。必须设法了解对方的谈判期限，以便针对对方的期限，控制谈判的进程，并针对对方的最后期限施加压力，促使对方接受有利于己方的交易条件。

（5）对手谈判团队的组成和风格。谈判对手具有不确定性及多样性。不同的谈判对手，由于出身及经历不同，文化背景、民族特性、价值观念、工作作风和性格也不完全一致，因此各自表现出不同的谈判风格，谈判人员在谈判之前，应尽可能了解谈判对手的性格特点、谈判风格，适应对方的谈判风格，有针对性地采取不同的策略和做法。具体来说，要了解谈判对手是由哪些人员组成的，他们各自的身份、地位、性格、爱好、谈判经验如何，谁是首席代表，其能力、权限，以往成败的经历、特长和弱点，以及对谈判的态度、倾向意见如何等。

▶ **4. 有关自我实力的信息**

谈判是各方凭借自身实力所进行的一种交易，自身实力的高低是决定谈判最终结果的基本因素之一。因此，正确评估自身的实力是谈判前的一项重要准备工作。

（1）弄清己方所拥有的谈判资本与优势。谈判者必须熟悉己方的经营情况，如价格优势、质量优势、市场服务优势、交货速度优势等，谈判中要做到心中有数且能拿出确切数据。要根据谈判对象的需求，判断己方所拥有的哪些优势能吸引对方。

（2）认清己方的弱点。要能客观认识自己的谈判劣势或弱点，而且一旦己方的弱点在谈判中被对方掌握，常会处于不利地位。因此，应提前准备好几套应对方案，预留出回旋空间。在谈判中要尽可能避谈己方弱点，如果回避不了，就要设法用自己事先考虑好的应对方案弥补实际的弱势。了解自己的弱点，其弱点才可能不"弱"，甚至还可能对成交有利——由于人们的心理错觉，弱点有时会把优点衬托得更加鲜明。

三、收集信息的方法

▶ **1. 案头调查法**

当双方成为谈判对手，准备进行贸易洽谈时，为了便于双方互相了解企业或产品的情况，相互之间常常提供一些资料，如商品目录、报价单、企业情况简介、产品说明书等。有些企业为了招揽客户，还专门把印有企业生产经营所有产品的一览表、小册子赠送给可能成为交易对象的客户。所以，谈判人员应该把这些资料收集、整理起来，进行分析研究。

还可以从国内的有关单位或部门收集资料。这些可能提供信息资料的单位如下：商务部；中国对外经济贸易促进委员会及其各地的分支机构；中国银行的咨询机构及有关的其他咨询公司；与该谈判对手有过业务往来的国内企业和单位；国内有关的报纸、杂志、新闻广播等。

从公共机构提供的已出版和未出版的资料中获取信息。这些公共机构可能是官方的，也可能是私营的。它们提供资料的目的，有的是作为政府的一项工作，有的则是为了赢利，也有的是为了自身的长远利益需要。因此，企业或单位的业务洽谈人员，应该熟悉一些公共机构，甚至熟悉这些机构里的工作人员，同时还要熟悉他们提供资料的种类及途径。现列举几种资料来源：国家统计机关公布的统计资料；行业协会发布的行业资料；图书馆里保存的大量商情资料；出版社提供的书籍、文献、报纸杂志；专业组织的调查报告；研究机构提供的调查报告等。

▶ **2. 直接调查法**

直接调查法是由谈判人员直接、间接地接触获取有关情况和资料的方法。例如，谈判人员可以向本企业曾和对方有过交往的人员进行了解，也可以通过函电的方式直接与对方联系，而对较重要的谈判，双方则可能安排正式的初步洽商。这种预备性接触的好处很多，不仅可以使我方有机会正面观察对方的意图以及立场、态度，而且也可以使对方对我方的诚意、观点有所了解，以此促进双方在平等互利、互谅互让的基础上通力合作。如果派人员进行考察，在开始活动之前应尽量收集对方的有关资料，在已有资料中分析出真实、不真实、可能还有新增内容、尚需进一步考察的几个部分，以便带着明确的目的和问题去考察。

▶ 3. 购买法

当交易规模、数量较大时，有时采取先小批量购买的方式直接了解对方产品的情况。在收集、掌握对方资料的基础上，要对谈判双方进行认真的分析与研究，以便进一步明确谈判对手的意图、目的，从而推测出双方在哪些方面能够取得一致意见，在哪些方面可能出现问题、分歧，会谈会有怎样的成果，据此制定、调整我方的方针、策略，使目标制定得更加切合实际。

四、整理信息的方法

在通过各种渠道收集资料以后，必须对收集来的资料进行整理和分析。整理和分析谈判资料的目的，首先是辨别资料的真实性与可靠性，即去伪存真。其次是在资料具备真实性、可靠性的基础上，结合谈判项目的具体内容，分析各种因素与该谈判项目的关系，并根据它们对谈判的重要性和影响程度进行排序，通过分析制订出具体的谈判方案与对策。

信息整理一般分为以下几个阶段：

(1) 筛选阶段。筛选就是检查资料的适用性，这是一个去粗取精的过程。

(2) 审查阶段。审查就是识别资料的真实性、合理性，这是一个去伪存真的过程。

(3) 分类阶段。分类就是按照一定的标准对资料进行分类，使之条理化。

(4) 评价阶段。评价就是对资料进行比较、分析、判断，得出结论，供谈判参考。

第 三 节 制订商务谈判计划

谈判的最终目的是双方达成平等互利的协议。而要达到这一目的，在正式谈判前，不仅需要了解谈判环境、谈判对手和自身状况，初步了解双方的实力，而且为取得较好的谈判结果，还需要制订一个周全、明确的谈判计划。

所谓谈判计划，是指谈判者在谈判开始前对谈判目标、议程、对策等预先所作的安排。其主要内容有：确定谈判主题，规定谈判期限，拟订谈判议程，安排谈判人员，选择谈判地点，确定谈判时间，制订谈判的具体执行计划等。其中，比较重要的是谈判目标的确定、谈判策略的布置和谈判议程的安排等内容。

一、确定商务谈判目标

制订谈判计划的核心问题是确定谈判目标。

所谓谈判目标就是期望通过谈判而达到的目标。它的实现与否，对企业总体目标意义重大，是判定谈判是否成功的标志。

谈判目标的确定，既要考虑企业的总体目标，也要考虑企业的实际状况、谈判对手的实力、双方力量对比以及市场供求变化因素。例如，企业 2007 年的总目标是确保得到 500 万元的订单，在市场供需稳定的情况下，谈判的对方又是老客户，关系较好，而企业目前又迫切需要得到订单，以保证生产的连续性。这样在第一季度中，就可以把谈判的总目标定为 150 万元。必要时，可以在其他方面给予对方一定的让步或优惠，如提前交货等，以确保目标的实现。

要在综合多方信息、资料的基础上，反复研究确定谈判目标。确定谈判目标一般包括以下几个要素：交易额、价格、支付方式、交货条件、运输、产品规格、质量、服务标准等。

但是，仅仅列出单一的谈判目标还是很不够的，它只是具体的指标，我们还要从总体上综合考虑谈判可能出现的结果，并确定相应的目标，这就是谈判的最优期望目标、可接受目标和最低限度目标。因为在实际谈判中，谈判的双方都会遇到这样的问题：我方应该首先报价吗？如果首先报价，开价多少？如果是对方首先报价，我方应还价多少？倘若双方就价格争执不下，那么，在什么条件下我方可接受对方的条件？在什么情况下，我方必须坚守最后防线？要更好地解决这些问题，就必须认真研究、确定谈判的最优期望目标、可接受目标和最低限度目标。

▶ 1. 谈判目标的三个层次

（1）最优期望目标。它是指在谈判桌上，对谈判者最有利的一种理想目标，它在满足某方实际需求利益之外，还有一个"额外的增加值"。

例如，在资金供求谈判中，需方可能实际只想得到 200 万元，但谈判一开始，需方可能报价 250 万元。这 250 万元就是需方的最优期望目标。这个数字比它实际需要的 200 万元多 50 万元。但是，供方绝不会做出提供 250 万元资金的慷慨之事。供方根据了解的信息（如偿还能力、经济效益高低和利率等情况），明知对方实际只需要 200 万元，为了使谈判深入下去，使主动权掌握在自己手中，却故意压低对方的报价，只同意提供 150 万元。如此这般，几经交锋，双方列举各种理由予以论证，谈判结果可能既不是 250 万元，也不是 150 万元，而是略低于或高于 200 万元。

如果一开始需方不提出 250 万元，或供方不提出 150 万元，谈判就无法进行。为什么在谈判中形成这种习惯，其原因极为复杂，涉及心理、信誉、利益，乃至历史成见等诸多因素。

需要说明的是，在谈判实践中，最优期望目标带有很大的策略性，往往很难实现，因此，老练的谈判者在必要时可以放弃这一目标。但并不是说这种最优期望目标在谈判桌上没有积极意义，它不仅仅是谈判进程开始时的话题，而且在某种情形下，最优期望目标也不是绝对达不到的。例如，一家信誉度极高的企业和一家资金雄厚、信誉良好的银行之间的谈判，达到最优期望目标的机会是完全可能存在的。

正因如此，美国著名的谈判专家卡洛斯向 2 000 多名谈判人员进行的实际调查表明，一个良好的谈判者必须坚持"喊价要狠"的准则。这个"狠"的尺度往往接近喊价者的最优期望目标。

在讨价还价的磋商过程中，倘若卖主喊价较高，则往往能以较高的价格成交；倘若买主出价较低，则往往也能以较低的价格成交。因此，在谈判桌上，卖方喊价高或买方还价低的时候，都会带来对自己较为有利的谈判结果。

（2）最低限度目标。它是指在谈判中对某一方而言，毫无讨价还价余地，必须达到的目标。换言之，最低限度目标即对某一方而言，宁愿离开谈判桌，放弃合作项目，也不愿接受比这更少的结果。

最低限度的确定主要考虑到以下几点因素：

① 价格水平。价格水平的高低是谈判双方最敏感的一个问题，是双方磋商的焦点。它直接关系到获利的多少或谈判的成败。影响价格的因素有主观与客观之分。主观因素包括营销的策略、谈判的技巧等可以由谈判方决定或受谈判方影响的因素。而影响价格的客观因素主要有以下几点：

第一，成本因素。这里的成本主要是指"市场成本"，一般是指产品从生产到交货的一切费用。具体来说，它包括生产该产品所需的原材料、劳动和管理费用以及为购销该商品所耗费的调研、运输、广告费和关税、保险费、中间商的佣金等费用。

第二，需求因素。需求因素对价格水平的影响主要通过需求弹性加以体现。需求弹性与市场的供需状况、同类产品的市场价格等因素相关联，因此合理确定价格策略十分必要。

第三，竞争因素。决定价格下限的是商品成本，决定价格上限的则是顾客的需求程度。在上限与下限之间的价格高低则由竞争来决定。也就是说，价格的确定不以个别成本为依据，而是取决于既定需求条件下同类商品的竞争状态，以及由竞争形成的社会平均成本和平均利润。一方面，要注意竞争者的多少，竞争者越多，说明竞争越激烈，价格的变化也就越大；另一方面，要注意竞争的激烈程度，不同市场下，竞争的激烈程度也有所不同。

第四，产品因素。针对不同性质和特征的产品，买方的购买习惯也有所不同。一般来说，消费品价格的灵活性大，而工业品的价格灵活性小。此外，人们对于不同产品的利润率存在不同的期望，也就导致谈判者有不同的价格目标。

第五，环境因素。谈判需要天时、地利、人和，而环境是指三者的统一体。当环境对谈判某一方有利时，其希望通过价格得到的利益也就更大一些，买方可能会进一步要求降价，而卖方则可能会要求提价。因此，我们应该善于把握机会，使环境向有利于己方的方向发展。

② 支付方式。不同的支付方式通过价格对谈判的预期利润会造成较大影响。现款交易与赊款交易会存在不同的风险性。如果直接付款，卖方一般可以在价格上进行适当的优

惠，但如果赊款的话，卖方就不会在价格上有所退让，力争将由于时间带来的资金损失降到最小，而且赊款带来的债务人不付款或扣款的现象也普遍存在。

特别是在进出口贸易中卖方常常会遇到不利的支付条件。在国际贸易中的跟单托收支付方式、付款交单和承兑交单对出口方的影响大不相同，除了收汇风险不同之外还间接影响交易商品的单位价格。例如，同一售价为 100 万美元的商品，若采用付款交单方式，售价为 100 万美元；若采取承兑交单支付方式，售价为 102 万美元。即便如此，对卖方来说前者也是更为有利的货款支付方式。因为从表面看，前者比后者少收 2 万美元，但由于后者付款时间靠后，卖方会承担利息损失，并且在买方承兑交单后卖方就须交单，卖方承担的风险更大，因此，实际上承兑交单这种付款方式对卖方是不利的。

③ 交货期限及罚金。在货物买卖中，交货的期限对双方而言都有利害关系。在商务合同中，交货期限作为根本条款或是重要条款常常有明确的规定，一方若未按时交货就要赔偿对方的经济损失。一般情况下，卖方总是希望迟交货，而买方总是希望卖方能早日交货。按照国际惯例，卖方报价中的交货期一般为签约后两个月。若买方提出要在签约后一个月交货，则卖方就需交纳迟交罚金。卖方就要根据买方提出的要求，对各方面因素进行综合考虑，可以提出交货条件方面的最低可接受限度，即如果不增加额外罚金的话，可以同意对方提出的提前交货要求。

④ 保证期的长短。保证期是卖方将货物卖出后的担保期限。担保的范围主要包括货物的品质和适用性等。保证期限的长短从来都是商务谈判中双方据理力争的焦点问题之一。卖方一般会尽力缩短保证期，因为保证期越长，卖方承担的风险越大，可能花费的成本也就越大；买方总是希望保证期越长越好，因为保证期越长，买方获得的保障程度就越高。但是，由于保证期的长短事关卖方信誉及竞争能力，事关交易能否做成和怎样做成的问题，因此卖方在通常情况下会仔细考虑保证期问题。通常卖方根据出现的情况，可以确定关于保证期的最低可接受条件，如果自己能确认在保证期内风险不大，可以答应对方延长保证期的要求。

（3）可接受目标。可接受目标是谈判人员根据各种主要因素，通过考察各种情况，经过科学论证、预测和核算之后所确定的谈判目标。可接受目标是介于最优期望目标与最低限度目标之间的目标。在谈判桌上，卖方一开始往往要价很高，提出自己的最优目标。实际上这是一种谈判策略，其目的是保护最低目标或可接受目标，这样做的实际效果往往超出谈判者的最低限度要求。双方通过讨价还价，最终选择一个最低与最高之间的中间值，即可接受目标。

实际业务谈判中，双方最后成交值往往是某一方的可接受目标。可接受目标能够满足谈判一方的某部分需求，实现部分利益目的。它往往是谈判者秘而不宣的内部机密，一般只在谈判过程的某个微妙阶段挑明，因而是谈判者死守的最后防线。如果达不到这一可接受的目标，谈判就可能陷入僵局或暂时终止，以便重新酝酿对策。

可接受目标的实现，往往意味着谈判的胜利。在谈判桌上，为了达到各自的可接受目标，双方会各自施展技巧，运用各种策略。

▶ 2. 确定谈判目标应考虑的因素

确定谈判目标是一件很复杂的事情，只有通过对许多因素进行综合分析才能做出判断。

(1) 合作伙伴多寡。如果对方是我方唯一选择的合作伙伴，则对方处在十分有利的地位，我方的目标水平就不宜定得太高；反之，如果我们有许多潜在的买主(卖主)，那么对方显然处在较弱的地位，则我方的目标水平就可以相应地定得高一些。

(2) 合作期限长短。如果长期的业务往来可能性比较大，那么就要着眼于未来，与对方建立友好、持久的关系，对于谈判目标也应本着实事求是的精神来确定合理水平，不能过于苛求。

(3) 交易本身的性质及重要程度。在制定具体谈判目标时交易本身的性质及重要程度也是必须考虑的。该交易成交与否对我方意义重大，则力争在一定限度的妥协下达成交易，这时目标就要低一些。

(4) 交易时间限制因素。很多交易本身就有时间限制，在时间的压力下，谈判者会妥协或改变主意。所以在事先确定谈判期望值时，也要考虑时间长短。一般有较长时间商谈周旋，可以将目标值定得高一些，否则，就要制定切实可行的目标。

需要强调的是，谈判目标并不总是定得越具体越好。在一开始把目标定得笼统些，可使自己在谈判中保持较大的回旋余地，当谈判出现分歧时，有利于保持灵活性，并能创造性地提出各种替代方案，逐步找到合理的、令双方都能满意的交易方案。

▶ 3. 谈判目标可行性分析

在某个商务项目的谈判目标确定后，还要对其进行经济效益分析及实现的可行性研究。

(1) 商务谈判目标可行性研究的主要内容。

① 本企业的谈判实力和经营状况；

② 对方的谈判实力和经营状况、资信情况和交易条件、态度、谈判风格等；

③ 竞争者的状况及其优势；

④ 市场情况，即商品的供求关系；

⑤ 影响谈判的相关因素，如政治形势、宗教信仰、文化习俗、法律制度、财政金融、地理气候等；

⑥ 以往合同的执行情况。

(2) 商务谈判目标的经济效益分析。就是在客观上对企业经济利益和其他利益(如新市场区域的开拓、知名度)的影响及所谈交易在企业经营活动中的地位等所作的分析、估价和衡量。

【案例 2-5】

中国香港的丝绸市场长期以来是中国内地、日本、韩国、中国台湾和中国香港几大制造商的天下。然而中国内地生产的丝绸产品由于花色品种和质量等问题在香港的市场份额大幅度下降，企业的生存面临极大的挑战。为改变这一不利状态，苏州丝绸厂决定开发新产品，拓展新市场，向欧美市场进军。在经过一番周密的市场调研后，苏州丝绸厂根据消费者的喜好、习惯和品位以及新的目标市场的特点和文化背景，开始小批量地生产各种不同花色、不同风格、不同图案的丝绸产品，力求满足不同层次、不同背景的人群需要。

苏州丝绸厂的产品平均成本价的构成为：原料坯绸的价格是每码(1 码＝0.914 4 米)5 美元，印染加工费是每码 2.48 美元。同类产品在欧洲市场上的最高价格可以卖到每码 30 美元，在香港地区的平均零售价是每码 15 美元左右。现有一位法国商人预购进一批丝绸产品，前来苏州丝绸厂洽谈购买事宜。

分析：这一案例中，苏州丝绸厂可先制订谈判目标，然后对其谈判目标的经济效益进行评估分析。要求至少从以下几个方面进行评估：

(1) 该项谈判目标是否与本企业经营目标一致；

(2) 该项谈判的交易是否是企业业务活动的主流；

(3) 该项谈判的交易对本企业现有市场占有率的影响；

(4) 该项谈判的交易机会是否是目前最有利的(假设近期这类交易的有利机会还有一个)；

(5) 该项谈判目标的达成对降低企业经营成本的影响；

(6) 预计价格目标达成其利润率是否符合经营目标利润率；

(7) 达成谈判的交易是否会提高企业的知名度。

二、确定商务谈判的时间与地点

老练的谈判者都十分重视选择恰当的谈判时间和地点。因为，谈判时间和地点是影响商务谈判最终结果的不可忽视的因素。在适当的地点，不失时机地开展洽谈工作，更易取得谈判的成功。

▶ 1. 选择谈判的时间

谈判总是在一定的时间内进行的。这里所讲的谈判时间是指一场谈判从正式开始到签订合同所花费的时间。在一场谈判中，时间有三个关键变数：开局时间、间隔时间和截止时间。

(1) 开局时间。开局时间是指选择什么时候来进行这场谈判。它的得当与否，有时会对谈判结果产生很大影响。例如，如果一个谈判小组在长途跋涉、喘息未定之时马上投入紧张的谈判中，就很容易因为舟车劳顿而导致精神难以集中，记忆和思维能力下降而误入对方圈套。所以，应对选择开局时间给予足够的重视。

一般来说，我们在选择开局时间时要考虑以下几个方面的因素：

① 准备的充分程度。俗话说："不打无准备之仗。"在安排谈判开局时间时也要注意给谈判人员留有充分的准备时间，以免仓促上阵。

② 谈判人员的身体和情绪状况。谈判是一项精神高度集中、体力和脑力消耗都比较

大的工作，要尽量避免在身体不适、情绪不佳时进行谈判。

③ 谈判的紧迫程度。尽量不要在自己急于买进或卖出某种商品时才进行谈判，如果避免不了，应采取适当的方法掩饰这种紧迫性。

④ 谈判对手的情况。不要把谈判安排在让对方明显不利的时间进行，因为这样会招致对方的反对，引起对方的反感。

（2）间隔时间。一般情况下，一场谈判极少是一次磋商就能完成的，大多数的谈判都要经历数次甚至数十次的磋商洽谈才能达成协议。这样，在经过多次磋商没有结果，但双方又都不想中止谈判的时候，一般都会安排一段暂停时间，让双方谈判人员暂作休息，这就是谈判的间隔时间。

谈判间隔时间的安排，往往会对舒缓紧张气氛、打破僵局具有很明显的作用。常常有这样的情况：在谈判双方互不相让、紧张对峙的时候，双方宣布暂停谈判两天，由东道主安排旅游和娱乐节目，在友好、轻松的气氛中，双方的态度和主张都会有所改变，结果，在重新开始谈判以后，就容易互相让步，达成协议。

当然，也有这样的情况：谈判的某一方经过慎重的审时度势，利用对方要达成协议的迫切愿望，故意拖延间隔时间，迫使对方主动做出让步。

可见，间隔时间是时间因素在谈判中又一个关键变数。

（3）截止时间。截止时间就是一场谈判的最后限期。一般来说，每一场谈判总不可能没完没了地进行下去，总有一个结束谈判的具体时间。而谈判的结果却又往往是在结束谈判的前一刻出现。所以，如何把握截止时间去获取谈判的成果是谈判中一种绝妙的艺术。

截止时间是谈判的一个重要因素，它往往决定着谈判的战略。

首先，谈判时间的长短，往往迫使谈判者决定选择克制性策略还是速决胜策略。同时，截止时间还构成对谈判者本身的压力。由于必须在一个规定的期限内做出决定，这将给谈判者本身带来一定的压力。谈判中处于劣势的一方，往往在限期到来之前，对达成协议承担着较大的压力，往往必须在限期到来之前，在做出让步、达成协议、中止谈判或交易不成之间做出选择。一般来说，大多数谈判者想达成协议，为此，他们唯有做出让步了。

▶ 2. 选择谈判的地点

商务谈判地点的选择往往涉及一个谈判环境心理因素的问题，它对于谈判效果具有一定的影响，谈判者应当很好地加以利用。有利的地点、场所能够增强己方谈判地位和谈判力量。商务谈判地点的选择一般有四种方案：一是在己方国家或公司所在地谈判；二是在对方国家或公司所在地谈判；三是在双方所在地交叉谈判；四是在谈判双方之外的国家或地点谈判。不同的谈判方案有其优点和缺点，需要谈判者充分利用地点优势，促使谈判成功。

（1）在己方地点谈判。美国心理学家泰勒尔一次有趣的实验证明，许多人在自己的客厅里谈话，比在别人客厅里更能说服对方。因为人类与其他动物一样，是一种具有

"领域感"的高级动物，谈判者才能的发挥程度、能量的释放和自己所处的环境密切相关。在己方地点谈判的优势表现在：谈判者在自己领地谈判，地点熟悉，具有安全感，心理态势较好，信心十足；谈判者不需要耗费精力去适应新的地理环境、社会环境和人文环境，可以把精力集中地用于谈判；可以利用种种便利条件，控制谈判气氛，促使谈判向有利于自己的方向发展；可以利用现场展示的方法向对方说明己方产品水平和服务质量；在谈判中"台上"人员与"台下"人员的沟通联系比较方便，可以随时向高层领导和有关专家请示、请教，获取所需资料和指示；利用东道主的身份，可以通过安排谈判之余的各种活动来掌握谈判进程，从文化习惯上、心理上对对方产生潜移默化的影响，处理各类谈判事务比较主动；谈判人员免除旅途疲劳，可以以饱满的精神和充沛的体力去参加谈判，并可以节省去外地谈判的差旅费用和旅途时间，降低谈判支出，提高经济效益。

在己方地点谈判的不利因素，表现在：不易与公司业务脱钩，谈判人员会经常由于公司业务而分散注意力；离高层近，联系方便，谈判人员会产生依赖心理，一些问题不能自主决断，频繁请示领导，这也会造成失误和被动；作为东道主，己方要负责安排会场以及谈判的各项事宜，要负责对客方人员的接待工作，安排宴请、游览等活动，所以负担比较重。

商务谈判最好争取安排在己方所在地点谈判。犹如体育比赛一样，在主场获胜的可能性大。有经验的谈判者，都设法把对方请到本方地点，热情款待，使自己得到更多的利益。

【案例 2-6】

日本与澳大利亚的煤铁谈判

日本的钢铁和煤炭资源短缺，渴望购买煤和铁。澳大利亚生产煤和铁，并且在国际贸易中不愁找不到买主。按理来说，日本的谈判者应该到澳大利亚去谈生意，但日本人总是想尽办法把澳大利亚人请到日本去谈生意。

澳大利亚人一般都比较谨慎，讲究礼仪，而不会过分侵犯东道主的权益。澳大利亚人到了日本，使日本方面和澳大利亚方面在谈判桌上的相互地位就发生了显著的变化。澳大利亚人过惯了富裕的舒适生活，他们的谈判代表到了日本之后不几天，就急于想回到故乡别墅的游泳池、海滨和妻儿身旁去，在谈判桌上常常表现出急躁的情绪；而作为东道主的日本谈判代表则不慌不忙地讨价还价，他们掌握了谈判桌上的主动权。结果日本方面仅仅花费了少量款待作"鱼饵"，就钓到了"大鱼"，取得了大量谈判桌上难以获得的东西。

分析：从该案例中，我们可以看到日本人在了解了澳大利亚人恋家的特点之后，宁可多花招待费用，也要把谈判争取到自己的主场进行，并充分利用主场优势掌握谈判的主动权，使谈判的结果最大程度地对己方有利。

（2）在对方地点谈判。在对方地点谈判，对己方的有利因素表现在：己方谈判人员基本远离本土，可以全身心投入谈判，避免主场谈判时来自工作单位和家庭事务等方面的干扰；在高层领导规定的范围内，更有利于发挥谈判人员的主观能动性，减少谈判人员的依赖性；可以实地考察一下对方公司的产品情况，获取直接信息资料；省去了作为东道主所必须承担的招待宾客、布置场所、安排活动等事务性工作。

在对方地点谈判，对己方的不利因素体现在：与公司本部相距遥远，信息的传递、资料的获取相对比较困难，某些重要问题也不易及时磋商；谈判人员对当地环境、气候、风俗、饮食等方面会出现不适应，再加上旅途劳累、时差不适应等因素，会使谈判人员的身体状况受到不利影响；在谈判场所安排、谈判日程安排等方面处于被动地位；己方也要防止对方过多地安排旅游景点等活动而消磨谈判人员的时间和精力。

到对方地点去谈判，必须做好充分的准备，要清楚领导的意图，明确谈判目标，准备充足的信息资料，组织好谈判班子等。经验表明，人们在自己的"辖区"内谈判，一般很容易进入状态，发挥出应有的水准；在不熟悉的环境中，往往无所适从，感到拘束。

（3）在双方所在地交叉谈判。有些多轮谈判可以在双方所在地交叉进行。这种谈判的好处是对双方都较公平，方便各自考察对方的实际情况。各自都担当东道主和客人的角色，对增进双方的相互了解、融洽感情是有好处的。它的缺点是谈判时间长、费用大、精力耗费大；如果不是大型的谈判或是必需，应少用这种方法谈判。

（4）在双方地点之外的第三地谈判。在第三地谈判对双方的有利因素表现在：在双方所在地之外的地点谈判，对双方来讲都是平等的，不存在偏向，双方均无东道主优势，也无做客他乡的劣势，策略运用的条件得当。

在第三地谈判对双方的有利因素表现在：双方首先要为谈判地点的确定而谈判，而且地点的确定要使双方都满意也不是一件容易的事，在这方面要花费不少时间和精力。

第三地谈判通常被相互关系不融洽、信任程度不高的谈判双方选用。

三、确定商务谈判的议程和进度

谈判的议程是指有关谈判事项的程序安排。它是对有关谈判的议题和工作计划的预先编制。谈判的进度是指对每一事项在谈判中应占时间的把握，目的在于促使谈判在预定的时间内完成。

▶ **1. 商务谈判议程的要件**

（1）议题。凡是与本次谈判有关的，需要双方展开讨论的问题，都可以成为谈判的议题。应将与本次谈判有关的问题罗列出来，然后再根据实际情况，确定应重点解决的问题。

（2）顺序。安排谈判问题先后顺序的方法是多种多样的，应根据具体情况来选择采用哪一种程序：其一，可以首先安排讨论一般原则问题，达成协议后，再具体讨论细节问题；其二，也可以不分重大原则问题和次要问题，先把双方可能达成协议的问题或条件提出来讨论，然后再讨论会有分歧的问题。

（3）时间。至于每个问题安排多少时间来讨论才合适，应视问题的重要性、复杂程度和双方分歧的大小来确定。一般来说，对重要的问题、较复杂的问题、双方意见分歧较大的问题占用的时间应该多一些，以便让双方能有充分的时间对这些问题展开讨论。

美国谈判专家嘉洛斯说："拟好议程之后再进行商谈，它将帮助你获得主动。"因此，在谈判的准备阶段中，我方应率先拟订谈判议程，并争取对方同意。在谈判实践中，一般以东道主为先，经协商后确定，或双方共同商议。谈判者应尽量争取谈判议程的拟定，这样对己方来讲是很有利的。首先，议程安排要根据己方的具体情况，在程序上能扬长避短，即在谈判的程序安排上，保证己方的优势能得到充分的发挥。其次，议程的安排和布局，要为自己出其不意地运用谈判手段埋下契机，对一个经验丰富的谈判者来讲，是绝不会放过利用拟订谈判议程的机会来运筹谋略的。最后，谈判议程的内容要能够体现己方谈判的总体方案，统筹兼顾，还要能够引导或控制谈判的速度以及己方让步的限度和步骤等。

▶ **2. 商务谈判议程的内容**

典型的谈判议程至少包括以下三项内容：

（1）谈判应在何时举行，为期多久？若是一系列的谈判，则考虑分几次谈判为好、每次所花时间大约多少、休会时间多久等。

（2）谈判在何处举行？

（3）哪些事项列入讨论，哪些不列入讨论？讨论的事项如何编排先后顺序？每一事项应占多少讨论时间？

▶ **3. 安排商务谈判议程的注意事项**

谈判议程的安排与谈判策略、谈判技巧的运用有着密切的联系，从某种意义上来讲，安排谈判议程本身就是一种谈判技巧。因此，要认真检查议程的安排是否公平合理，如果发现不当之处，就应该提出异议，要求修改。

在安排谈判议程时，一方面应根据自己的情况在程序上注意扬长避短，保证自己的精力等优势得到充分发挥；另一方面也要兼顾对方的利益。典型的谈判议程安排方式有三种：第一种是先易后难，即先讨论容易解决的问题。这样可以为讨论后面的困难问题打好基础，能给谈判创造友好的气氛；第二种是先难后易，即先集中精力和时间讨论重要的关键问题，突出重点，以主带次，推动其他问题解决；第三种是混合型，即不分主次先后，把所有要讨论的问题都提出来加以讨论；经过一段时间后，把所有要讨论的问题归纳起来，将统一的意见明确起来，再对尚未解决的问题加以讨论，从而取得一致意见。

谈判议程是决定谈判效率高低的重要一环。美国谈判专家嘉洛斯说："拟好议程之后再进行商谈，它将帮助你获得主动。"同时，他对议程问题还提出以下告诫：未经详细考虑后果之前，不要轻易接受对方所提出的议程；要仔细考虑何者是要讨论的主要问题，以及在何时提出最佳；在安排问题前，要给自己充分的思考时间；详细研究对方所提出的议程，以便发现是否有什么问题被对方故意摒弃在外，或者用来作为拟定对策的参考；千万不要显示你的要求是可以妥协的，对于我方不容易谈论的问题可以早点提出，避免把它排入议程中。

四、制订商务谈判的策略

明确了谈判目标、谈判地点和时间，以及谈判的议程和进度，接下来，就应在谈判计划书中制订相应的谈判策略。商务谈判策略，是对谈判人员在商务谈判过程中，为实现特定的谈判目标而采取的一些措施，是各种方式、技巧、战术、手段及其组合运用的总称。有效的谈判策略融合一定的谈判技巧，是科学性、技巧性和创新性的总体反映。在制订谈判策略时，要知己知彼，对双方的优劣势做到心中有数，扬长避短。应该进行换位思考，站在对方的角度考虑己方的提议和方案是否合理。在制订谈判策略时，谈判者应注重满足双方利益的需要，制订双赢的谈判策略。

第 四 节 进行模拟谈判

一、模拟谈判的作用

模拟谈判是指在谈判准备工作的最后阶段、正式谈判前，在占有信息资料的基础上，进行假设推理和实际演习。在谈判准备工作的最后阶段，企业有必要为即将开始的谈判举行一次模拟谈判，以检验自己的谈判方案，而且也能使谈判人员提早进入实战状态。模拟谈判的必要性表现在以下几个方面。

▶ 1. 提高应对困难的能力

模拟谈判可以使谈判者获得实际经验，提高应对各种困难的能力。很多成功谈判的实例和心理学研究成果都表明，正确的想象练习不仅能够提高谈判者的独立分析能力，而且在心理准备、心理承受、临场发挥等方面都是很有益处的。在模拟谈判中，谈判者可以一次又一次地扮演自己，甚至扮演对手，从而熟悉实际谈判中的各个环节。这对初次参加谈判的人来说尤为重要。

▶ 2. 检验谈判方案是否周密可行

谈判方案是在谈判小组负责人的主持下，由谈判小组成员具体制订的。它是对未来将要发生的正式谈判的预计，不可能完全反映出正式谈判中出现的一些意外事情。同时，因为谈判人员受到知识、经验、思维方式、考虑问题的立场和角度等因素的局限，谈判方案的制订就难免会有不足之处和漏洞。事实上，谈判方案是否完善，只有在正式谈判中方能得到真正检验，但这毕竟是一种事后检验，往往发现问题为时已晚。模拟谈判是对实际正式谈判的模拟，与正式谈判比较接近。因此，模拟谈判能够较为全面严格地检验谈判方案是否切实可行，检查谈判方案存在的问题和不足，及时修正和调整谈判方案。

▶ 3. 训练和提高谈判能力

模拟谈判的对手是自己的人员，对自己的情况十分了解，这时站在对手的立场上提问题，有利于发现谈判方案中的错误，并且能预测对方可能从哪些方面提出问题，以便事先拟订出相应的对策。对于谈判人员来说，能有机会站在对方的立场上进行换位思考是大有好处的。正如美国著名企业家维克多·金姆所言："任何成功的谈判，从一开始就必须站在对方的立场来看问题。"这样角色扮演的技术不但能使谈判人员了解对方，也能使谈判人员了解自己，因为它给谈判人员提供了客观分析自我的机会，注意到一些容易忽视的问题，如在与外国人谈判时使用过多的本国俚语、缺乏涵养的面部表情、争辩的观点含糊不清等。

二、模拟谈判的方法

▶ 1. 全景模拟法

全景模拟法是指在想象谈判全过程的前提下，企业有关人员扮成不同的角色所进行的实战性排练。这是最复杂、耗资最大，但也往往是最有效的模拟谈判方法。这种方法一般应用于大型的、复杂的、关系到企业重大利益的谈判。在采用全景模拟法时，应注意以下两点：

（1）合理地想象谈判全过程。要求谈判人员按照假设的谈判顺序展开充分的想象，不只是想象事情发生的结果，更重要的是想象事物发展的全过程，以及在谈判中双方可能发生的一切情形，并依照想象的情况和条件，演绎双方交锋时可能出现的一切局面，如谈判的气氛、对方可能提出的问题、我方的答复、双方的策略和技巧等。合理的想象有助于谈判的准备更充分、更准确。所以，这是全景模拟法的基础。

（2）尽可能地扮演谈判中所有会出现的人物。这有两层含义：一方面是指对谈判中可能会出现的人物都有所考虑，要指派合适的人员对这些人物的行为和作用加以模仿；另一方面是指主谈人员(或其他在谈判中会起重要作用的人员)应扮演一下谈判中的每一个角色，包括自己、己方的顾问、对手及其顾问。这种对人物行为、决策、思考方法的模仿，能使我方对谈判中可能会遇到的问题、人物有所预见；同时，从别人的角度进行思考，有助于我方制订更完善的策略。

▶ 2. 讨论会模拟法

这种方法类似于"头脑风暴法"。它分为两步：第一步，企业组织参加谈判人员和一些其他相关人员召开讨论会，请他们根据自己的经验，对企业在本次谈判中谋求的利益、对方的基本目标、对方可能采取的策略、我方的对策等问题畅所欲言。不管这些观点、见解如何标新立异，都不会有人指责，有关人员只是忠实地记录，再把会议情况上报领导，作为决策参考。第二步，请人针对谈判中可能发生的各种情况，以及对方可能提出的问题等提出疑问，由谈判组成员一一加以解答。

讨论会模拟法特别欢迎反对意见。这些意见有助于己方重新审核拟定的方案，从多种角度和多重标准来评价方案的科学性和可行性，并不断完善准备的内容，以提高成功的概率。国外的模拟谈判对反对意见倍加重视，然而我国的企业没有重视模拟谈判。讨论会往往变成"一言堂"，领导往往难以容忍反对意见。这种讨论没有使谈判方案更加完善，而成了表示赞成的一种仪式。这就大大地违背了讨论会模拟法的初衷。

▶ 3. 列表模拟法

这是最简单的模拟谈判方法，一般应用于小型、常规性的谈判。具体操作过程是这样的：通过对应表格的形式，在表格的一方列出我方经济、科技、人员、策略等方面的优缺点和对方的目标及策略，另一方则相应地罗列出我方针对这些问题在谈判中所应采取的措施。这种模拟方法的最大缺陷在于它实际上还是谈判人员的一种主观产物，它只是尽可能地搜寻问题并列出对策。对于这些问题是否真的会在谈判中发生，这一对策是否能起到预期的作用，由于没有通过实践的检验，因此，不能百分之百地认为这一对策是完全可行的。

三、模拟谈判的要点

▶ 1. 科学地做出假设

模拟谈判实际就是提出各种假设情况，然后针对这些假设，制订出一系列对策，采取一定措施的过程。因而，假设是模拟谈判的前提，又是模拟谈判的基础，它的作用是根本性的。

按照假设在谈判中包含的内容，可以将假设分为三类：一是对客观环境的假设；二是对自身的假设；三是对对方的假设。

为了确保假设的科学性，首先，应该让具有丰富谈判经验的人提出假设，相对而言，这些人的假设准确度较高，在实际谈判中发生的概率大；其次，假设的情况必须以事实为基础，所依据的事实越多、越全面，假设的精度也越高，假设切忌纯粹凭想象主观臆造；再次，假设必须按照正确的逻辑思维进行推理，遵守思维的一般规律；最后，应该认识到，再高明的谈判也不是全部假设到谈判中都会出现的，而且这种假设归根结底只是一种推测，带有或然性，若是把或然性奉为必然性去指导行动，那就是冒险。

▶ 2. 慎重选择参加模拟谈判的人员

参加模拟谈判的人员应该是具有专门知识、经验和较强角色扮演能力的人，而不是只有职务、地位或只会随声附和、举手赞成的老好人。一般而言，模拟谈判需要下列三种人员：

（1）知识型人员。这里的知识是指理论与实践相对完美结合的知识。这种人员能够运用所掌握的知识触类旁通、举一反三，把握模拟谈判的方方面面，使其具有理论依据的现实基础。同时，他们能从科学性的角度去研究谈判中的问题。

（2）预见型人员。这种人员对于模拟谈判是很重要的。他们能够根据事物的发展变化规律，加上自己的业务经验，准确地推断出事物发展的方向，对谈判中出现的问题相当敏感，往往能对谈判的进程提出独到的见解。

（3）求实型人员。这种人员有着脚踏实地的工作作风，考虑问题客观、周密，不凭主观印象，一切以事实为出发点，对模拟谈判中的各种假设条件都小心求证，力求准确。

▶ 3. 及时进行总结

模拟谈判结束后要及时进行总结。模拟谈判的目的是总结经验，发现问题，弥补不足，完善方案。所以，在模拟谈判告一段落后，必须及时、认真地回顾在谈判中我方人员的表现，如对对手策略的反应机敏程度、自身班子协调配合程度等一系列问题，以便为真正的谈判奠定良好的基础。

模拟谈判的总结应包括对方的观点、风格、精神；对方的反对意见及解决办法；自己的有利条件及运用状况；自己的不足及改进措施；谈判所需情报资料是否完善；双方各自的妥协条件及可共同接受的条件；谈判破裂与否的界限等。

本章小结

商务谈判的准备包括商务谈判人员的配备、谈判信息的收集、谈判计划的制订和方案的拟订，以及模拟谈判。具体来说，谈判人员配备就是组建谈判小组，它包括谈判小组的规模、谈判人员应具备的素质、谈判人员的配备和谈判班子成员的分工与合作等内容；谈判所需的信息积累主要包括了解谈判所处的宏观环境、掌握市场行情、摸清对方情况。信息的收集应从公开的资料和未公开的资料中分析获取，也可以由人员实地调查了解，并对资料进行整理与分析。拟订谈判方案，应当包括制订谈判目标、确定谈判时间、议程和进度，以及制订谈判策略。模拟谈判是指在谈判准备工作的最后阶段、正式谈判前，在占有信息资料的基础上，进行假设推理和实际演习。有全景模拟法、讨论会模拟法和列表模拟法。要注意应科学地做出假设，选择合适的人员进行模拟谈判，及时总结。

思考题

1. 优秀的商务谈判人员应具备什么样的素质？
2. 怎样进行商务谈判人员的配备？
3. 商务谈判人员应如何进行分工与合作？
4. 商务谈判信息的收集内容、方法有哪些？

5. 商务谈判计划书主要包括哪些内容?

6. 简述商务谈判的三个层次目标的特点及作用。

7. 简述模拟谈判的类型及注意事项。

案例分析

我国某冶金公司要从美国购买一套先进的组合炉,派一位高级工程师与美商谈判。为了不负使命,这位工程师做了充分的准备工作,他查找了大量有关冶炼组合炉的资料,花了很大的精力对国际市场上组合炉的行情及这家美国公司的历史和现状、经营情况等了解得一清二楚。谈判开始,美商一开口就要价150万美元。中方工程师列举了各国的成交价格,使美商目瞪口呆,终于以80万美元达成协议。当谈判购买冶炼自动设备时,美商报价230万美元,经过讨价还价压到130万美元,中方仍然不同意,坚持出价100万美元。美商表示不愿继续谈下去了,把合同往中方工程师面前一扔,说:"我们已经作了这么大的让步,贵公司仍不能合作,看来你们没有诚意,这笔生意就算了,明天我们回国了。"中方工程师闻言轻轻一笑,把手一伸,做了一个优雅的请的动作。美商真的走了,冶金公司的其他人有些着急,甚至埋怨工程师不该抠得这么紧。工程师说:"放心吧,他们会回来的。同样的设备,去年他们卖给法国只有95万美元,国际市场上这种设备的价格100万美元是正常的。"果然不出所料,一个星期后美方又回来继续谈判了。工程师向美商点明了他们与法国的成交价格,美商又愣住了,没有想到眼前这位中国商人如此精明,于是不敢再报虚价,只得说:"现在物价上涨得厉害,比不了去年。"工程师说:"每年物价上涨指数没有超过6%。一年时间,你们算算,该涨多少?"美商被问得哑口无言,在事实面前,不得不让步。最终双方以101万美元达成了这笔交易。

问题:

(1) 中方在谈判中取得成功的原因有哪些?

(2) 美方在谈判中处于不利地位的原因是什么?

(3) 一个成功的商务谈判者应注重收集哪些信息?

实训项目

一、实训名称

关于特许经营加盟的谈判准备

二、实训目标

通过训练,使学生具备组建谈判小组,进行团队协作、信息收集及分析的能力,并能根据谈判的内容和对象选择恰当的谈判策略,拟订商务谈判计划书,并根据模拟谈判的过程和结果对计划书进行完善。

三、实训背景

你们团队想在某城市某街道开个餐饮、小吃食品方面的特许经营加盟店。现需要跟许可方谈判特许经营加盟事宜。请根据以上背景资料拟订一份商务谈判计划书。商务谈判计划书的最终目标是通过谈判解决加盟费及质量保证、服务等条款，争取优惠条款，最终达成双赢协议。

四、实训步骤及要求

1. 以 4～6 人为一组，组建谈判小组，以小组为单位，通过分工协作，对实训背景进行分析，并进行相关信息的收集整理，每个小组撰写一份谈判计划书。商务谈判计划书必须针对具体、特定的餐饮、小吃食品品牌店，如肯德基、麦当劳、吉祥馄饨、一鸣真鲜奶吧、豪大大香鸡排、咬不得高祖生煎、老娘舅餐饮、甜丫丫、豪客来牛排等，具体加盟的品牌不限。商务谈判计划书必须针对具体的街道，具体城市、街道地点不限。商务谈判计划书要基于真实场景进行大量的调查，同时根据这份谈判计划书跟许可方谈判是完全可行的（加盟谈判很可能成功）。

2. 当堂进行模拟谈判，之后由其他观摩同学点评，再由场上谈判双方自评和互评，最后由教师对双方进行评价，如发现与计划书出入较大，当场请其做出必要的解释。谈判结束后，以小组为单位对本次谈判进行讨论总结，并提交书面的谈判评估报告。

3 第三章
商务谈判的过程

1. 了解商务谈判的程序；
2. 理解商务谈判各阶段的任务；
3. 掌握完成商务谈判各阶段任务的方法。

导入案例

我国从日本 S 汽车公司进口大批 FP—148 货车，使用时普遍发生严重质量问题，致使我国蒙受巨大经济损失。为此，我国向日方提出索赔。

初战告捷

谈判一开始，中方简明扼要地介绍了 FP—148 货车在中国各地的损坏情况以及用户对此的反应。中方在此虽然只字未提索赔问题，但已为索赔说明了理由和事实根据，展示了中方谈判威势，恰到好处地拉开了谈判的序幕。日方对中方的这一举动早有预料，因为货车的质量问题是一个无法回避的事实，日方无心在这一不利的问题上纠缠。日方为避免劣势，便不动声色地说："是的，有的车子轮胎炸裂、挡风玻璃炸碎、电路有故障、铆钉震断、有的车架偶有裂纹。"中方觉察到对方的用意，便反驳道："贵公司代表都到现场看过，经商检和专家小组鉴定，铆钉非属震断，而是剪断，车架出现的不仅仅是裂纹，而是裂缝、断裂！而车架断裂不能用'有的'或'偶有'，还是用比例数据表达更科学、更准确……"日方淡然一笑说："请原谅，比例数据尚未准确统计。""那么，对货车质量问题贵公司能否取得一致意见？"中方对这一关键问题紧追不舍。"中国的道路是有问题的。"日方转了话题，答非所问。中方立即反驳："诸位已去过现场，这种说法是缺乏事实根据的。""当然，我们对贵国实际情况考虑不够……""不，在设计时就应该考虑到中国的实际情况，因为这批车是专门为中国生产的。"中方步步紧逼，日方步步为营，谈判气氛渐趋紧张。中日双方在谈判开始不久，就在如何认定货车质量问题上陷入僵局。日方坚持说中方有意夸大货车的质量问题："货车质量的问题不至于到如此严重的程度吧？这对我们公司来说，是从未发生过的，也是不可理解的。"此时，中方觉得该是举证的时候，并将有关材料向对方一推说："这里有商检、公证机关的公证结论，还有商检拍摄的录像。如果……""不！不！对商检公证机关的结论，我们是相信的，我们是说贵国是否能够作出适当让步。否则，我们无法向公司交代。"日方在中方所提质量问题攻势下，及时调整了谈判方案，采用以柔克刚的手法，向对方踢皮球。但不管怎么说，日方在质量问题上设下的防线已被攻破了。这就为中方进一步提出索赔价格要求打开了缺口。随后，双方对FP—148货车损坏归属问题取得了一致的意见。日方一位部长不得不承认，这是设计和制作上的质量问题所致。初战告捷，但是我方代表意识到更艰巨的较量还在后头。索赔金额的谈判才是根本性的。

毅力、信息、技巧的较量

随即，双方谈判的问题升级到索赔的具体金额上——报价、还价、提价、压价、比价，一场毅力和技巧较量的谈判竞争展开了。中方主谈代表擅长经济管理和统计，精通测算。他翻阅了许多国内外的有关资料，甚至在技术业务谈判中也不凭大概和想当然，认为只有事实和科学的数据才能服人。此刻，在他的纸笺上，在大大小小的索赔项目旁，写满了密密麻麻的阿拉伯数字。这就是技术业务谈判，不能凭大概，只能依靠科学准确的计算。根据多年的经验，他不紧不慢地提出："贵公司对每辆车支付加工费是多少？这项总额又是多少？""每辆车10万日元，共计5.84亿日元。"日方接着反问道："贵国报价是多少？"中方立即回答："每辆16万日元，此项共计9.5亿日元。"精明强干的日方主谈人淡然一笑，与其副手耳语了一阵，问："贵国报价的依据是什么？"中方主谈人将车辆损坏后各部件需如何修理、加固、花费多少工时等逐一报价。"我们提出的这笔加工费并不高。"接着中方代表又用了欲擒故纵的一招："如果贵公司感到不划算，派人员维修也可以。但这样一来，贵公司的耗费恐怕是这个数的好几倍。"这一招很奏效，顿时把对方将住了。日方被中方如此精确的计算所折服，自知理亏，转而以恳切的态度征询："贵国能否再压低一点。"此刻，中方意识到，就具体数目的实质性讨价还价开始了。中方答道："为了表示我们的诚意，可以考虑贵方的要求，那么，贵公司每辆出价多少呢？""12万日元。"日方回答。"13.4万日元怎么样？"中方问。"可以接受"。日方深知，中方在这一问题上已作出了让步。于是双方很快就此项索赔达成了协议。日方在此项目费用上共支付7.76亿日元。

然而，中日双方争论索赔的最大数额的项目却不在此，而在于高达几十亿日元的间接经济损失赔偿金。在这一巨大数目的索赔谈判中，日方率先发言。他们也采用了逐项报价的做法，报完一项就停一下，看看中方代表的反应，但他们的口气却好似报出的每一个数据都是不容打折扣的。最后，日方统计可以给中方支付赔偿金30亿日元。中方对日方的报价一直沉默不语，用心揣摩日方所报数据中的漏洞，把所有的"大概""大约""预计"等含糊不清的字眼都挑了出来，有力地抵制了对方所采用的浑水摸鱼的谈判手段。

在此之前，中方谈判班子昼夜奋战，液晶体数码不停地在电子计算机的荧光屏上跳动着，显示出各种数字。在谈判桌上，我方报完每个项目的金额后，讲明这个数字测算的依据，在那些有理有据的数字上，打的都是惊叹号。最后我方提出间接经济损失费 70 亿日元！

日方代表听了这个数字后，惊得目瞪口呆，老半天说不出话来，连连说："差额太大，差额太大！"于是，进行无休止的报价、压价。

"贵国提的索赔额过高，若不压半，我们会被解雇的。我们是有妻儿老小的……"日方代表哀求着。老谋深算的日方主谈人使用了哀兵制胜的谈判策略。

"贵公司生产如此低劣的产品，给我国造成多么大的经济损失啊！"中方主谈接过日方的话头，顺水推舟地使用了欲擒故纵的一招："我们不愿为难诸位代表，如果你们做不了主，请贵方决策人来与我们谈判。"双方各不相让，只好暂时休会。这种拉锯式的讨价还价，对双方来说是一种毅力和耐心的较量。因为谈判桌上，率先让步的一方就可能被动。

临门一脚

随后，日方代表赶忙用电话与日本 S 公司的决策人密谈了数小时。接着谈判重新开始了，此轮谈判一接火就进入了高潮，双方舌战了几个回合，又沉默下来。此时，中方意识到，己方毕竟是实际经济损失的承受者，如果谈判破裂，就会使己方获得的谈判成果付诸东流；而要诉诸法律，麻烦就更大。为了使谈判已获得的成果得到巩固，并争取有新的突破，适当的让步是打开成功大门的钥匙。中方主谈人与助手们交换了一下眼色，率先打破沉默说："如果贵公司真有诚意的话，彼此均可适当让步。"中方主谈为了防止由于己方率先让步所带来的不利局面，建议双方采用"计分法"，即双方等量让步。"我公司愿意付 40 亿日元。"日方退了一步，并声称："这是最高突破数了。""我们希望贵公司最低限度必须支付 60 亿日元。"中方坚持说。

这样一来，中日双方各自从己方的立场上退让了 10 万日元。双方比分相等。谈判又出现了转机。双方界守点之间仍有 20 亿日元的逆差。（但一个界守点对双方来说，都是虚设的。更准确地说，这不过是双方一道最后的争取线。该如何解决这"百米赛路"最后冲刺阶段的难题呢？双方的谈判专家都是精明的，谁也不愿看到一个前功尽弃的局面）几经周折，双方共同接受了由双方最后报价金额相加除以 2，即 50 亿日元的最终谈判方案。

除此之外，日方愿意承担下列三项责任：

（1）确认出售给中国的全部 FP-148 型货车为不合格品，同意全部退货，更换新车；

（2）新车必须重新设计试验，精工细作，制作优良，并请中方专家检查验收；

（3）在新车未到之前，对旧车进行应急加固后继续使用，日方提供加固件和加固工具等。

一场罕见的特大索赔案终于交涉成功了！

（资料来源：郑艳群，李昌凰. 商务谈判［M］. 武汉：华中科技大学出版社，2013）

　　分析：中日这场索赔谈判展示出了一个完整、清晰的商务谈判过程。在这一过程中，随着谈判的进行，双方的谈判气氛、议题和策略都在不断发生变化。正是由于中方明确了各阶段的主要任务，并采用了恰当的方法，所以能在谈判中占据主动，并取得了预期的谈判成果。

　　特大索赔案也好，标的金额较小的谈判也罢，对于某一特定的谈判，不管其性质是什么，也不管其延续多长时间，总有一条清晰的线索贯彻始终，呈现出明显的阶段性，即准备、开局、报价、磋商和结束、执行等阶段，从而构成完整的谈判程序。每一阶段有各自的特点和任务，只有做到心中有数，才能有的放矢，取得富有效率和效果的谈判结果。其中，开局、磋商和结束是谈判的正式过程。

第 一 节　商务谈判的开局阶段

　　所谓商务谈判开局阶段，一般是指双方在讨论具体、实质性交易内容之前彼此熟悉和就本次谈判的内容双方分别发表陈述和倡议的阶段。它是在双方已做好了充分准备的基础上进行的。本阶段的谈判为以后具体议题的谈判奠定基础。因此，该阶段也称为非实质谈判阶段，或前期事务性磋商阶段。

　　谈判的开局对整个谈判过程起着至关重要的作用。它往往关系到双方谈判的诚意和积极性，关系到谈判的基调和发展趋势。一个良好的开局将为谈判的成功奠定良好基础。这一阶段的目标主要是就谈判程序和相关问题达成共识，双方人员互相交流，创造友好合作的谈判气氛；分别表明己方的意愿和交易条件，摸清对方的情况和态度，为实质性磋商阶段打下基础。为达到上述目标，开局阶段主要有三项基本任务——营造适宜的谈判气氛、协商谈判通则和开场陈述。

一、营造适宜的谈判气氛

　　所谓谈判气氛，是指谈判双方通过各自所表现的态度、作风而建立起来的谈判环境。谈判气氛直接作用于谈判的进程和结果，不同的谈判气氛可能会导致不同的谈判效果。良好的谈判开局气氛应该是礼貌、尊重、自然、轻松、友好、合作、积极进取的气氛。

　　▶ **1. 营造良好谈判气氛的方法**

　　（1）塑造良好的个人形象。个人形象主要通过服装、仪表、语言、行为等方面体现。谈判者应该特别注意塑造良好的个人形象，一方面要注重着装、仪表和仪态，根据不同的场合选择适合自己的服装和配饰，遵守相应的礼仪规范，使自己的举手投足都充满沉稳和自信的气度；另一方面应注重有声语言的使用，本着合作协商的态度，选择合适的语言，控制好语气、语音和语调，做到言之应景、言之切题、言之有物，取得对方的信任，为后续的沟通奠定良好的基础。

（2）选择中性话题。所谓中性话题就是与谈判正题不相干的话题。为了营造一种良好的谈判气氛，在谈判开始时，谈判人员不宜直入主题或提出棘手敏感的问题，而应选择容易引起双方感情共鸣和交流的轻松话题来开启谈判之门。可以畅谈曾经有过的合作经历，对对方所在企业经营业绩加以肯定，对此次谈判提出良好预期等，也可以谈论双方感兴趣的题外话，如近期的天气、社会热点事件、畅销书和电影、广受关注的文娱体育节目等，以中性话题为纽带，了解彼此的沟通习惯，拉近彼此在情感上的距离，初步探测对方的需求，使正式谈判之门慢慢开启。

【案例 3-1】

东南亚某国的一家华人企业要为日本一家著名电子公司在当地做代理商。双方几次磋商均未达成协议。在最后一次谈判中，华人企业的谈判代表发现日方谈判代表喝茶及取放茶杯的姿势十分特别，于是他就说："从您喝茶的姿势来看，您十分精通茶道，能否为我们介绍一下？"这句话正好点中了日方代表的兴趣所在，于是他滔滔不绝地讲述起来。结果，后面的谈判进行得非常顺利，那家华人企业终于拿到了地区代理权。

分析：在该案例中，华人企业代表选择了对方最引以为豪并希望别人注意的目标作为突破口，从而成功营造了积极、和谐和融洽的谈判气氛，最终水到渠成，圆满完成了谈判任务。

（3）创造舒适的谈判环境。这里所说的谈判环境指的是谈判者进行谈判时所处的物理环境，如温度、湿度、气味、色彩、照明等。谈判环境通过影响谈判者的情绪和言行，进而对谈判气氛产生影响，因此谈判环境的构建非常重要。心理学家明茨在 20 世纪 50 年代验证了环境是会影响人的感知的。因此，要服务于良好气氛的营造，谈判环境应具备如下基本条件：光线充足、色调柔和、空气流通、温度适宜、设施齐备。

明茨事先布置了两间房间，一间窗明几净，典雅庄重（所谓 beautiful room，以下简称 B）；另一间粗俗龌龊，凌乱不堪（叫作 ugly room，以下简称 U）。实验对象分别被安排到这两个房间里，每人必须对一张相片上的人做出判断，说出他（或她）是"精力旺盛的"还是"疲乏无力的"，是"满足的"还是"不满足的"。结果坐在 B 房间里的实验对象倾向于把相片上的人看成"精力旺盛的"和"满足的"；在 U 房间里的实验对象则倾向于把相片上的人看成"疲乏无力的"和"不满足的"。

一个有经验的谈判者，能透过相互寒暄时的那些应酬话去掌握谈判对象的背景材料，如他的性格爱好、处事方式、谈判经验及作风等，进而找到双方的共同语言，为相互间的心理沟通做好准备，这些对谈判成功有着积极的意义。

二、协商谈判通则

协商谈判通则是指参与谈判各方共同确定都必须遵守的规章或法则，即双方就谈判目标（purpose）、计划（plan）、进度（pace）和人员（personalities）等内容进行洽商。按照惯例，双方在准备阶段应已对上述具体问题进行过沟通，并取得了共识。即便如此，在开局阶段，还是有必要对这些具体问题再次进行确认。特别是谈判双方初次见面，互相介绍参加谈判的人员，包括姓名、职衔以及在谈判中的角色等；然后双方进一步明确谈判要达到的目标，即双方共同追求的合作目标；同时双方还要磋商确定谈判的大体议程和进度，以及需要共同遵守的纪律和共同改造的义务等问题，从而为后续的磋商确定规则，有利于谈判效率的提高。在协商时要注意介绍成员符合礼仪规范，说明目的简洁明确，进度计划确认必不可少。

三、进行开场陈述

所谓开场陈述，是指在开始阶段双方就当次谈判的内容，陈述各自的观点、立场及其建议。它的任务是：让双方能把当次谈判所涉及的内容全部提示出来，同时，使双方彼此了解对方对当次谈判内容所持有的立场与观点，并在此基础上，就一些分歧分别发表建设性意见或倡议。当双方就当次谈判的目标、计划、进度和参加的人员等问题进行协商并基本达成一致意向以后，就需将谈判推进一步，即分别就当次谈判的基本内容发表开场陈述。谈判各方应注意选择合适的时机进行开场陈述，简明扼要地表达己方的观点、立场和建议，措辞诚恳又不失锋芒，介绍己方情况时尽量客观。

【案例 3-2】

A 公司是一家实力雄厚的房地产开发公司，在投资的过程中相中了 B 公司所拥有的一块极具升值潜力的地皮，而 B 公司正想通过出卖这块地皮获得资金以将其经营范围扩展到国外。于是，双方精选了久经沙场的谈判干将，对土地转让问题展开磋商。

A 公司的代表说："我们公司的情况你们可能有所了解，我们是由×公司、××公司（均为全国著名的大公司）合资创办的，经济实力雄厚。近年来在房地产开发领域业绩显著。在你们市去年开发的××花园收益就很不错。听说你们的周总也是我们的买主啊。你们市的几家公司正在谋求与我们合作，想把其手里的地皮转让给我们，但我们没有轻易表态。你们的这块地皮对我们很有吸引力，我们准备把原有的住户拆迁，开发一块居民小区。前几天，我们公司的业务人员对该地区的住户、企业进行了广泛的调查，基本上没有什么阻力。时间就是金钱啊，我们希望以最快的速度就这个问题达成协议。不知你们的想法如何？"

B 公司是一家全国性公司，在一些大中城市设有办事处。除了 A 公司之外，还有兴华、兴运等公司与之洽谈。

B 公司代表说："很高兴能与你们有合作的机会。虽然我们以前没有打过交道，但是，你们的情况我们还是有所了解的，我们遍布全国的办事处有多家住的是你们建的房子，这也是种缘分吧。我们确实有出卖这块地皮的意愿，但我们并不急于脱手，因为除了你们公司外，兴华、兴运等一些公司也对这块地皮表示出了浓厚的兴趣，正在积极地与我们接洽。当然了，如果你们的条件比较合理，价钱比较优惠，我们还是愿意和你们合作的，可以帮助你们简化有关手续，使你们的工程能早日开工。"

（资料来源：郑艳群，李昌凰. 商务谈判［M］. 武汉：华中科技大学出版社，2013）

分析：该案例中，A、B公司代表的开场陈述都非常精彩，双方通过彰显实力，取得了对方的信任，同时，运用娴熟高超的语言技巧，表达了合作的诚意，为后续谈判的顺利进行奠定了基础。

第二节 商务谈判的磋商阶段

谈判磋商阶段又称实质性谈判阶段或讨价还价阶段，是指双方就各交易条件进行反复磋商和争辩，最后经过一定的妥协，确定一个双方都能接受的交易条件的阶段。它是关系到谈判的成败和效益盈亏的最重要阶段。一般来讲，本阶段又可细分为报价阶段和议价阶段。不过，值得说明的是，在谈判中这两个阶段往往不仅没有明确的界限，而且有时还相互不断交织在一起，但是经验丰富的谈判人员对谈判进入到什么阶段是十分清楚的。无论此两个阶段明显与否，有经验的谈判人士都竭力按照各阶段的先后顺序进行谈判。

一、报价阶段

所谓报价，是指谈判的某一方首次向另一方提出一定的交易条件，并愿意按照这些条件签订交易合同的一种表示。

谈判双方在经历了最初的接触、摸底，并对所了解和掌握的信息进行相应的处理之后，商务谈判往往由横向铺开转向纵向深入，即从广泛性洽谈转向对一个个议题的磋商。在每一个议题的磋商之初，往往由一方当事人报价，另一方当事人还价，这种报价和还价的过程就是报价阶段。不过这里所指的"价"是就广义而言的，并非单指价格，而是指包括价格在内的诸如交货条件、支付手段、违约金或押金、品质与检验、运输与保险、索赔与诉讼等一系列内容。因此，所谓报价与还价，简言之就是双方当事人各自报出交易条件。

在本阶段，报价者需要考虑的问题主要是如何确定和提出开盘价，而还价者需要考虑的问题是如何确定还盘价以及如何向对方提出还盘价。当然，谈判双方在一起进行合作，并不是为了把不可能的事情变成可能，而是为了把可能的事情确定下来。因此，谈判者应当尽量准确地判断出对方所能接受的条件范围，报出的价格和其他各项条件都不应超出对方所能接受的极限。

▶ 1. 报价的依据

从理论上来说，商务谈判报价的依据有两个：第一，对报价者最为有利，即卖方报出最高价，在预期成交价基础上加上虚头；买方报出最低价，在预期成交价基础上扣减虚头，这样在后期谈判中讨价还价阶段才能让虚头。第二，成功的可能性最大。报价时，要考虑到对方的接受能力和市场背景，避免狮子大开口吓跑对方。

以国际商务谈判为例，报价遵循以下依据：

（1）随行就市；

（2）以主要出口或进口国家成交价为依据；

（3）参照买主或买主当地批发价；

（4）国际经济行情的状况及发展趋势；

（5）国际市场同类商品的供求状况及发展趋势；

（6）国际市场代用商品的供求状况及发展趋势；

（7）有关商品的生产、库存变化，主要地区的安全稳定状态等。

以上依据并不是一成不变的"死"依据，在报价时仅起参考作用，不起决定性作用。在报价时，最根本的依据是想不想买（或卖）、想在何时买（卖）。如果确实想买（卖），报价就可以适当高（低）一些；如果确实不想买（卖），报价就可以拼命压低（哄抬高价）。具体在谈判中如何报价，应该随行就市，以情而定，灵活掌握。

▶ **2. 报价的原则**

（1）开盘价为"最高"或"最低"价。对于卖方来说，开盘价必须是"最高"价；与此相反，对于买方来说，开盘价必须是"最低"价，这是报价的首要原则。

首先，开盘价为我方要价定了一个最高限度。如果我方是卖方，开盘价为我方订出了一个最高价，最终双方的成交价格肯定低于此开盘价；如果我方是买方，开盘价为我方订出了一个最低价，最终双方的成交价格肯定高于此开盘价。

其次，开盘价会影响对方对我方提供商品或劳务的印象和评价。"一分价钱一分货"是大多数人信奉的观点。开价高，人们就会认为商品质量好，服务水平高；开价低，人们就会认为商品质量一般（或有瑕疵、样式过时等），服务水平低。

再次，开盘价高，可以为以后磋商留下充分回旋余地，使我方在谈判中更富有弹性，以便于掌握成交时机。

最后，开盘价对最终成交价具有实质性影响。开盘价高，最终成交价的水平就较高；相反，开盘价低，最终成交价的水平就较低。

（2）开盘价必须合情合理。开盘价要报得高一些，但绝不是指漫天要价、毫无道理、毫无控制，恰恰相反，高的同时必须合乎情理，必须能够讲得通才行。如果报价过高，又讲不出道理，对方必然认为你缺少谈判的诚意，或者被逼无奈而中止谈判扬长而去；或者以其人之道还治其人之身，也来个"漫天要价"；或一一提出质疑，而我方又无法解释，其结果只好是被迫无条件让步。因此，开盘价过高将会有损于谈判。同时，报价留出虚头的主要目的是为后续谈判留出余地，过高或过低都将给谈判带来困难。虚头留出多少，要视具体情况来定。竞争对手的多少、货源的情况、对手要货的用途、关系的亲疏等都会影响虚头的大小。

（3）报价应该坚定、明确、完整，且不加任何解释说明。报价时，态度要坚决、果断，毫无保留、毫不犹豫。这样做能够给对方留下我方是认真而诚实的好印象。要记住，任何欲言又止、吞吞吐吐的行为，必然会导致对方的不良感受，甚至会产生不信任感。

开盘价要明确、清晰和完整，以便对方能够准确了解我方的期望。开盘报价的内容，通常包括数量、价格、交货条件、支付手段、质量标准等。开价时，要把开盘的几个要件一一讲清楚。

开价时，不要对本方所报价格作过多的解释、说明和辩解，因为，对方不管我方报价的水分多或少都会提出质疑。如果在对方还没有提出问题之前，我们便加以主动说明，会提醒对方意识到我方最关心的问题，而这种问题有可能是对方尚未考虑过的问题。因此，有时过多的说明和解释，会使对方从中找到破绽或突破口，向我方猛烈反击。

上述三项原则为商务谈判报价的一般原则。报价在遵循上述原则的同时，必须考虑当时的谈判环境和与对方的关系状况。如果对方为了自己的利益而向我方施加压力，则我方就必须以高价（或低价）向对方施加压力，以保护本方的利益；如果双方关系比较友好，特别是有过较长的合作关系，那么报价就应当稳妥一些，出价过高或过低会有损双方的关系；如果我方有很多竞争对手，那就必须把报价压低（或抬高）到至少能受到邀请而继续谈判的程度，否则会被淘汰出局，失去谈判的机会。

▶ **3. 报价方式**

谈判双方在经过摸底之后，就开始报价。报价的方式有两种：一种是本方先报价；另一种是对方先报价，本方后报价。究竟应该选择哪一种报价方式，要根据本方的条件和每种报价方式的利弊来决定。

（1）本方先报价。本方先报价的有利之处在于：一方面，先行报价，对谈判施加影响大，它实际上是给对方规定了谈判框架或基准线，谈判的最终协议将在这个范围内达成；另一方面，先报价如果出乎对方的预料和设想，往往可以打破对方原有的部署，甚至动摇对方原来的期望，使其失去信心。总之，先报价在整个谈判中都会持续地起作用，因此，先报价比后报价的影响要大得多。

先报价的不利之处在于：一方面，对方听了我方报价后，可以对自己的原有想法进行最后的调整，可以得到本来得不到的好处；另一方面，对方还会在磋商过程中迫使我方按照他们的谈判思路谈下去。其最常用的做法是：采取一切手段，调动一切对其有利的因素，集中力量攻击我方报价，逼迫我方一步一步降价（或提价），而不透露他们自己的报价。

先报价的适用于本方实力强于对方、在谈判中处于有利地位、预期谈判过程激烈的情况。按照惯例，一般卖方先报价。

（2）本方后报价。本方后报价的有利之处在于可以了解对方情况，观察对手，扩大自己的思路和视野，及时调整自己的报价；不利之处在于报价时可能受到对方的影响。

后报价适用于本方实力明显弱于对手、本方对谈判环境了解不够、谈判经验不足的情况。按照惯例，一般买方后报价。

▶ 4. 如何对待对方的报价

在对方报价的过程中，切忌干扰对方，而应认真听取并尽力完整、准确、清楚地把握对方的报价内容。在对方报价结束后，对某些不清楚的地方可以要求对方予以解答。同时，应将己方对对方报价的理解进行归纳总结并加以复述，以确认自己的理解准确无误。

在对方报价完毕之后，不应急于还价，而应要求对方对其价格的构成、报价依据、计算的基础、方式方法等做出详细的解释。通过对方的解释，可以了解对方报价的实质、态势、意图及其诚意，以便从中寻找破绽，从而动摇对方报价的基础，为己方争取重要的谈判筹码。

在对方完成价格解释之后，针对对方的报价，有两种行动选择：一种是要求对方降低报价；另一种是提出自己的报价。一般来讲，要求对方降低报价比较有利，因为这是对报价一方的反应，如果成功，可以争取到对方的让步，而己方既没有暴露自己的报价内容，也没有做出任何让步。

▶ 5. 价格解释

价格解释是指卖方就其商品特点及报价的价值基础、行情依据、计算方式等所做的介绍、说明或解答。

价格解释对于卖方和买方都有重要作用。从卖方来看，可以利用价格解释，充分证明所报价格的真实性和合理性，增强其说服力，以迫使买方接受报价或缩小买方讨价的期望值；从买方来看，可以通过对方价格解释分析讨价还价的余地，进而确定价格评论应针对的要害。

通常一方报价完毕之后，另一方会要求报价方进行价格解释。在解释时，必须遵守一定的原则，即不问不答、有问必答、避虚就实、能言不书。

（1）不问不答。是指买方不主动问的问题卖方不要回答。其实，对于买方未问到的一切问题，都不要进行解释或答复，以免造成言多必失的结果。

（2）有问必答。是指对对方提出的所有有关问题，都要一一做出回答，并且要很流畅、很痛快地予以回答。经验告诉人们，既然要回答问题，就不能吞吞吐吐、欲言又止，这样极易引起对方的怀疑，甚至会提醒对方注意，从而穷追不舍。

（3）避虚就实。是指对己方报价中比较实质的部分应多讲一些，对于比较虚的部分，或者说水分含量较大的部分，应该少讲一些，甚至不讲。

（4）能言不书。是指能用口头表达和解释的就不要用文字来书写，因为当自己表达中有误时，口述和笔写的东西对自己的影响是截然不同的。有些国家的商业习惯是只承认纸上的信息而不重视口头信息，因此要格外慎重。

▶ 6. 价格评论

价格评论是指买方对卖方所报价格及其解释的评析和论述。

价格评论对于谈判双方而言都有很大的影响。从买方来看，价格评论可针对卖方价格解释中的不实之处，指出其报价的不合理之处，从而在讨价还价之前先压一压"虚头"、挤一挤"水分"，为之后的价格谈判创造有利条件；从卖方来看，价格评论其实是对报价及其解释的反馈，便于了解买方的需求、交易欲望，以及最为关切的问题，利于进一步的价格解释并对讨价还价有所准备。

价格评论的原则是：针锋相对，以理服人。其具体技巧主要有以下几种：

（1）既要猛烈，又要掌握节奏。猛烈，指准中求狠。即切中要害、猛烈攻击、着力渲染，卖方不承诺降价，买方就不松口。掌握节奏，就是评论时不要像"竹筒倒豆子"，一下子把所有问题都摆出来，而是要一个问题一个问题地发问、评论，把卖方一步一步地逼向被动，使其不降价就下不了台。

（2）重在说理，以理服人。即在进行价格评论时，要通过讲道理、摆事实的方式来迫使对方让步，从而顺利达成交易。讨价是伴随着价格评论进行的，应本着尊重对方和说理的方式进行。同时，讨价不是买方的还价，而是启发、诱导卖方自己降价，以便为买方还价做准备，所以，此时硬压对方价格，可能会过早地陷入僵局，对买方也不利。因此，特别是初期、中期的讨价，务必保持平和的气氛，充分说理，以理服人，以求最大的收益。即使对漫天要价者，也应如此。

一般来说，在报价太离谱的情况下，其价格解释总会有这样那样的矛盾，只要留心，不难察觉，所以，以适当方式指出报价的不合理之处时，报价者大都有所松动，可能会以"我们再核算一下""这项费用可以考虑适当降低"等为托词对报价做出修改。此时，即使价格调整的幅度不是很大，或者理由也不甚合乎逻辑，作为买方，也应表示欢迎。而且，可以通过对方调整价格的幅度及其解释，估算对方的保留价格，确定进一步讨价的策略和技巧。

例如，卖方："我方的价格是110元1件，这是我们的一贯价格。"买方："这个价格太高了，目前该产品的市场价格是95元1件左右，而且据我方所知你方卖给另外一家企业的价格是92元1件，同时你方提供的产品在功能上还是存在一定的缺陷的。"卖方："是吗？我们与生产厂商再研究研究。"

（3）既要自由发言，又要严密组织。在价格谈判中，买方参加谈判的人员虽然都可以针对卖方的报价及解释发表意见，加以评论，但是，鉴于卖方也在窥测买方的意图，摸买方的"底牌"，所以，绝不能每个人想怎么评论就怎么评论，而是要事先精心谋划，然后在主谈人的暗示下，其他人员适时、适度发言。这样，表面上看大家自由发言，但实际上经过了严密组织。自由发言是为了显示买方内部立场的一致，以加强对卖方的心理压力；严密组织，则是为了巩固买方自己的防线，不给卖方可乘之机。

（4）评论中再侦察，侦察后再评论。买方进行价格评论时，卖方会进一步解释或辩解，这是正常的现象。对此，买方不仅应当允许对方辩解并注意倾听，而且还应善于引发对方辩解，以便侦察其反应。实际上，谈判需要舌头，也需要耳朵。买方通过卖方的辩解，可以了解更多的情况，便于调整进一步评论的方向和策略。如果又抓到了新的问题，则可使评论增加新意并逐步向纵深发展，从而有利于赢得价格谈判的最终胜利。如果不耐心听取卖方的辩解，则之后的进一步评论就会缺乏针对性，甚至还会转来转去就是那么几句话，反而使谈判陷入"烂泥潭"。

价格评论中，卖方的应对策略应当是沉着解答。不论买方如何评论、提问，甚至发难，都要保持沉着，始终以有理、有利、有节为原则，并注意运用答问技巧，不乱方寸。"智者千虑，必有一失"，对于买方抓住的明显矛盾之处，卖方也不能"死要面子"，适当表现出"高姿态"会显示交易诚意和保持价格谈判的主动地位。

二、议价阶段

议价阶段，又称作讨价还价阶段，是谈判的关键阶段，也是最困难、最紧张的阶段。在这个阶段，谈判双方就价格问题展开激烈的讨论，经过多次磋商，最终达成协议。

（一）讨价

讨价是指要求报价方改善报价的行为。谈判中，一般卖方在首先报价并进行价格解释之后，买方如果认为离自己的期望目标太远，或不符合自己的期望目标，必然在价格评论的基础上要求对方改善报价。如果说，报价后的价格解释和价格评论是价格磋商的序幕，那么，讨价便是价格磋商的正式开始。

买方的讨价一般分为三个阶段，不同的阶段采用不同的方法。第一阶段，由于讨价刚开始，对卖方价格的具体情况尚欠了解，因而讨价的方法是全面讨价，即要求对方从总体上改善价格；第二阶段，讨价进入具体内容，这时的讨价方法是针对性讨价，即在分析对方价格的基础上，找出含水分大的项目，有针对性地讨价；第三阶段是讨价的最后阶段，讨价方法又是全面讨价，因为经过针对性讨价，含水分大的项目已降下来，这时只能从总体上要求对方改善价格。讨价过程尽管从理论上讲可以分为三个阶段，但从时间上看却不是很长，只要对方能及时修改自己的报价，就可以很快结束。

从讨价的过程可见，讨价的次数取决于买方对卖方价格的评价，只要买方对卖方的报价还有分析降价的依据，讨价过程就不能结束。因此，讨价的次数没有统一标准，但一般不只一次，多数谈判的讨价为 2～3 次。

从卖方的角度来看，作了两次价格改善后就会封门，要求买方尽快还价。这时，买方只要觉得卖方的价格没有明显改善，即对价格分析出的报价虚头没有作超过半数以上的修改，就不能停止讨价。可以说对方计算有错误，应该重新核算后再报价；或者说对方价格中的水分太大，所报的价格仍高于竞争产品，因而还应继续改善。当然，卖方总会留有余地，在价格改善到一定程度便会停止。这时，买方也应该停止讨价而开始还价。

（二）还价

还价，也称"还盘"，一般是指买方针对卖方的报价所做出的反应性报价。

还价是商务谈判中交易磋商的一个必备环节，它是整个谈判的中心。还价要力求给对方造成较大的压力和影响或改变对方的期望；同时，又应着眼于使对方有接受的可能，并愿意向双方互利性的协议靠拢。因此，还价前的筹划，就是要通过对报价内容的分析和计算，设计出各种相应的方案和对策，使谈判者在还价过程中得以贯彻，以发挥"后发制人"的威力。

▶ 1. 还价方式

还价中，谈判者要确保自己的利益和主动地位，首先就应善于根据交易内容、所报价格，以及讨价方式，采用不同的还价方式。

(1) 按照谈判中还价的依据，还价方式分为按可比价还价和按成本还价两类。

① 按可比价还价。这是指己方无法准确掌握所谈商品本身的价值，而只能以相似的同类商品的价格或竞争者商品的价格作参照进行还价。这种方式的关键是所选择的用以参照的商品的可比性及其价格的合理性，只有可比价格合理，还价才能使对方信服。

② 按成本还价。这是指己方能计算出所谈商品的成本，以此为基础再加上一定比率的利润作为依据进行还价。这种还价方式的关键是所计算成本的准确性，成本计算得越准确，还价的说服力就越强。

(2) 按照谈判中还价的项目，还价方式又可分为总体还价、分别还价和单项还价三种。

① 总体还价。总体还价即"一揽子"还价，它是与全面讨价对应的还价方式。

② 分别还价。分别还价是分别讨价后的还价方式，是指把交易内容划分成若干类别或部分，然后按各类价格中的含水量或按各部分的具体情况逐一还价。

③ 单项还价。单项还价一般是与针对性讨价相应的还价方式，是指按所报价格的最小单位还价，或者对某个别项目进行还价。

▶ 2. 还价起点的确定

还价方式确定后，关键的问题是要确定还价的起点。还价起点即买方的初始报价。它是买方第一次公开报出的打算成交的条件，其高低直接关系到自己的经济利益，也影响着价格谈判的进程和成败。

(1) 还价起点确定的原则。

① 起点要低。还价起点低，能给对方造成压力，并影响和改变对方的判断及盈余的要求，能利用其策略性虚报部分为价格磋商提供充分的回旋余地和准备必要的交易筹码，对最终达成成交价格和实现既定的利益目标具有不可忽视的作用。

② 还价起点要接近成交目标，至少要接近对方的保留价格，以使对方有接受的可能性。否则，太低的话对方会失去交易兴趣而退出谈判，或者己方不得不重新还价而陷于被动。

(2) 还价起点确定的参照因素。

① 报价中的含水量。价格磋商中，虽然经过讨价，报价方对其报价做出了改善，但改善的程度各不相同，因此，重新报价中的含水量是确定还价起点的第一项因素。对于所含水分较少的报价，报价起点应当较高，以使对方同样感到交易诚意；对于所含水分较多的报价，或者对方报价只做出很小的改善，便千方百计地要求己方立即还价者，还价起点应较低，以使还价与成交价格的差距同报价中的含水量相适应。同时，在对方的报价中，

会存在不同部分含水量的差异，因而，还价起点的高低也应有所不同，以此可增强还价的针对性并为己方争取更大的利益。

② 成交差距。对方报价与己方准备成交的价格目标的差距，是确定还价起点的第二项因素。对方报价与己方准备成交的价格目标的差距越小，其还价起点应越高；对方报价与己方准备成交的价格目标差距越大，还价起点就应越低。当然，不论还价起点高低，都要低于己方准备成交的价格，以便为以后的讨价还价留下余地。

▶ 3. 还价的基本要求

（1）做好还价前的准备。还价不是一种简单的压低价格的过程。它必须以市场调查所获得的数据为依据，经过对双方所在企业的利益进行分析，货比三家，在此基础上确定自己的还价。

（2）明确对方报价的具体含义。己方在清楚了解了对方报价的全部内容后，就要透过其报价的内容来判断对方的意图，在此基础上可以分析出，怎样能使交易既对己方有利又能满足对方的某些要求。也就是说，谈判人员要将双方的意图和要求逐一进行比较，弄清双方分歧所在及对方的谈判重点等相关内容。

（3）统筹兼顾。价格既涉及技术问题，又涉及策略问题，包含的内容非常广泛，因此，在还价中，不能仅仅把目光集中在价格上，还应当通盘考虑，把价格与技术、商务等各个方面结合起来，统筹兼顾，这样才能使谈判更加富有意义，同时也可以缓和还价中存在的矛盾。

【案例 3-3】

某年日本国内红豆歉收，日本一家公司急需从中国进口一批红豆。而中国有相当多的库存，但有相当一部分是前一年的存货。我国希望先出售旧货，而日方则希望全是新货。双方就此展开谈判。谈判开始后，日方首先大诉其苦，诉说自己面临的种种困难，希望得到中方的帮助。"我们很同情你们面临的现状，也很想帮助你们，那么请问你们需要订购多少呢？""我们肯定是要订购的，但不知道你方货物的情况，所以想先听听你们的介绍。"我方开诚布公地介绍了红豆的情况：新货库存不足，陈货偏多，价格上新货要高一些，因此希望日方购买去年的存货。但是，虽再三说明，日方仍然坚持全部购买新货，谈判陷入僵局。

第二天，双方再次回到谈判桌前。日方首先拿出一份最新的官方报纸，指着上面的一篇报道说："你们的报纸报道今年的红豆获得了大丰收，所以，不存在供应量的问题，我们仍坚持昨天的观点。"中方不慌不忙地指出："尽管今年红豆丰收，但是我们国内需求量很大，政府对于红豆的出口量是有一定限制的。你们可以不买陈货，但是如果等到所有旧的库存在我们国内市场上卖完，而新的又不足以供应时，你再想买就晚了。建议你方再考虑考虑。"

日方沉思良久，仍然拿不定主意。为避免再次陷入僵局，中方建议道："这样吧，我们在供应你们旧货的同时，供应一部分新货，你们看怎么样呢？"日方再三考虑，也想不出更好的解决办法，终于同意进一部分旧货。但是，究竟订货量为多少？新旧货物的比例如何确定？谈判继续进行。日方本来最初的订货计划为 2 000 吨，但宣称订货量为 3 000 吨，并要求新货量为 2 000 吨。中方听后连连摇头："3 000 吨我们可以保证，但是其中 2 000 吨新货是不可能的，我们最多只能给 800 吨。"日方认为 800 吨太少，希望能再多供应一些。中方诚恳地说："考虑到你们的订货量较大，才答应供应 800 吨，否则连 800 吨都是不可能的，我方已尽力而为了。""既然你们不能增加新货量，那我们要求将订货量降为 2 000 吨，因为那么多的旧货我们回去也无法交代。"中方表示不同意。谈判再次中断。

过了两天，日方又来了。他们没有找到更合适的供应商，而且时间也不允许他们再继续拖下去。这次，日方主动要求把自己的总订货量提高到 2 200 吨，其中 800 吨新货保持不变。

分析：在上述案例中，中日双方关注的红豆价格，与订货总量以及其中的新货量密切相关，双方都在通盘考虑的基础上，把价格与商务等各个方面结合起来，统筹兼顾，缓和了讨价还价中存在的难度和矛盾，有利于谈判协议的达成。

（三）讨价还价中的让步

谈判中讨价还价的过程就是让步的过程。怎么让步、分几次让步、每次让步的幅度为多少，这些都大有学问。经验丰富的谈判人员能以很小的让步换取对方较大的让步，并且还让对方感到心满意足，愉快地接受。相反，也有即使做出大幅度的让步，对方还不甚满意的情况。

▶ **1. 让步的原则**

谈判中的让步不仅仅取决于让步的绝对值的大小，还取决于彼此的让步策略，即怎样做出让步，以及怎样争取到让步。在具体的讨价还价过程中，要注意以下几方面的基本原则与要求：

（1）维护整体利益。让步的一个基本原则是：整体利益不会因为局部利益的损失而损失，局部利益的损失是为了更好地维护整体利益。以最小让步换取谈判的成功，以局部利益换取整体利益是让步的基本出发点。因此，在谈判中，在己方认为重要的问题上要力求让对方先让步，而在较为次要的问题上，根据情况的需要己方可以考虑先让步。

（2）明确让步条件。不要做无谓的让步。谈判者要知道，每一次让步都实实在在地包含着己方的利润损失或者成本增加。因此，在谈判中的每次让步都要换取对方在其他方面的相应让步，体现得大于失的原则。

（3）选择恰当的让步时机。让步时机要恰如其分，不到需要让步的时候绝不做出让步，以便使己方较小的让步能给对方以较大的满足。即使己方已决定做出让步，也要使对方觉得己方让步不是件轻而易举的事，这样对方就会珍惜所得到的让步。

（4）确定适当的让步幅度。在谈判中，让步一般应分多次进行，因此，每一次让步的幅度不要过大，节奏不宜太快，应做到步步为营。因为一次让步幅度太大，会使对方的期望提高，从而提出更高的让步要求，使己方陷入被动。如果让步节奏太快，对方的要求轻而易举地实现了，己方的让步不会引起对方的足够重视。

（5）不要承诺与对方做同等幅度的让步。因为即使双方让步幅度相当，但由此得到的利益不一定是相同的。

（6）每次让步后要检验效果。如果己方先做了让步，那么在对方做出相应的让步前，就不能再做出让步了；如果做了让步后又觉得考虑欠周，想要收回，这时也不要不好意思，因为这不是决定，完全可以推倒重来。

【案例3-4】

在中美知识产权草签仪式前，中国海关总署的孟扬发现美国人悄悄地在协议中加了一条，即"中国海关人员可以应约到美国去就中国所关心的知识产权保护的内容提供建议和帮助"。此条反映美国的良苦用心。当时正值中美海关谈判互助协议之时，美方提出"美国的海关人员到中国来提供建议和帮助"被中方婉拒，因此美方在海关谈判中没有实现的要求，希望在知识产权谈判中得到实现。时任外经贸部部长的孙振宇向海关总署解释此事，并建议服从大局，此条不拿掉，让步！海关总署同意。

与此同时，美方也发现在正式文本中少写了一条，即"按照最惠国待遇，美国的有关协会可以在中国设立机构，通过法律途径收集一些侵权事实，并在将来诉讼过程中作为证据"。于是向中方提出要修改文本。

美方就此与中方进行多次沟通，中方最终答应：如果美方删掉"那一条"，我们就加上"这一条"。

成交，双方皆大欢喜。

分析：应该说，中方在中美知识产权谈判中的让步非常具有策略。首先，海关总署愿意牺牲自己的局部利益来顾全大局，促成中美知识产权协议的签订；其次，当收到美方要求修改文本的要求时，并不急于答应，以观察美方的反应；最后，向美方一并提出"要求"与"让步"，促成了双赢局面的形成。

▶ 2. 让步的选择

从一般意义上讲，让步行为有两种类型：一种是不付出代价的让步，如谈判中礼貌待人，认真倾听对方的讲话，详细解答对方的疑问，通过感情投资使对方认识到自己在谈判桌外的让步；让对方了解自己产品的特殊优点，明白使用这种产品能给对方带来的利益，使对方认识到买这种产品就是得到了一定的利益；让对方了解己方目前所处的优势地位，如市场形势、购买数量、付款条件等，使对方认识到与其他人的条件相同就是对其做出了让步；适时让本单位的高级主管人员出面，以提高谈判规格，使对方认识到己方的合作诚意和能够带来长期业务往来的利益等。另一种是付出代价的让步，即要通过自己给对方降低或提高价格、增加购买数量、改变付款方式等，来实现谈判的目标。

由于每个让步都要牺牲自己的部分利益，而给对方带来某种好处，怎样才能以最小的让步换取谈判的成功是谈判者研究的重要内容。美国谈判专家嘉洛斯总结自己的经验，把让步的选择分为四个方面，即让步时间的选择、让步对象的选择、让步方法的选择、让步来源的选择。

（1）让步的时间与谈判的顺利进行程度有关。只要能满足对方的要求，促使谈判顺利进行，什么时间让步都可以。在这里，选择的关键是让对方马上就能接受，而没有犹豫不决的余地。因此，尽快让步和拖延让步时间都是可行的。但从总体来说，只要谈判时间允许，适当拖延让步时间是有利的。

（2）让步的对象即让步的受益人。对方参与谈判的人员虽然是代表一个单位参加的，但内部利益上却存在差别。一般说来，让步的受益人有以下四种类型：

① 对方公司。那些关于价格的让步多数是给对方公司的让步。

② 对方公司的某个部门。如公司中的某个工厂、某个事业部等。当谈判的履约与不同的部门有关时，让步的对象就可能是不同的部门。

③ 某个第三者。当谈判的成交与某个第三者有关时，该第三者就成为自己的让步对象。

④ 谈判者本人。如给谈判对方免费出国考察的机会或各种好处费，都是以谈判者本人作为让步的受益人。

在让步中选择谁作为让步对象，主要取决于所选让步对象对谈判结果的作用，即要选择那些自己用较少的让步可以换取对方较多让步或自己的较少让步就能促使谈判成功的受益人作为让步对象。

（3）让步的方法是指对方从哪里可以得到自己的让步。由于让步的内容可以使对方满足或者增加对方的满足程度，因而可以采用不同的方法让给对方。可以在谈判桌上做出让步，也可以在谈判桌下做出让步；让步的内容可以与本次谈判的议题有关，也可以与本次谈判的议题无关；让步可以由谈判者做出，也可以由与谈判无关的其他人做出。可见，让步可以是直接的，也可以是间接的。究竟是采用直接的让步还是间接的让步，要对总体有利才行。

（4）让步的来源是指自己在谈判中做出让步的费用由谁来承担。同让步的受益人一样，承担让步成本的也有四种类型，即谈判者所代表的公司、本公司中的某个部门、某个第三者和谈判者本人。让步费用的承担是与谈判利益的所得密切相关的，谁获得谈判的利益，谁就应该承担让步的费用。

▶ 3. 让步的幅度

让步的幅度是指每次让步数额的大小。从谈判的惯例来看，每次让步的幅度有两种计算方法，一种是以预计的成交价为基础计算，每次让步幅度占总成交价的 1%～10%。如果低于 1%，说明没有谈判诚意；如果高于 10%，则会给自己带来较大损失。另一种是按预计让步的总额计算，每次让步要占准备让步价格总额的 5%～50%。无论哪种计算方式，其幅度内都有较大的差距，选择让步幅度的高点、低点还是中间水平，既要取决于价格总额的大小，还要考虑让步的次数及其先后顺序。

在讨价还价中，确定让步幅度有两个原则：一是买方的让步总额要小于卖方。例如，在一项谈判中，卖方多次让步的总额为 10 万元，买方多次让步的总额最多为 8 万元。这是在买方市场条件下买者处于有利地位的反应。二是每次让步的幅度要逐步由大到小。例如，第一次让步的幅度可定为全部让步总额的 45%，第二次为 30%，第三次为 18%，第四次为 7%。这一原则的目的是逐步降低对方的期望值。这两个原则是一个整体，谈判者在确定自己的让步方案时必须全面考虑。

让步幅度和让步次数的不同组合构成不同的让步幅度模式。采用不同的模式会得到不同的谈判结果：有的会使谈判成功，有的则导致谈判失败。为此，必须了解不同让步幅度模式的类型及其优缺点，以便做出正确的选择。

典型的让步幅度模式有四种，即危险的模式、理想的模式、鼓励对方的模式和失败的模式。假如有一位卖主准备减价 100 元，分 4 次让步完成，结合其让步过程可以看出不同模式的特点。

(1) 危险的模式。4 次让步的数额分别是 70 元、20 元、9 元、1 元。这一模式的特点是：其一，让步的幅度由大到小，但前后的差距太大，第一次占全部让步的 70%，第四次仅占 1%；其二，开始的让步超过全部让步的 50% 以上，这对于卖方来说是不利的，因为卖方从一开始就吊起了对方的胃口，鼓励对方继续要求让步，同时卖方永远也不会知道对方是否愿意付出更高的价格购买自己的商品；其三，最后一次让步的幅度太小，仅为全部让步价格的 1%，显得没有诚意。从让步的数字来看，属于该模式的还有多种组合，只要第一次让步超过 50%，都属于让步中的危险模式。

(2) 理想的模式。4 次让步的数额分别是 40 元、30 元、20 元、10 元。这一模式的特点是：其一，让步的幅度由大到小，但差距不大。先多说明自己有谈判诚意，后少使对方感到争取让步越来越困难，从而逐步降低对方的期望值，促使其尽快成交。其二，每次让步的幅度既不太大，又不太小。第一次不太大(占全部让步的 40%)，使对方不会产生较高的期望值；最后一次不太小(占全部让步的 10%)，使对方感到自己有成功的愿望。因此，这一模式被谈判界普遍推崇。

(3) 鼓励对方的模式。4 次让步的数额分别为 25 元、25 元、25 元、25 元。这一模式的特点是：把让步总额平均分割，然后均衡让步。该模式由于每次给对方相同的满足，因而会使对方变得贪得无厌，提出多次要求，耐心等待你的让步。这样，便把谈判长期拖下去。

(4) 失败的模式。4 次让步的数额分别是：10 元、20 元、30 元、40 元。这一模式的特点是：让步幅度由小到大。采用该模式会引导对方相信以后将得到更大的让步，因而期望值越来越高。当对方的期望值提高以后，一旦满足不了要求便会失望，从而影响以后谈判的顺利进行。属于这种让步模式的数字组合有多种，只要让步幅度由小到大，均属于失败的让步模式。

根据让步模式的不同特点和要求，谈判者可做出自己的选择。

（四）僵局的处理

谈判僵局是商务谈判过程中出现的难以再顺利进行下去的僵持局面。在谈判中谈判双方各自对利益的期望或对某一问题的立场和观点存在分歧，很难形成共识，而又都不愿做出妥协向对方让步时，谈判进程就会出现停顿，谈判即进入僵持状态。

谈判僵局出现后对谈判双方的利益和情绪都会产生不良影响。谈判僵局会有两种后果：打破僵局继续谈判或谈判破裂，当然后一种结果是双方都不愿看到的。因此了解谈判僵局出现的原因，避免僵局出现，一旦出现僵局能够运用科学有效的策略和技巧打破僵局，重新使谈判顺利进行下去，就成为谈判者必须掌握的重要技能。

▶ 1. 谈判僵局产生的原因

（1）立场观点的争执。双方各自坚持自己的立场观点而排斥对方的立场观点，形成僵持不下的局面。在谈判过程中如果双方对各自立场观点产生主观偏见，认为己方是正确合理的，而对方是错误的，并且谁也不肯放弃自己的立场观点，往往会出现争执，陷入僵局。双方真正的利益需求被这种立场观点的争论所搅乱，而双方又为了维护自己的面子，不但不愿做出让步，反而用否定的语气指责对方，迫使对方改变立场观点，谈判就变成了不相容的立场对立。谈判者出于对己方立场观点的维护心理往往会产生偏见，不能冷静地面对对方观点和客观事实。双方都固执己见，排斥对方，而把利益忘在脑后，甚至为了"捍卫"己方的立场观点而以退出谈判相要挟。这种僵局处理不好就会破坏谈判的合作气氛，浪费谈判时间，甚至伤害双方的感情，最终使谈判走向破裂。立场观点争执所导致的僵局是比较常见的，因为人们很容易在谈判时陷入立场观点的争执不能自拔，从而使谈判陷入僵局。

（2）面对强迫的反抗。一方向另一方施加强迫条件，被强迫一方越是受到逼迫，就越不退让，从而形成僵局。一方占有一定的优势，以优势者自居向对方提出不合理的交易条件，强迫对方接受，否则就威胁对方。被强迫一方出于维护自身利益或尊严的需要，拒绝接受对方强加于己方的不合理条件，反抗对方强迫。这样双方僵持不下，使谈判陷入僵局。

（3）信息沟通的障碍。谈判过程是一个信息沟通的过程，只有双方信息实现正确、全面、顺畅的沟通，才能互相深入了解，才能正确把握和理解对方的利益和条件。但是实际上双方的信息沟通会遇到种种障碍，造成信息沟通受阻或失真，使双方产生对立，从而陷入僵局。

信息沟通障碍指双方在交流信息过程中由于主客观原因所造成的理解障碍。其主要表现为由于双方文化背景差异所造成的观念障碍、习俗障碍、语言障碍，由于知识结构、教育程度的差异所造成的问题理解差异，由于心理、性格差异所造成的情感障碍，由于表达能力、表达方式的差异所造成的传播障碍等。信息沟通障碍使谈判双方不能准确、真实、全面地进行信息、观念、情感的沟通，甚至会产生误解和对立情绪，使谈判不能顺利进行下去。

（4）谈判者行为的失误。谈判者行为的失误常常会引起对方的不满，使其产生抵触情绪和强烈的对抗，使谈判陷入僵局。例如，个别谈判人员工作作风、礼节礼貌、言谈举止、谈判方法等方面出现严重失误，触犯了对方的尊严或利益，就会使对方产生对立情绪，从而使谈判很难顺利进行下去，造成很难堪的局面。

（5）偶发因素的干扰。在商务谈判所经历的一段时间内有可能出现一些偶然发生的情况。当这些情况涉及谈判某一方的利益得失时，谈判就会由于这些偶发因素的干扰而陷入僵局。例如，在谈判期间外部环境发生突变，某一谈判方如果按原有条件谈判就会蒙受利益损失，便推翻已做出的让步，从而引起对方的不满，使谈判陷入僵局。由于谈判不可能处于真空地带，谈判者随时都要根据外部环境的变化而调整自己的谈判策略和交易条件，因此这种僵局的出现也就不可避免。

以上是造成谈判僵局的几种因素。谈判中出现僵局是很自然的事情，虽然人人都不希望出现僵局，但是出现僵局也并不可怕。面对僵局不要惊慌失措或情绪沮丧，更不要一味指责对方没有诚意，要弄清楚僵局产生的真实原因是什么，分歧点究竟是什么，谈判的形势怎样，然后运用有效的策略技巧突破僵局，使谈判顺利进行下去。

▶ **2. 打破谈判僵局的原则**

（1）正确认识谈判中的僵局。分析引起僵局的根源，判断双方的分歧是属于想象的分歧、人为的分歧还是真正的分歧。若是属于真正的分歧，则应当分析分歧的原因，然后采取灵活的具有针对性的措施予以解决。

（2）符合人之常情。真正的僵局形成后，谈判气氛随之紧张，这时双方都不可失去理智，任意冲动。必须明确冲突的实质是双方利益的矛盾，而不是谈判者个人之间的矛盾，因此要把人与事严格区分开来，不可夹杂个人情绪的对立，以致影响谈判气氛。

【案例3-5】

空中客车飞机制造公司成立于20世纪70年代，是由法国、联邦德国和英国合资组建。由于当时世界经济萧条，各国航空公司营业均不景气，而"空中客车"公司又是才起步的新公司，想要打开局面，搞好外销工作，更是难上加难。

公司想向印度销售一批飞机，但印度政府初审后未予批准。能否挽回机会、改变印度政府的决定，就要看谈判人员的技巧了。拜尔那·拉弟埃受命于危难之际。拉弟埃稍做准备就飞往印度首都新德里，面对接待他的印航主席拉尔少将，拉弟埃开口说的第一句话是："我真不知道该怎样感谢您，因为您给了我这样的机会，使我在生日这一天又回到了我的出生地。"通过开场白，他告诉拉尔少将，他出生于印度并深爱这片国土。随后拉弟埃解释，他出生时，父亲是作为法国企业家的要人派驻印度的。这些话使拉尔少将感到开心愉快，于是设宴款待拉弟埃。主战告捷，拉弟埃削弱了对手的敌对情绪，谈判气氛逐渐和谐、融洽。紧接着，拉弟埃又从包中取一张珍藏已久的照片，神色庄重地呈给拉尔少将："少将，请看这张照片。""天啊，这不是圣雄甘地吗！"拉尔少将无限崇敬地感叹道。众所周知，甘地是印度人民衷心爱戴的一位伟人，在印度可以说是妇孺皆知。拉弟埃正是投其所好，一步一步赢得拉尔少将的好感，以建立良好的谈判气氛。"请少将再看看，圣雄甘地旁边的小孩是谁？"少将注意到伟人身边那个天真的小男孩，但他端详许久，未能认出。

"那就是我呀!"拉弟埃满怀深情地说:"那时我才 3 岁半,随父母离开贵国返回欧洲。途中,有幸与圣雄甘地同乘一艘船,并合影留念。"拉弟埃无限幸福地回忆着往事。拉尔少将完全被感动了。这笔生意顺利达成协议。

分析:空中客车飞机制造公司面对印度政府初审后未予批准的僵局,派出了以拜尔那·拉弟埃为首的谈判代表。拜尔那·拉弟埃大胆地利用情感策略,一步步地拉近了与印航主席拉尔少将的关系,从而打破僵局,促使双方顺利达成了协议。

(3)努力做到使双方不丢面子。面子就是得到尊重,人皆重面子。在商贸谈判中没有绝对的胜利者和失败者,商贸谈判的结果都是在各有所得和各有所给的条件下共同努力取得的。因此任何一方,都必须尊重对方的人格,在调整双方利益取向的前提下,使双方的基本需求得到满足,不可让任何一方下不了台,而造成丢面子、伤感情的局面。

(4)尽可能实现双方的真正意图。僵局的解决,最终表现为双方各自利益的实现,实际上是实现了双方的真正意图。做不到这一点,对方利益完全不保证,就不会有僵持局面的结束。

因此,谈判双方必须遵循这些原则,主动积极地打破僵局,采取一定的策略,争取及时缓解。

【案例 3-6】

美国一家公司与日本一家公司进行一次比较重要的贸易谈判。美方公司派出了其认为最精明的谈判小组,大都是 33 岁左右的年轻人,还有 1 名女性。但到日本后,美方谈判代表却受到了冷遇,不仅日方公司经理不肯出面,就连分部的负责人也不肯出面接待。美方后来经过与日方的沟通得知,在日本人看来,年轻人,尤其是女性,不适宜参加如此重要的会谈。结果,美方迫不得已撤换了这几个谈判人员,日本人才肯出面洽谈。

分析:从这个案例可以看出,日方开始不愿意接待美方,并不是对美方公司的代表们有意见,而是在日本的文化里,年轻人和女性是不能参加重大的贸易谈判的,否则就是对对方的不尊重。美方一开始派出的谈判班子虽然未发一言,但是就让日方代表感到受到侮辱,感到美方缺乏诚意,殊不知,美方派出的可都是公司里的精兵强将。在这个案例里,僵局的出现源于文化的差异。

第 三 节 商务谈判的结束阶段

很多情况下,当谈判双方的期望已相当接近时,就会产生结束谈判的愿望。在结束阶段,谈判双方往往都希望按磋商达成的交易条件成交。商务谈判是否已进入结束阶段?如何表明成交意向?签约前应该注意哪些事项?这是商务谈判结束阶段极为重要的问题,对于这些问题的回答就构成了商务谈判结束阶段的主要任务和完成方法。

一、判断谈判是否进入结束阶段

谈判者必须正确判定谈判终结的时机，才能运用好结束阶段的策略。错误的判定可能会使谈判变成一锅夹生饭，已付出的大量劳动付诸东流。错误的判定也可能毫无意义地拖延谈判成交，丧失成交机遇。

▶ 1. 从谈判涉及的交易条件来判定

这个方法是指从谈判所涉及的交易条件解决状况来分析判定整个谈判是否进入终结阶段。谈判的中心任务是洽谈交易条件，在磋商阶段双方进行了多轮的讨价还价，临近终结阶段要考察交易条件经过多轮谈判之后是否达到以下三条标准，如果已经达到，那么就可判定谈判终结。

（1）考察交易条件中尚余留的分歧。首先，从数量上看，如果双方已达成一致的交易条件占据绝大多数，所剩的分歧数量仅占极小部分，就可以判定谈判已进入终结阶段。因为量变会导致质变，当达到共识的问题数量已经大大超过分歧数量时，谈判性质已经从磋商阶段转变为终结阶段，或者说成交阶段。其次，从质量上看，如果交易条件中最关键、最重要的问题都已经达成一致，仅余留一些非实质性的无关大局的分歧点，就可以判定谈判已进入终结阶段。谈判中关键性问题常常会起决定性作用，也常常需要耗费大量的时间和精力。谈判是否即将成功，主要看关键问题是否达成共识。如果仅仅在一些次要问题上形成共识，而关键性问题还存在很大差距，是不能判定进入终结阶段的。

（2）考察谈判对手交易条件是否进入己方成交线。成交线是指己方可以接受的最低交易条件，是达成协议的下限。如果对方认同的交易条件已经进入己方成交线范围之内，谈判自然进入终结阶段。因为双方已经出现在最低限度达成交易的可能性，只有紧紧抓住这个时机，继续努力维护或改善这种状态，才能实现谈判的成功。当然己方还想争取到更好一些的交易条件，但是己方已经看到可以接受的成果，这无疑是值得珍惜的宝贵成果，是不能轻易放弃的。如果能争取到更优惠的条件当然更好，但是考虑到各方面因素，此时不可强求最佳成果而重新形成双方对立的局面，使有利的时机丢掉。因此，谈判交易条件已进入己方成交线时，就意味着终结阶段的开始。

（3）考察双方在交易条件上的一致性。谈判双方在交易条件上全部或基本达成一致，而且对个别问题如何做技术处理也达成了共识，可以判定谈判终结的到来。首先，双方在交易条件上达成一致，不仅指价格，而且指对其他相关的问题所持的观点、态度、做法、原则。其次，个别问题的技术处理也应使双方认可。因为个别问题的技术处理如果不恰当，不严密，有缺陷，有分歧，就会使谈判者在协议达成后提出异议，使谈判重燃战火，甚至使达成的协议被推翻，使前面的劳动成果付诸东流。因此，在交易条件基本达成一致的基础上，个别问题的技术处理也达成一致意见，才能判定终结的到来。

▶ 2. 从谈判时间来判定

谈判的过程必须在一定时间内终结，谈判时间即将结束，自然就进入终结阶段。受时间的影响，谈判者应调整各自的战术方针，抓紧最后的时间争取有效的成果。时间判定有以下三种标准：

(1) 双方约定的谈判时间。在谈判之初，双方一起确定整个谈判所需要的时间，谈判进程完全按约定的时间安排，当谈判已接近规定的时间时，自然进入谈判终结阶段。双方约定多长时间要看谈判规模大小、谈判内容多少、谈判所处的环境形势以及双方政治、经济、市场的需要和本企业利益。如果双方实力不是差距很大，有较好的合作意愿，紧密配合，利益差异不是很悬殊，就容易在约定时间内达成协议，否则就比较困难。按约定时间终结谈判对双方都有时间的紧迫感，促使双方提高工作效率，避免长时间地纠缠一些问题而争辩不休。如果在约定时间内不能达成协议，一般也应该遵守约定的时间将谈判告一段落，或者另约时间继续谈判，或者宣布谈判破裂，双方再重新寻找新的合作伙伴。

(2) 单方限定的谈判时间。由谈判一方限定谈判时间，随着时间的终结，谈判随之终结。在谈判中占有优势的一方，或是出于对本方利益的考虑需要在一定时间内结束谈判；或是还有其他可选择的合作者，因此请求或通告对方在己方希望的时限内终结谈判。单方限定谈判时间无疑会对被限定方施加某种压力，被限定方可以随从，也可以不随从，关键要看交易条件是否符合己方谈判目标，如果认为条件合适，又不希望失去这次交易机会，可以随从，但要防止对方以时间限定向己方提出不合理要求。

另外，也可利用对手对时间限定的重视性，向对方争取更优惠的条件，以对方优惠条件来换取己方在时间限定上的配合。如果以限定谈判时间为手段向对方施加不合理要求，会引起对方的抵触情绪，破坏平等合作的谈判气氛，从而造成谈判破裂。

(3) 形势突变的谈判时间。本来双方已经约定好谈判时间，但是在谈判进行过程中形势突然发生变化，如市场行情突变、外汇行情大起或大落、公司内部发生重大事件等，谈判者突然改变原有计划，比如要求提前终结谈判。这是由于谈判的外部环境在不断发展变化，谈判进程不可能不受这些变化的影响。

▶ 3. 从谈判策略来判定

谈判过程中有多种多样的策略，如果谈判策略实施后决定谈判必然进入终结，这种策略就叫终结策略。终结策略对谈判终结有特殊的导向作用和影响力，它表现出一种最终的冲击力量，具有终结的信号作用。常见的终结策略有以下几种：

(1) 最后立场策略。谈判者经过几次磋商之后仍无结果，一方阐明己方最后的立场，讲清只能让步到某种条件，如果对方不接受，谈判即宣布破裂；如果对方接受该条件，那么谈判成功。这种最后立场策略可以作为谈判终结的判定。一方阐明自己最后立场，成败在此一举，如果对方不想使谈判破裂，只能让步接受该条件。如果双方并没有经过充分的磋商，还不具备进入终结阶段的条件，一方提出最后立场就含有恫吓的意味，让对方俯首听从，这样并不能达到预期目标，反而过早地暴露己方最低限度条件，使己方陷入被动局面，这是不可取的。

(2) 折中进退策略。折中进退策略是指将双方条件差距之和取中间条件作为双方共同前进或妥协的策略。例如，谈判双方经过多次磋商互有让步，但还存在残余问题，而谈判时间已消耗很多，为了尽快达成一致、实现合作，一方提出一个比较简单易行的方案，即双方都以同样的幅度妥协退让，如果对方接受此建议，即可判定谈判终结。折中进退策略虽然不够科学，但是在双方很难说服对方，各自坚持己方条件的情况下，也是寻求尽快解决分歧的一种方法。其目的就是化解双方矛盾差距，比较公平地让双方分别承担相同的义务，避免在残余问题上过多地耗费时间和精力。

（3）总体条件交换策略。双方谈判临近预定谈判结束时间或阶段时，以各自的条件做整体"一揽子"的进退交换以求达成协议。双方谈判内容涉及许多项目，在每一分项目上已经进行了多次磋商和讨价还价。经过多个回合的谈判后，双方可以将全部条件通盘考虑，做"一揽子"交易。例如，涉及多个内容的成套项目交易谈判、多种技术服务谈判、多种货物买卖谈判，可以统筹全局，总体一次性进行条件交换。这种策略从总体上展开一场全局性磋商，使谈判进入终结阶段。

二、表明成交意向

在谈判的最后阶段，随着磋商的深入，双方逐渐趋向一致，谈判接近尾声，有经验的谈判者总是善于在关键的、恰当的时刻，抓住对方隐含的签约意向或巧妙地表明自己的签约意向，趁热打铁，促成交易的达成与实现。

▶ 1. 向对方发出信号

谈判收尾在很大程度上是一种掌握火候的艺术。通常，一场谈判旷日持久但进展甚微，而后由于某种原因，大量的问题迅速地得到解决，一方的让步有时能使对方相应地做出让步，反过来，又引起新一轮的让步，多米诺效应的出现会使双方的相互让步很快接近平衡点，而最后的细节在几分钟内即可拍板。在即将达成交易时，谈判双方都会处于一种准备完成时的兴奋，而这种兴奋状态的出现往往是由于一方发出成交的信号所致。

▶ 2. 对一些重要的问题进行必要的检索

这种检索的目的包括：

明确还有哪些问题没有得到解决；对自己期望成交的每项交易条件进行最后的决定，同时，明确自己对各种交易条件准备让步的限度；决定采取何种结束谈判的战术；着手安排交易记录事宜。

这种检索的时间与形式取决于谈判的规模。有时可能被安排在一天谈判结束前的休息时间里；有时也可能安排一个正式的会议。这样的回顾或检索会议往往被安排在最后一轮谈判之前进行。但是，不管这种检索的形式怎样，这个阶段正是谈判者必须做出最后决定的时刻，并且面临是否达成交易的最后抉择。因此，进行最后的回顾或检索，应当以协议对谈判者的总体价值为根据，对那些没有同意而未解决的问题予以重新考虑，以权衡是做出相应让步还是失去这笔交易。在这个时候，务必防止一时的狭隘利益占优势，但这并不是提倡让步政策，因为它直接关系到交易目标能否实现。

▶ 3. 最后一次报价

在一方发出签约意向的信号，而对方又有同感的时候，谈判双方都需要作最后一次报价。对最终报价要注意以下几点。

（1）不要过于匆忙地报价。否则，会被认为是另一个让步，令对方觉得还可以再努力争取到另一些让步；如果报价过晚，对局面已不起作用或影响很小，也是不妥的。为了选好时机，最好把最后的让步分成两步，主要部分在最后期限之前提出，刚好给对方留一定时间回顾和考虑。次要部分，如果有必要的话，应作为最后的"甜头"，安排在最后时刻做出。

（2）确定最后让步幅度的大小。最后让步必须足以成为预示最后成交的标志。在决定最后让步幅度时，一个主要因素是看对方接受这一让步的人在对方组织中的位置。如果让步的幅度比较大，应是大到刚好满足较高职位的人维持他的地位和尊严的需要。

（3）让步与要求并提。除非己方的让步是全面接受对方现时的要求，否则，必须让对方知道，不管在己方做出最后让步之前或在做出让步的过程中都希望对方予以响应，做出相应的让步。比如，在提出己方让步时，示意对方这是谈判个人自己的主张，很可能会受到上级的批评，所以要求对方予以同样的回报。

▶ 4. 检索谈判成交的条件

想要在谈判中达到成交的目的，要满足以下条件：

（1）使对方信任谈判者和其公司的信誉。没有信誉，不管产品多么吸引人，也不管你的谈判技巧如何高明，交易都很难达成。如果信誉不佳，不仅质次产品的谈判要失败，就是合乎质量标准的产品也要被拒绝。所以说，谈判者自己的信誉、企业的名誉和产品的声誉是促成商务谈判成功结束的三个基础条件。

（2）使对方完全了解企业的产品及产品的价值。在谈判过程中，谈判者应向对方提出一些测验性的问题，检查一下对方是否了解己方的产品。如果对方在谈判行将结束时，对产品的优点仍没有充分的认识，就会拒绝在合同上签字。

（3）对方必须有成交的欲望。谈判对方拥有成交的欲望，这是谈判能够顺利达成的一个必备条件。所以作为谈判一方，要充分地促使对方增加其成交的欲望，并使其在强烈的成交欲望驱使下做出成交的决定。

（4）发现并准确把握每一次成交时机。准确地发现和把握成交时机是谈判者成功的一个重要条件。

（5）明确促成交易的各种因素。谈判者要明确对方是谁在掌握着决策的大权、对方拒绝成交的真正原因是什么、还有没有改变对方决定的可能性、是哪些因素促使对方做出成交决定的、他们将会做出什么决定、他们为什么要做出这样的决定等问题。

（6）不应轻易放弃成交的努力。即使得到对方的否定回答，对于己方来说，也不应该轻易放弃。事情都是千变万化的，新情况随时都可能出现。你往往可以直率地向对方问些为什么，这样可以多了解些情况，有利于检查自己的工作漏洞，防止出现新问题和改变对方的看法。同时，也可以作为下一次谈判的经验和教训。达不成协议并不丢脸，可是，不知道为什么没有成功则是不可原谅的错误。

（7）为圆满结束做出精心安排。从谈判开始，到谈判结束，一定要做通盘的计划。特别是在谈判结束阶段，如果事前没有充分考虑问题，没有做充分的准备，当成堆的问题扑面而来时，就增加了谈判的难度。问题解决得不好，谈判就不会圆满结束。

三、确定谈判结束的方式

商务谈判结束的方式不外乎三种：成交、中止、破裂。

▶ 1. 成交

成交即谈判双方达成协议，交易得到实现。成交的前提是双方对交易条件经过多次磋商达成共识，对全部或绝大部分问题没有实质上的分歧。成交方式是双方签订具有高度约束力和可操作性的协议书，为双方的商务交易活动提供操作原则和方式。由于商务谈判内容、形式、地点不同，成交的具体做法也是有区别的。

▶ 2. 中止

中止谈判是谈判双方因为某种原因未能达成全部或部分成交协议而由双方约定或单方要求暂时终结谈判的方式。中止如果是发生在整个谈判的最后阶段，即在解决最后分歧时发生中止，就是终局性中止，并作为一种谈判结束的方式被采用。中止可分为有约期中止与无约期中止。

（1）有约期中止。有约期中止是指双方在中止谈判时对恢复谈判的时间予以约定的中止方式。如果双方认为成交价格超过了原定计划或让步幅度超过了预定的权限，或者尚需等上级部门的批准，使谈判难以达成协议，而双方均有成交的意愿和可能，于是经过协商，双方一致同意中止谈判。这种中止是一种积极姿态的中止，它的目的是促使双方创造条件最后达成协议。

（2）无约期中止。无约期中止是指双方在中止谈判时对恢复谈判的时间无具体约定的中止方式。无约期中止的典型是冷冻政策。在谈判中，或者由于交易条件差距太大，或者由于特殊困难存在，而双方又有成交的需要而不愿使谈判破裂，于是采用冷冻政策暂时中止谈判。此外，当双方对造成谈判中止的原因无法控制时，也会采取无约期中止的做法。例如，国家政策突然变化、经济形势发生重大变化等超越谈判者意志之外的重大事件出现时、谈判双方难以约定具体的恢复谈判的时间，只能表述为"一旦形势许可""一旦政策允许"，然后择机恢复谈判。这种中止双方均出于无奈，对谈判最终达成协议造成一定的干扰和拖延，是被动中止的方式。

▶ 3. 破裂

谈判破裂是指双方经过最后的努力仍然不能达成共识和签订协议，交易不成，或友好而别，或愤然而去，从而结束谈判。谈判破裂的前提是双方经过多次努力之后，没有任何磋商的余地，至少在谈判范围内的交易已无任何希望，谈判再进行下去已无任何意义。依据双方的态度谈判破裂可分为友好破裂和对立破裂。

(1) 友好破裂结束谈判。友好破裂结束谈判是指双方互相体谅对方面临的困难，讲明难以逾越的实际障碍而友好地结束谈判的做法。在友好破裂方式中，双方没有过分的敌对态度，只是各自坚持自己的交易条件和利益，在多次努力之后最终仍然达不成协议。双方态度始终是友好的，能充分理解对方的立场和原则，能理智地承认双方在客观利益上的分歧，对谈判破裂抱着遗憾的态度。谈判破裂并没有使双方关系破裂，反而通过充分的了解和沟通，产生了进一步合作的愿望，为今后双方再度合作留下可能的机会。因此应该提倡这种友好的破裂方式。

(2) 对立破裂结束谈判。对立破裂结束谈判是指双方或单方在对立的情绪中愤然结束未达成任何协议的谈判。造成对立破裂的原因有很多，如对对方的态度强烈不满，情绪激愤；在对待对方时不注意交易利益实质性内容，较多地责怪对方的语言、态度和行为；一方以高压方式强迫对手接受己方条件，一旦对方拒绝，便不容商量，断然破裂；双方条件差距很大，互相指责对方没有诚意，难以沟通和理解，造成破裂。不论何种原因，造成双方在对立情绪中使谈判破裂毕竟不是好事，这种破裂不仅没有达成任何协议，而且使双方关系恶化，今后很难再次合作。所以，在破裂不可避免的情况下，首先要尽力使双方情绪冷静下来，不要使用过激的语言，尽量使双方能以友好的态度结束谈判，至少不要使双方关系恶化；其次要摆事实讲道理，不要攻击对方，要以理服人，以情动人，以礼待人，这样才能体现出谈判者良好的修养和风度。

本章小结

  商务谈判的开局阶段要为整个谈判过程奠定良好的基础，促使谈判顺利达到双方期望的目标。良好的开局必须做好三项工作：第一，营造适宜的谈判气氛。可以通过塑造良好的个人形象、选择中性话题、构建舒适的谈判环境等途径来实现。第二，协商谈判通则。双方就谈判目标(purpose)、计划(plan)、进度(pace)和人员(personalities)等内容进行沟通和确认。应注意介绍成员符合礼仪规范，说明目的简洁明确，进度计划确认必不可少。第三，开场陈述。双方就当次谈判的内容，陈述各自的观点、立场及其建议。谈判各方应注意选择合适的时机进行开场陈述，简明扼要地表达己方的观点、立场和建议，措辞诚恳又不失锋芒，介绍己方情况时尽量客观。

  谈判磋商阶段又称实质性谈判阶段。在这个阶段里双方要针对谈判所涉及的各方面议题进行多次磋商和争辩，最后经过一定的妥协，确定一个双方都能接受的交易条件。磋商阶段首先是一个论证己方交易条件合理性的过程，双方都站在己方立场上为获取己方所需要的利益而努力说服对方接受自己的条件；磋商阶段又是一个双方认真听取对方的意愿、方针和条件，努力为对方着想，主动做出让步的过程，没有让步就不会有成功。采取哪一种让步方法是在知己知彼的基础上依据策略慎重选择的。磋商阶段最困难的事情是处理谈判僵局。谈判僵局处理不好很容易导致谈判破裂，所以对方要创造条件尽量避免出现僵局，面对僵局要冷静下来明确僵局产生的原因，然后采取多种策略手段使矛盾得到解决，待气氛缓和下来，突破僵局重新向成功的目标前进。

谈判结束阶段是谈判者最容易忽视而又最容易出问题的阶段。一方面，谈判者认为谈判已大功告成，紧张的情绪松弛下来，此时的精力已不充沛，注意力很容易分散，很容易出现差错和漏洞，从而留下隐患；另一方面，如果盲目乐观或盲目悲观，看不到终结谈判的时机，不能抓住机遇顺利终结，谈判目标将很难实现。所以在谈判结束阶段，谈判者务必集中精力，正确判断谈判终结的时机，表明成交意向，确定谈判结束的方式。谈判的结果有三种：成交、中止、破裂。谈判双方的关系经过谈判之后也会发生变化，当然最理想的结果是双方谈判成功，关系良好。谈判中止甚至破裂也是很自然的结果，因为谈判者要维护本方的利益。

达成协议意味着谈判获得成功和基本结束，同时也标志着双方新的合作和交易工作的开始。因此，在结束阶段双方仍然要努力营造良好的气氛，表达对对方真诚合作的谢意，使谈判的履约阶段及后续合作顺利进行。

思考题

1. 谈判开局阶段的基本任务和目标是什么？
2. 如何营造适宜的谈判气氛？
3. 谈判通则包括哪些内容？
4. 请阐述商务谈判中报价的依据。
5. 价格解释和评论的方法包括哪些？
6. 如何确定还价起点？
7. 请阐述让步的原则，以及典型的让步模式。
8. 僵局产生的原因有哪些？
9. 如何判断成交阶段是否到来？
10. 谈判结束的方式有哪些？各有何特点？

案例分析

一对夫妻在浏览杂志时看到一幅广告中当作背景的老式座钟非常喜欢。妻子说："这座钟是不是你见过的最漂亮的一个？把它放在我们的过道或客厅当中，看起来一定不错吧？"丈夫答道："的确不错！我也正想找个类似的钟挂在家里，不知道多少钱？"研究之后，他们决定要在古董店里找寻那座钟，并且商定只能出 500 元以内的价钱。

他们经过三个月的搜寻后，终于在一家古董店的橱窗里看到那座钟，妻子兴奋地叫了起来："就是这座钟！没错，就是这座钟！"丈夫说："记住，我们绝对不能超出 500 元的预算。"他们走近那座钟。"哦喔！"妻子说道："时钟上的标价是 750 元，我们还是回家算了，我们说过不能超过 500 元的预算，记得吗？""我记得，"丈夫说："不过还是试一试吧，我们已经找了那么久，不差这一会儿。"

夫妻私下商量，由丈夫作为谈判者，争取以 500 元买下。随后，丈夫鼓起勇气，对售货员说："我注意到你们有座钟要卖，定价就贴在座钟上，而且蒙了不少灰，显得有些旧了。"之后，又说："告诉你我的打算吧，我给你出个价，只出一次价，就这么说定。想你可能会吓一跳，你准备好了吗？"他停了一下以增加效果。"你听着，250 元。"那座钟的售货员连眼也不眨一下，说道："卖了，那座钟是你的了。"

那个丈夫的第一个反应是什么呢？得意扬扬？"我真的很棒！不但得到了优惠，还得到了我想要的东西。"不！绝不！他的最初反应必然是："我真蠢！我该对那个家伙出价 150元才对！"你也知道他的第二反应："这座钟怎么这么便宜？一定是有什么问题！"

然而，他还是把那座钟放在客厅里，看起来非常美丽，好像也没什么毛病。但是他和太太却始终感到不安。那晚他们睡觉后，半夜三度起来，因为他们没有听到时钟的声响。这种情形持续了无数个夜晚，他们的健康迅速恶化，开始感到紧张过度并且都有着高血压的毛病。

（资料来源：刘文广，张晓明. 商务谈判[M]. 北京：高等教育出版社，2004）

问题：思考并阐述本案例带给你的启示。

实训项目

一、实训名称

纯净水生产的合资谈判

二、实训目标

通过训练，引导学生实践一个具体商务谈判的全过程，体验其每一个环节的特点及任务；使学生具备分析背景材料、团队分工与协作、信息收集及分析的能力，并能根据谈判目标，确定有针对性的谈判思路和策略。

三、实训背景

谈判 A 方是中国南方某知名饮品公司。其品牌号称价值几十亿元，对国外著名饮料公司"叫板"，在中国饮料市场一比高低。A 方看好北方纯净水市场，欲投资新建一家工厂。鉴于北方地区的销售网络建设投资太大，A 方欲找一个当地合作伙伴，共同建设生产与销售的新机构。一则可减少投资；二则分散风险；三则缩短进入市场的时间。（除以上内容，谈判代表还应查找一些饮料行业、饮用水行业的背景资料，以供谈判使用）

谈判 B 方是北方某地的开发公司，与政府关系密切，又与该地区饮料行业关系密切

（有投资并有销售网络）。B方也看好纯净水在北方的发展前景，更想借知名品牌迅速提高市场占有率，愿意与A方进行合作。

双方代表通过函电完成了初步谈判，并就对该项目的"兴趣"进行了表示。同时，双方约定会晤时间，要对可行性等重要条件进行面商后再签合同。双方约定在B方所在地进行了第一回合谈判，以便考察工厂的选址。A方项目经理和技术主管一行4人来到B方所在城市，受到B方总经理及主管部门领导的热情接待。为了表示重视，B方还请出当地政府领导出面会见A方代表。经过环境、气候、资源（水质）、政策条件等的考察，A方表示满意，双方商定了进行第二回合谈判的时间、地点（仍在B市所在地）。

A方谈判内容：

(1) 建议工厂设计规模为年产量1亿瓶纯净水；

(2) 需土地30亩；

(3) 要引进德国全套纯净水生产线，生产设备需投资8 000万元，设备由A方采购；

(4) 厂房建设需1 000万元，工厂由B方负责建设；

(5) 保证销售利润率达到26.5%，并提供相关支撑材料和数据；

(6) 若总资本不足以维持生产，需投资各方设法补足；

(7) 需持股60%；

(8) 风险分担问题；

(9) 利润分配问题。

B方谈判内容：

(1) 要求A方保证达到20%的销售利润率，并希望A方用具体的措施保证该目标的实现；

(2) 资本金、贷入金应入账共同监管；

(3) 经过市场调查，B方了解到德国全套纯净水生产线的售价在4 000万元左右；

(4) 风险分担问题；

(5) 利润分配问题。

谈判目标：

(1) 解决双方合资（合作）前的疑难问题；

(2) 达到合资（合作）目的。

四、实训步骤及要求

1. 以4～6人为一组，组建谈判小组，以小组为单位，通过分工协作，对实训背景进行分析，并进行相关信息的收集整理，每个小组撰写一份谈判计划书。

2. 当堂进行模拟谈判，之后由其他观摩同学点评，再由场上谈判双方自评和互评，最后由教师对双方进行评价，如发现与计划书出入较大，当场请其做出必要的解释。谈判结束后，以小组为单位对本次谈判进行讨论总结，并提交书面的谈判评估报告。

4

第四章
商务谈判策略

学习目标

1. 了解商务谈判策略的类型，掌握各种策略适用的场合；
2. 理解商务谈判策略的含义及构成要素；
3. 掌握商务谈判各阶段策略的实施要点。

导入案例

Q品牌出身于浙江义乌，是个相对成熟的皮具品牌。2003年秋，Q牌男装正式启动上市。A当时恰在Q牌休闲男装任区域经理一职，负责横贯东西七省的业务。在市场调研以后的3个月里，A始终没有出差，只是礼节性地电话回访和寄邀请函，力图获得以静制动的效果。其实在市场调研过程中，A已经拜访过了各地比较好的服饰代理商，并建立了初步友谊。

2003年11月23日，Q品牌发布会暨招商会正式召开。公司将会议办得很隆重，请中央级官员来现场指导，请咨询师上课，请形象代言人代言，还请了广东一家文化传播公司负责服饰秀。会议地点安排在邻近Y市的一家度假山庄。会议当天晚上是欢迎酒会，为意向客户接风。酒会上，很多区域经理都特意将同一个市场的意向客户座位分开，严格保密。A则相反，有意将同一个区的意向客户安排在一起，并逐一介绍。表面上看，这顿饭吃得有些尴尬，但效果却出奇地好，因为第二天下午就有几位客户要与A洽谈。第二天，品牌研讨，政策说明，参观公司，答谢晚宴，时间非常紧张。晚饭刚过，山东的Z先生与陕西的L先生就已经站在A的商务房门前。这两个客户是A非常看好的。山东的Z先生是个天生的商人，他与L先生一见面，就如胶似漆地跟着，用他的话说，L先生做Q牌，他就做Q牌。到底该以什么样的方式与他俩谈判呢？A心里也没底，只是不断思忖，希望找到良策。索性先拖延一下时间。泡好茶，寒暄几句，说："我先去和其他客户打个招呼，然后我们再详谈好不好？"征得同意后，Ａ就去了几个重要客户那里，对每个人都说晚上有点忙，过半小时后来详谈。大约 40 分钟后，Ａ回到商务房，他们二位已经等急了。谈判很快就开始了。首先Ａ抛出自己的想法，"我只是一个区域经理，真正有权签约者是营销副总Ｃ，我们今天只是谈谈，山东与陕西来的客户比较多，公司还是要有所选择的……当然，在我个人心目中，你们二位是最优秀的。你们做不好的市场，别人也不可能做得好。"山东Ｚ先生说："以我们的市场经验，我们做不好的市场，恐怕别人也很难操作。今天我们也看了Ｑ牌产品，说实话，产品缺陷还是比较大的，时尚的太前卫，常规的太保守，价格又高，而且你们的政策一点都不优惠……不过，既然我们来了，而且和您也很投机，所以如果条件宽松，还是可以考虑做一下的。"陕西Ｌ先生马上附和，并举了两个福建品牌的例子，大致是条件多优惠。Ｑ牌这次产品组合得确实不是很成功，但这些都已经是不能更改的。顺着他们的话题谈下去，势必会把自己逼进死胡同。于是Ａ岔开话题，"你们认为加盟一个品牌，是一季产品重要、优惠政策重要，还是品牌的可持续发展重要？"他们没有话说，最后达成了对Ａ方有利的合同。

（资料来源：郑艳群，李昌凰. 商务谈判［Ｍ］. 武汉：华中科技大学出版社，2013）

分析：从以上的案例可以看到，在谈判过程中，谈判人员如果能根据彼此所处的谈判环境、谈判地位，以及需求情况，审时度势地使用一些策略和技巧，对良好谈判结果的取得具有重要作用。商务谈判是"合作的利己主义"的过程。在这个过程中参与谈判的双方或多方都要为自己获得尽可能多的利益而绞尽脑汁。作为一种复杂的智力竞争活动，谈判高手无不借助谈判策略的运用来显示其才华。因此，谈判策略选用是否得当，谈判能否成功，是衡量谈判者能力高低、经验丰富与否的主要标志。

第一节 商务谈判策略概述

一、商务谈判策略的含义

在商业谈判活动中，经常会提及商务谈判策略，但商务谈判策略的定义是什么，迄今为止，学术界还没有形成统一的、被大家公认的表述。一般认为，商务谈判策略是谈判人员在商务谈判过程中，为实现特定的谈判目标而采取的一些措施，是各种方式、技巧、战术、手段及其反向与组合运用的总称。它依据谈判双方的实力，纵观谈判全局的各个方面、各个阶段的关系，规划整个谈判力量的准备和运用，指导谈判的全过程。它对谈判成败有直接影响，关系到双方当事人的利益和企业的经济效益。

商务谈判策略是一个集合概念和混合概念。一方面，它表明商务谈判中所运用的单一方式、技巧、战术、手段等，都只是商务谈判策略的一部分。对于策略，谈判人员可以从正向来运用，也可以从反向来运用，既可以运用策略的一部分，也可以运用其几部分及其多部分的组合。另一方面，它还表明商务谈判中所运用的方式、技巧、战术、手段等是交叉联系的，难以再深入分割与分类。

多数商务谈判策略是事前决策的结果，是科学制定策略本身指导思想的反映，也是谈判实践的经验概括。它规定谈判者在一种能预见和可能发生的情况下，应该做什么，不能做什么。谈判中所采取的许多策略，都要经历酝酿和运筹的过程。酝酿和运筹的过程，也是集思广益的互动过程。只有经过这一过程，才能选择准确、恰当的商务谈判策略。

使用策略的关键在于准确把握谈判对手的心理活动特点，分清对手的优势与劣势、长处与短处，抓住对手的劣势与短处，掌握分寸及进攻的时机，攻心斗智，施计用策，从而实现对谈判活动的控制，争取谈判活动中的最大利益。任何一项成功的谈判都是灵活、巧妙地运用谈判策略的结果，一个优秀的谈判人员必须谙熟各种谈判策略与技巧，学会在各种情况下运用谈判策略，以达到自己的目标。

二、商务谈判策略的构成要素

商务谈判策略的构成要素确定了商务谈判策略的特定性。具体而言，商务谈判策略的构成要素主要包括其内容、目标、方式和要点。

▶ 1. 策略的内容

商务谈判策略的内容是指策略本身所要解决的问题，是策略运筹的核心。例如，在商务谈判中，价格谈判策略本身所要解决的问题就是产品或者服务的价值及其变现的认定。

▶ 2. 策略的目标

商务谈判策略的目标是指策略要完成的特定任务，表现为谈判本身追求什么、避免什么。谈判是目的性非常强的活动，如果没有明确的谈判目标，那么谈判双方就不知道自己为什么而谈。在谈判的过程中，没有目标的谈判很可能会演化成为"闲谈"或"聊天"，谈判的效率和效果会大打折扣。

▶ 3. 策略的方式

商务谈判策略的方式是指策略表现的形式和方法。策略贯穿于整个谈判过程，可以在谈判的每一个阶段和环节使用。比如说货比三家策略，就是在谈判时同时与几个供应商进行谈判，以选其中最优的一家的做法。

▶ 4. 策略的要点

商务谈判策略的要点是指实现策略目标的关键点之所在。谈判双方都要获得经济上的利益，但是这个利益有一定的界限。所以谈判双方应该准确把握好彼此的利益关系，并明确各自的利益界限。在谈判中，不能一味地要求对方让步，也不能自己无止境地退步，要把握好进攻的"度"，要满足各方的最低要求。不同的策略，策略的要点不同，比如，出其不意这一策略的要点就有两个：一个是"快速"，即以速度制胜；另一个是"新奇"，即以奇夺人。

除上述四个主要的构成要素之外，商务谈判策略的构成要素还包括策略运用的具体条件和时机。

三、制定商务谈判策略的步骤

制定商务谈判策略的步骤是指制定商务谈判策略所应遵循的逻辑顺序，其主要步骤包括以下几个方面。

▶ 1. 了解影响谈判的因素

在商务谈判中，为了实现既定的谈判目标，谈判人员首先要了解和掌控影响谈判的因素。影响谈判的因素包括谈判的背景、谈判中的问题，双方的心理、情绪、态度、印象、知觉、宗教信仰、社会风俗和文化背景等，这些因素共同构成一套谈判组合。首先，谈判人员将这个组合分解成不同的部分，并找出每部分的意义。然后，谈判人员进行重新安排，观察分析之后，找出最有利于自己的组合方式。

▶ 2. 寻找关键问题

在对相关现象进行科学分析和判断之后，谈判人员要找出关键点，对关键问题进行明确的陈述与界定，弄清楚问题的性质，以及该问题对整个谈判的成功会造成什么障碍等。抓住了关键问题，有利于理清谈判的脉络，从而更好地引导谈判进程。

▶ 3. 确定具体目标

谈判人员应根据现象分析，找出关键问题，调整和修订原来的目标，或确定一个新目标。目标的确定必须有切实可行性，即明确干什么和要达到什么样的目的。

▶ 4. 形成假设性方法

问题和目标明确之后，就应考虑如何解决问题和实现目标。根据谈判中不同问题的不同特点，逐步形成解决问题的途径和具体方法，这需要谈判人员对不同的问题进行深刻分析，突破常规限制，尽力探索出既能满足自己期望的目标又能解决问题的方法。

▶ 5. 深度分析假设性方法

在提出了假设性的解决方法后，谈判人员就要对少数比较可行的策略进行深入分析，然后依据"有效""可行"的要求，对这些方法进行分析、比较，权衡利弊，并从中选择若干个比较满意的方法与途径。

▶ 6. 形成具体的谈判策略

在进行深度分析得出结果的基础上，谈判人员应对拟定的谈判策略进行评价，得出最终结论。在此基础上做出的策略选择才是科学的。

▶ 7. 拟订行动计划草案

有了具体的谈判策略，紧接着便是要考虑谈判策略的实施。要从一般到具体提出每位谈判人员必须做到的事项，把它们在时间、空间上安排好，明确什么时间，在什么阶段，谁做什么，并进行反馈控制和追踪决策，使其既有方向，又能灵活地左右错综复杂的谈判局势，使谈判沿着预定的方向前进。执行决策之前，应广泛征求意见，反复推敲，集中力量再次分析检验方案的可行性，以保证决策万无一失。

以上只是从商务谈判的一般情况来说明如何制定谈判策略。具体实施的过程中，上述步骤并非机械地排列，各步骤间也不是截然分开的，它们仅仅是制定谈判策略时所应遵循的逻辑思维。

四、商务谈判策略的类型

商务谈判策略的内容十分丰富，其分类并没有固定的模式，在此介绍三种常见的分类的方法。

▶ 1. 按照谈判双方采取的态度分

按照谈判双方采取的态度，可以将商务谈判策略划分为让步型谈判策略、立场型谈判策略和原则型谈判策略三种。

（1）让步型谈判策略。即谈判者随时准备作出让步达成协议，回避一切可能发生的冲突，追求双方满意的结果。在双方关系友好时，采取让步型谈判策略会节省谈判成本，提高谈判效率。但如果遇到利益型对手，采用这种谈判策略就会吃亏上当。因此这种谈判策略在实际谈判中很少应用。

（2）立场型谈判策略。即谈判者认为谈判是一场意志力的竞赛和搏斗，态度越强硬，其最后的收获也就越多，态度强硬的程度与收获成正比。从谈判的价值评判标准来看，立场型谈判策略没有真正的胜利者，更谈不上谈判策略的成功了。

（3）原则型谈判策略。就是价值型谈判策略，即谈判者在注意与对方保持良好人际关系的同时，建议和要求谈判双方尊重对方的基本需要，寻找双方利益的共同点，积极设想各种使双方都有所收获的方案。原则型谈判策略把立场与利益区分开来很关键，谈判的根本问题不在于双方立场上的冲突，而在于双方需求、愿望等利益方面的冲突。首先强调人和事分开，将对方当作有血有肉的人来对待，而不是就事论人，给予对方足够的尊重，即便是对问题强硬，也需要对人温和；在此基础上，着眼于利益，而不是立场，致力于满足各自的潜在利益；利益又区分为共同利益和冲突利益，为共同利益创造选择方案，而当双方利益发生冲突时，坚持使用客观标准，让谈判结果基于某些客观的准则。

原则型谈判策略强调通过谈判取得经济上以及人际关系上的双重价值，是一种既理性又富有人情色彩的谈判，是现代商务谈判人员普遍追求的一种谈判类型。

▶ 2. 按照谈判攻击的主动性程度分

按照谈判攻击的主动性程度，商务谈判策略可分为预防性策略、进攻性策略、综合性策略。

（1）预防性策略。就是我方在谈判中处于被动地位时所采取的保守策略，如沉默寡言、声东击西、欲擒故纵、疲劳战术等策略。

（2）进攻性策略。在商务谈判中，占有主动权的一方，其核心是争取尽可能多的利益，往往采取进攻性策略，如针锋相对、以退为进、最后通牒等策略。

（3）综合性策略。在商务谈判中，有时可能出现谈判双方势均力敌的状态，谈判者的地位平等，双方均企图以势压人，往往收效甚微。因此，采用综合性策略，就成为明智的选择，如权力有限、货比三家等策略。

▶ **3. 按照谈判的阶段分**

按照谈判的阶段，商务谈判策略可以分为开局阶段策略、报价阶段策略、磋商阶段策略、成交阶段策略等。

第二节 开局阶段的策略

谈判要想取得成功，就要采取一定的策略，没有策略的谈判就如同在没有航标灯塔指引下的航行一样，充满了危险和不可预知的结果。实际谈判中，从谈判双方见面商议开始到最后签约或成交为止，整个过程往往呈现出一定的阶段性，并具有很强的阶段性特点。尽管谈判是多种策略的综合运用过程，在每一个阶段往往是多种策略组合在一起，并不能具体明确在某个阶段到底采用哪一个具体策略，而且有的策略可能在谈判的各个阶段都会采用。但是在谈判的每一个阶段，往往会有一些经常使用的策略，会使得这些策略在这个阶段具有明显的主导性。

谈判开局策略是谈判者谋求谈判开局有利形势和实现对谈判开局的控制而采取的行动方式或手段。谈判双方见面后，在进入具体实质性交易内容讨论之前，可以相互介绍、寒暄以及就谈判内容以外的话题进行交谈。好的开端意味着成功的一半，营造适当的谈判气氛，可以为整个谈判奠定基调，为谈判的后几个阶段打下良好的基础。

一、协商式开局策略

协商式开局策略是指以协商、肯定的语言进行陈述，使对方对己方产生好感，双方对谈判的理解充满"一致性"的感觉，从而使谈判双方在友好、愉快的气氛中展开谈判。在开局阶段，营造良好的谈判气氛是顺利开局的核心。

协商式开局策略适用于谈判双方实力比较接近，双方过去没有商务往来的情况。因为双方是第一次接触，都希望有一个好的开端，因此要多用外交礼节性语言聊中性话题，使双方在平等、合作的气氛中开局。谈判一方以协商的口吻来征求谈判对手的意见，然后对对方意见表示赞同或认可，容易使双方达成共识。如"咱们先确定一下今天的议题，如何?""先商量一下今天的大致安排,怎么样?"这些话从表面上看好像无足轻重,但往往最容易得到对方肯定的答复。在协商式开局阶段,要表示充分尊重对方意见的态度,语言要友好礼貌,但又不刻意奉承对方。姿态上应该是不卑不亢,沉稳中不失热情,自信但不自傲,把握住适当的分寸,顺利打开局面。

【案例 4-1】

1972 年 2 月,时任美国总统的尼克松访华,中美双方将要展开一场具有重大历史意义的国际谈判。为了营造一种融洽和谐的谈判环境和气氛,我国谈判代表团在周恩来总理的亲自领导下,对谈判过程中的各种环境都作了精心而又周密的准备和安排,甚至对宴会上要演奏的中美两国民间乐曲都进行了精心的挑选。在欢迎尼克松一行的国宴上,当军乐队熟练地演奏起由周总理亲自选定的《美丽的亚美利加》时,尼克松总统简直听呆了,他绝没有想到能在中国的北京听到如此熟悉的乐曲,因为这是他平生最喜爱的并且指定在他的就职典礼上演奏的家乡乐曲。敬酒时,他特地到乐队前表示感谢,此时,国宴达到了高潮,而一种融洽而热烈的气氛也同时感染了美国客人。一个小的精心安排,赢得了和谐融洽的谈判气氛,这不能不说是一种高超的谈判艺术。

日本首相田中角荣 20 世纪 70 年代为恢复中日邦交正常化到达北京,他怀着等待中日间最高首脑会谈的紧张心情在迎宾馆休息。迎宾馆内环境舒适,田中角荣的心情也十分舒畅,与随从的陪同人员谈笑风生。他的秘书早饭茂三仔细看了一下房间的温度计,是 17.8℃。这一田中角荣习惯的 17.8℃使他心情舒畅,也为谈判的顺利进行创造了条件。

(资料来源:李爽. 商务谈判[M]. 北京:清华大学出版社,2007)

分析:《美丽的亚美利加》乐曲、17.8℃的房间温度,都是针对特定的谈判对手,为了更好地实现谈判目标而进行的一致式开局策略的运用。

二、坦诚式开局策略

坦诚式开局策略是指以开诚布公的方式向谈判对手陈述自己的观点或意愿,尽快打开谈判局面。坦白于人于己都有利,对于交易也同样有好处。坦白地掀起所有的底牌,不但把所知道的事情全盘托出,同时还透露出动机以及某些假设。坦白的确是获得对方同情的一个好方法。要知道,人们对于肯透露一切的人往往有较亲切的感觉。对于透露秘密的人,应该进行两方面的分析。一方面是为什么透露秘密;另一方面是该秘密对谈判双方的利益得失。假如这秘密使谈判双方都得利,或都有好处,那么应该密切合作才是。反之,就需要引起高度警惕了。总的来说,应以既赢得对方信赖又不使自己陷于被动、丧失利益为度。

坦诚式开局策略比较适合双方过去有过商务往来,而且关系很好,互相比较了解,将这种友好关系作为谈判的基础。在陈述中可以真诚、热情地畅谈双方过去的友好合作关系,适当地称赞对方在商务往来中的良好信誉。由于双方关系比较密切,可以省去一些礼节性的外交辞令,坦率地陈述己方的观点以及对对方的期望,使对方产生信任感。

坦诚式开局策略有时也可用于实力不如对方的谈判者。本方实力弱于对方，这是双方都了解的事实，因此没有必要掩盖。坦率地表明己方存在的弱点。使对方理智地考虑谈判目标。这种坦诚也表达出实力较弱一方不惧怕对手的压力，充满自信和实事求是的精神，这比"打肿脸充胖子"大唱高调以掩饰自己的弱点要好得多。

三、慎重式开局策略

慎重式开局策略是指以严谨、凝重的语言进行陈述，表达出对谈判的高度重视和鲜明的态度，目的在于使对方放弃某些不适当的意图，以达到把握谈判的目的。

慎重式开局策略适用于谈判双方过去有过商务往来，但对方曾有过不太令人满意的表现，己方要通过严谨、慎重的态度，引起对方对某些问题的重视的情况。例如，可以对过去双方业务关系中对方的不妥之处表示遗憾，并希望通过本次合作能够改变这种状况。可以用一些礼貌性的提问来考察对方的态度、想法，不急于拉近关系，注意与对方保持一定的距离。这种策略也适用于己方对谈判对手的某些情况存在疑问，需要经过简短的接触摸底的情况。当然慎重并不等于没有谈判诚意，也不等于冷漠和猜疑，这种策略正是为了寻求更有效的谈判成果而使用的。

四、进攻式开局策略

进攻式开局策略是指通过语言或行为来表达己方强硬的姿态，从而获得谈判对手必要的尊重，并借以制造心理优势，使谈判顺利进行下去。这种进攻式开局策略适用于发现谈判对手在刻意制造低调气氛，并且这种气氛对己方的讨价还价十分不利的特殊情况。例如发现谈判对手居高临下，以某种气势压人，有某种不尊重己方的倾向，如果任其发展下去，对己方是不利的，因此要变被动为主动，不能被对方气势压倒，而采取以攻为守的策略，捍卫己方的尊严和正当权益，使双方站在平等的地位上进行谈判。采用进攻式开局策略一定要谨慎。因为在谈判开局阶段就设法显示自己的实力，使谈判双方一开始就处于剑拔弩张的气氛中，对谈判进一步发展极为不利。进攻式开局策略要运用得好，就必须注意有理、有利、有节，要切中问题要害，对事不对人，既表现出己方的自尊、自信和认真的态度，又不能过于咄咄逼人，使谈判气氛过于紧张，一旦问题表达清楚，对方也有所改观，就应及时调节气氛，使双方重新建立起一种友好、轻松的谈判气氛。

【案例 4-2】

日本一家著名的汽车公司在美国刚刚"登陆"时，急需找一家美国代理商来为其销售产品，以弥补他们不了解美国市场的缺陷。当日本汽车公司准备与美国的一家公司就此问题进行谈判时，日本公司的谈判代表因为路上塞车迟到了。美国公司的代表抓住这件事紧紧不放，想要以此为手段获取更多的优惠条件。日本公司的代表发现无路可退，于是站起来说："我们十分抱歉耽误了你的时间，但是这绝非我们的本意，我们对美国的交通状况了解不足，所以导致了这个不愉快的结果，我希望我们不要再为这个无所谓的问题耽误宝贵的时间了，如果因为这件事怀疑到我们合作的诚意，那么，我们只好结束这次谈判。我认为，以我们所提出的优惠代理条件是不会在美国找不到合作伙伴的。"

日本代表的一席话说得美国代理商哑口无言，美国人也不想失去这次赚钱的机会，于是谈判顺利地进行下去。

（资料来源：郑艳群，李昌凰. 商务谈判[M]. 武汉：华中科技大学出版社，2013）

分析：面对美方代表的得理不饶人，日方代表选择了进攻式开局策略，有理、有利、有节地表明了己方的态度，迅速扭转了开局阶段的局面，变被动为主动，使美方改变了态度，最终使谈判顺利进行下去。

第三节 报价阶段的策略

谈判双方在结束了非实质性交谈之后，就要将话题转向有关交易内容的正题，即开始报价。这里所谓的报价不仅是指产品在价格方面的要求，还包括价格在内的关于整个交易的各项条件（包括商品的数量、质量、包装、价格、装运、保险、支付、商检、索赔、仲裁等）。报价以及之后的讨价还价是整个谈判过程的核心和最重要的环节，决定了整笔业务是否能够成交，成交后能带来多少利润。

一、价格起点策略

▶ 1. 吊筑高台策略

这种策略又叫欧式报价，是指卖方提出一个高于本方实际要求的谈判起点来与对手讨价还价，最后再做出让步达成协议的谈判策略。"开高"通常有两个目的：第一是"操纵对方期待"。谈判学者发现，"我们对于成交价的期待，通常受到对方开价所操纵"。所以做销售的都知道：开高得高、开低得低、先讲先赢。第二是预留让步空间。我们通常不会相信对方开出来的第一个价钱就是底价，所以都要留一个让步的空间，让自己可以回旋。通过这种方式，也可以试探对方的反应。通过看对方防不防守，可以判断其偏好及对议题的优先级。

一位美国商业谈判专家曾和2 000位主管人员做过许多试验，结果发现这样的规律：如果买主出价较低，则往往能以较低的价格成交；如果卖主喊价较高，则往往能以较高的价格成交；如果卖主喊价出人意料地高，只要能坚持到底，则在谈判不致破裂的情况下，往往会有很好的收获。可见，吊筑高台策略的运用，能使自己处于有利的地位，有时甚至会收到意想不到的效果。

运用这种策略时应注意喊价要狠，让步要慢。凭借这种方法，谈判者一开始便可削弱对方的信心，同时还能乘机考验对方的实力并确定对方的立场。

当我们碰到对方"开高"的时候，最好是让他根本不敢提出那么高的要求。通常我们在谈判时都会去想：如果他"开高"的话，我怎么做；如果他开低的话，我又怎么回应。也就是说，我们根据他所出的第一张牌，来决定我下一步该怎么做。除此之外，我们可以先发制人，也就是不必管他第一张牌是什么，我们都先对外宣布，我已经决定要怎么回应了。这样做的目的是逼对方仔细思考，他到底还要不要按原定计划出牌。

▶ **2. 抛放低球策略**

这种策略又叫日式报价，是指先提出一个低于己方实际要求的谈判起点，以让利来吸引对方，试图首先去击败参与竞争的同类对手，然后再与被引诱上钩的卖方进行真正的谈判，迫使其让步，达到自己的目的。

商业竞争从某种意义上可分为三大类，即买方之间的竞争、卖方之间的竞争，以及买方与卖方之间的竞争。在买方与卖方之间的竞争中，一方如果能首先击败同类竞争对手，就会占据主动地位。当对方觉得别无所求时，就会委曲求全。这种策略在各类商务谈判活动中被广泛运用。

应对这种策略的方法：其一，把对方的报价内容与其他客商（卖主）的报价内容——进行比较和计算，并直截了当地提出异议；其二，不为对方的小利所迷惑，自己报出一个一揽子交易的价格。

抛放低球虽然最初提出的价格是最低的，但它却在价格以外的其他方面提出了最利于本方的条件。对于买方来说，要想取得更好的条件，就不得不考虑接受更高的价格。因此，低价格并不意味着卖方放弃对高利益的追求。可以说，它实际上与吊筑高台殊途同归，两者只有形式上的不同，而没有实质性的区别。一般而言，抛放低球有利于竞争，吊筑高台则比较符合人们的价格心理。多数人习惯于价格由高到低，逐步下降，而不是相反的变动趋势。

【案例 4-3】

20 世纪 60 年代中日贸易备忘录贸易项下大豆的作价谈判中，日方递盘第一回合就亮出了底牌，大大出乎己方意料。当时的国际市场行情对我方不利，是趋于下跌的势态，也没有多少其他因素能够起到阻碍或干扰这种势态的作用。日本商人本来是最善于谈判的，他们经常采用"蘑菇"战术，软磨硬泡，刺探对方心理变化。他们的成功往往是以自己的耐性、韧性去克制对方的刚性，使对方感到时间拉长造成的心理窒息，从而产生思想上的松动。日本商人不但精细地研究对方主谈人员的性格特点，还精细地研究陪谈及其他人员的性格特点，充分搜集有关资料，甚至建立对方人员的档案。日本商人在谈判中轻易不说"不"字，总是绕很大一个圈子，表示出"不可能"的意思，在谈判的紧要或关键时刻往往摆出各种戏剧性态度给对方最后一击。这一次为什么一下子就递出了理想价格呢？我方陷入了困惑之中。经过反复研究，不敢轻易接受，生怕上当吃亏。面对日方的反常表现，我方修改了自己的谈判方案，扩大了保底价的虚头。还出实盘之后，日方不但不予响应，反而在他们的反还盘中向后退缩。我方误认为日方是在要花招，将再还盘的虚头进一步加大，日方的反还盘又再退缩，结果，双方的距离越谈越大。经过两周的长跑式谈判，我方终于体力不支，败下阵来，最后不得不以低于日方第一回合递盘价 1 英镑的价格成交。

（资料来源：孙平. 当代商务谈判［M］. 武汉：武汉大学出版社，2007）

分析：这个历史教训充分说明了日本式报价的圈套。抛放低球虽然最初提出的价格是最低的，但它却在价格以外的其他方面提出了最利于本方的条件。对于买方来说，要想取得更好的条件，他就不得不考虑接受更高的价格。在本案例中，日方在第一回合就亮出了底牌，打乱了中方的谈判计划。但是，日方报出的低价格并不意味着它们放弃对高利益的追求。

二、除法报价策略

该策略是一种价格分解术，以商品的数量或使用时间等概念为除数，以商品价格为被除数，得出一种数字很小的价格，使买主对本来不低的价格产生一种便宜、低廉的感觉。

如保险公司为动员液化石油气用户参加保险，宣传说：参加液化气保险，每天只交保险费 1 元，若遇到事故，则可得到高达 1 万元的保险赔偿金。这种做法，用的就是该策略。相反，如果说，每年交保险费 365 元的话，效果就差多了。因为人们觉得 365 是个不小的数字。而说成每天交 1 元，人们听起来在心理上就容易接受了。

三、加法报价策略

加法报价策略是指在商务谈判中，有时怕报高价会吓跑客户，就把价格分解成若干层次渐进提出，使若干次的报价最后加起来仍等于当初想一次性报出的高价。在出牌时选择"开低"，就可以用加法谈判。装修房屋的时候最常碰到这种情况：设计师一开始报的价钱可能不高，但装修到一半，就问你："客厅这花岗石地板，勾一条黑边，您看如何？"你说："好好好"。过一会儿，他又问："您看这里做一个花边，好不好？"你一看，挺好的，说："好好好"。就这样，最后装修好的时候，价钱就超出当初你所想象的数字了。

文具商向画家推销一套笔墨纸砚。如果他一次报高价，画家可能根本不会买。但文具商可以先报笔价，要价很低；成交之后再谈墨价，要价也不高；待笔、墨卖出之后，接着谈纸价，再谈砚价，抬高价格。画家已经买了笔和墨，自然想"配套"，不忍放弃纸和砚，在谈判中便很难在价格方面做出让步了。

采用加法报价策略，所出售的商品一般具有系列组合性和配套性。买方一旦买了组件 1，就无法割舍 2 和组件 3 了。针对这一情况，作为买方，在谈判前就要考虑商品的系列化特点，谈判中及时发现卖方"加法报价"的企图，挫败这种"诱招"。

四、差别报价策略

差别报价是指在商务谈判中针对客户性质、购买数量、交易时间、支付方式等方面的不同，采取不同的报价策略。这种价格差别，体现了商品交易中的市场需求导向，在报价策略中应重点运用。例如，对老客户或大批量需求的客户，为巩固良好的客户关系或建立起稳定的交易联系，可适当实行价格折扣；对新客户，有时为开拓新市场，也可给予适当让价；对某些需求弹性较小的商品，可适当实行高价策略；对于"等米下锅"的客户，价格则不宜下降。旺季较淡季价格自然较高；交货地点远程较近程或区位优越者，应有适当加价；支付方式，一次付款较分期付款或延期付款，价格须给予优惠等。

蒙玛公司在意大利以"无积压商品"而闻名，其秘诀之一就是对时装分多段定价。它规定新时装上市，以3天为一轮，凡一套时装以定价卖出，每隔一轮按原价削10％，以此类推，那么到10轮（一个月）之后，蒙玛公司的时装价就削到了只剩35％左右的成本价了。这时的时装，蒙玛公司就以成本价售出。因为时装上市还仅一个月，价格已跌到1/3，谁还不来买？所以一卖即空。蒙玛公司最后结算，赚钱比其他时装公司多，又没有积货的损失。

五、对比报价策略

对比报价是指向对方抛出有利于本方的多个商家同类商品交易的报价单，设立一个价格参照系，然后将所交易的商品与这些商家的同类商品在性能、质量、服务与其他交易条件等方面做出有利于本方的比较，并以此作为本方要价的依据。价格谈判中，使用对比策略，往往可以增强报价的可信度和说服力，一般有很好的效果。报价对比可以从多方面进行。例如，将本商品的价格与另一可比商品的价格进行对比，以突出相同使用价值的不同价格；将本商品及其附加各种利益后的价格与可比商品不附加各种利益的价格进行对比，以突出不同使用价值的不同价格；将本商品的价格与竞争者同一商品的价格进行对比，以突出相同商品的不同价格等。

应对对比报价策略的方法：其一，要求对方提供有关证据，证实其所提供的其他商家的报价单的真实性；其二，仔细查找报价单及其证据的漏洞，如性能、规格型号、质量档次、报价时间和其他交易条件的差异与不可比性，并以此作为突破对方设立的价格参照系屏障的切入点；其三，本方也抛出有利于自己的另外一些商家的报价单，并进行相应的比较，以其人之道还治其人之身；其四，找出对方价格参照系的一个漏洞，并予以全盘否定，坚持本方的要价。

六、数字陷阱策略

数字陷阱是指卖方抛出自己制作的商品成本构成计算表（其项目繁多，计算复杂）给买方，用以支持本方总要价的合理性。在分类成本中"掺水分"，以加大总成本，为本方的高出价提供证明与依据。运用此策略可以为本方谋取到较大利益，击退或是阻止对方的强大攻势。但是若成本构成计算表被对方找出明显错误，则本方就会处于被动局面，易使谈判复杂化，进程缓慢。

此策略一般是在商品交易内容多、成本构成复杂、成本计算方法无统一标准，或是对方攻势太盛的情形下使用。实施时成本计算方法要有利于本方，成本分类要细化，数据要多，计算公式要尽可能繁杂，水分要掺在计算复杂的成本项中，水分要掺得适度。一句话，就是要使对方难以核算清楚总成本，难以发现"水分"所在，从而落入本方设计好的"陷阱"，接受本方的报价。

在一般的商务谈判中，不可避免地要谈到各种各样的数据，这些数据对谈判双方而言有着重要的意义。在谈判中，有的谈判对手喜欢利用你不善于处理数据的弱点，在谈判中占你的便宜，向你不断地抛出各种数据。在这个的时候，切忌鲁莽行事。其一，尽可能弄清与所交易的商品有关的成本计算统一标准、规则与惯例。其二，选择几项分类成本进行核算，寻找突破口，一旦发现问题，就借机大举发动攻势。其三，寻找有力的理由，拒绝接受对方抛出的成本构成计算表，坚持本方原有的立场与要价。在分析数据的时候，要慢慢来，可以承认自己对数字处理的能力不足，但这不是一件丢脸的事情，请对方一项一项地说，你一项一项地算，如果当场算不清楚，可以把资料带回去仔细研究，弄清楚所有的数字之后，再正式表达你方的立场。

第 四 节　磋商阶段的策略

磋商阶段也可叫讨价还价阶段，它是谈判的核心环节，也是最困难、最紧张的阶段。磋商的过程及其结果直接关系到谈判双方所获利益的大小，决定着双方各自需要的满足程度。因而，选择恰当的策略来规划这一阶段的谈判行为，无疑有着特殊重要的意义。

磋商既是双方求同存异、合作、谅解、让步的过程，也是双方斗智斗勇，在谈判实力、经验和智力等诸多方面展开具体较量的过程，谈判策略和技巧的作用在本阶段得到了充分体现。

一、优势条件下的谈判策略

▶ 1. 不开先例策略

不开先例策略，是指在谈判中，占有优势的一方为了坚持和实现自己所提出的交易条件，以没有先例为由来拒绝让步，促使对方就范，接受自己条件的一种强硬策略。在谈判中，当双方产生争执时，拒绝是谈判人员不愿采用的，但有时又不得不用。因此，人们都十分重视研究怎样回绝对方而又不伤感情，不开先例就是一个两全其美的好办法。买方提出的要求使卖方感到为难，卖方可向买方解释，如果答应了买方的要求，就等于开了一个先例，以后对其他买主也要采取同样的做法。这不仅使卖方无法负担，而且对以前的买主也不公平。

例如，"贵公司的这个报价，我方实在无法接受，因为我们这种型号的产品售价一直是××元，如果此例一开，我们无法向上级和以往的交易伙伴交代"。或者说"××公司是我们十几年的老客户，我们一向给他们的折扣是15％，因此，对你们来讲也是一样。如果此例一开，对别的用户就没有信用可言了，也不公平，以后打交道就难了。希望贵公司谅解"等，以拒绝对方的要求。

不开先例的力量来自于先例的类比性和人们的习惯心理，正是由于这个原因才使先例具有一定的约束性。当然，既然不开先例是一种策略，提出的一方就不一定真是没开过先例，也不能保证以后不开先例。它只说明，对应用者是不开先例。因此，采用这一策略时，必须要注意另一方是否能获得必要的情报和信息来确切证明不开先例属实。如果对方有事实证据表明，你只是对他不开先例，那就会弄巧成拙，适得其反了。该策略是谈判者保护自己的利益，阻止对方进攻的一道坚实的屏障。

▶ 2. 先苦后甜策略

先苦后甜策略，是指在谈判中先用苛刻的条件使对方产生疑虑、压抑等心态，以大幅度降低对手的期望值，然后在实际谈判中逐步给予优惠或让步，使对方的心理得到满足而达成一致的策略。

该策略使用的基本原因在于：人们对外界的刺激总是先入为主，如果先入刺激为甜，再加一点苦，则觉得更苦；相反，若先入刺激为苦，再加一点甜，则觉得更甜。该策略就是用"苦"降低对方的期望值，用"甜"满足对方的心理需要，因而很容易实现谈判目标，使对方满意地签订合同，使本方从中获取较大利益。

例如，我们在一次商品交易中，买方想要卖方在价格上多打些折扣，但同时也估计到如果自己不增加购买数量，卖方很难接受这个要求。于是买方在价格、质量、包装、运输条件、交货期限、支付方式等一系列条款上都提出了十分苛刻的要求，并草拟了有关条款作为洽谈业务的蓝本。然后在讨价还价的过程中，买方会让卖方明显地感到在绝大多数的交易项目上买方都"忍痛"做了重大让步。这时，卖方鉴于买方的慷慨表现，在比较满足的情况下，往往会同意买方在价格上多打些折扣的要求，这样买方并没有另外多费口舌就实现了自己的目标。

需要注意的是，在实际应用中，先苦后甜的应用是有限度的，在决定采用时要注意"过犹不及"，也就是说所提出的条件不能过于苛刻，要掌握分寸。一般而言，开始向对方所提的要求不能过于苛刻，"苦"海无边，"苦"要苦得有分寸，不能与通行的惯例和做法相距甚远。否则，对方会觉得缺乏诚意，以至于终止谈判。当对方运用先苦后甜的策略时，最有效的应对方法就是予以识破，了解对手的真正需要，并且针锋相对，选择退出或者拒绝谈判。当然，退出和拒绝谈判要三思而后行，在不得已的情况下方可实施。

▶ 3. 价格陷阱策略

所谓价格陷阱策略，是指谈判中的一方利用市场价格预期上涨的趋势以及人们对这种趋势普遍担心的心理，把谈判对手的注意力吸引到价格问题上来，使其忽略对其他重要条款讨价还价的一种策略。在运用该种策略的时候，要注意谈判的时限性。谈判一方向对方提出达成协议的时间期限，超过这一期限，提出者将退出谈判，以此给对方施加压力，使其立刻做出判断，以求尽快解决问题。

这一策略，是在价格虽看涨，但到真正上涨还需要较长时间的情况下运用的。例如，某机器销售商对买方说："贵方是我公司的老客户了，因此，对于贵方的利益，我方理应给予特别照顾。现在，我们获悉，今年年底前，我方经营的设备市场价格将要上涨，为了使你方在价格上免遭不必要的损失，如果你方打算订购这批货，就可以趁目前价格尚未上涨的时机，在订货合同上将价格条款按现价确定下来，这份合同就具有价格保值作用，不知贵方意下如何？"如果此时市场价格确实有可能上涨，这个建议就会很有诱惑力。

在谈判中，若要破解这个"价格陷阱"策略，就必须坚持做到以下几点：其一，谈判的目标、计划和具体步骤一经确定，就要毫不动摇地坚持去做，决不要受外界情况的干扰而轻易地加以改变，也不要随意迁就。其二，买方要根据实际需要来确定订单，不要被卖方在价格上的蝇头小利所迷惑，这对于买方而言是至关重要的。其三，不要在时间上受对方所提期限的约束而匆忙地做出决定。良好的心理素质、有耐心、遇事从容不迫，对谈判者来讲是十分重要的。一般而言，买方在谈判中能够抵御卖方各种招数，坚持得越久，最终得到的实惠和好处也就越多。相反，如果买方招架不住卖方的各种手法和招数，急于订购其商品，必然给自己带来很大的损失。

▶ 4. 期限策略

期限策略是指在商务谈判中，实力强的一方向对方提出的达成协议的时间限期，超过这一限期，提出者将退出谈判，以此给对方施加压力，使其尽快做出决策的一种策略。因为在这种情况下，对方特别担心谈判破裂，一旦破裂，对方损失最大。事实上，大多数贸易谈判，特别是那种双方争执不下的谈判基本上都是到了谈判的最后期限或者临近这个期限才出现突破并进而达成协议的。最后期限带有明显的威胁性。每一个交易行为中都包含了时间因素，时间就是力量，时间限制的无形力量往往会使对方在不知不觉的情况下接受谈判条件。

当谈判中出现以下情况时，可以选择运用最后期限策略：对方急于求成，如采购生产用的原料等；对方存在众多竞争者；我方不存在众多竞争者；我方最能满足对方某一特别主要的交易条件；对方谈判小组成员意见分歧；与对方因交易条件分歧大，达成协议的可能性不大。

选用最后期限策略，目的是促使对方尽快达成协议，而不是使谈判破裂，因而，运用时必须注意以下六点：

（1）所规定的最后期限是对方可接受的。即最后期限的规定是由于客观情况造成的，无理的、给对方来不及思考的最后期限常会导致谈判策略的失效。

（2）所规定的最后期限必须是严肃的。尽管该期限将来是可以更改或作废的，但到最后期限到来以前，提出最后期限的一方要表明执行最后期限的态度是坚决的。提出时间限制时，一定要有明确、具体的时间。在关键时刻，不可以说"明天下午"或"后天下午"之类不明确的话，而应该是"明天下午 5 点钟"等具体的时间。这样会使得对方有一种时间迫近而且无法更改的感觉，不再心存侥幸。规定最后期限，也可以有效地督促双方的谈判人员振奋精神，集中精力。因为随着期限的临近，双方会感到达成协议的时间很紧，会一改平时拖沓和漫不经心的态度，努力从合作的角度出发，争取问题的解决。

（3）在规定最后期限的同时，做一些小的让步来配合。可以向对方展开心理攻势，给对方造成"机不可失、时不再来"的感觉，以此来说服对方，避免因规定最后期限给对方以咄咄逼人的感觉，使双方在达成协议的态度上更加灵活一些。

（4）在言语上要委婉，既要达到目的，又不至于锋芒毕露。在表达限定内容时，谈判者必须有坚定的语气，不露声色，不可使用含糊不清的话语，使对方存有一线希望，以致不愿即刻妥协。因为谈判者一旦对未来存有希望，想象将来可能会给自己带来更大的利益时，就不肯作最后的让步。提出最后期限时态度宜委婉、真诚，采用征询式更好，比如："由于我们最近业务很多，请您谅解，这次谈判是安排在明日下午四时结束，以便能赶上班机返回，想必你们一定会支持。"

（5）拿出一些令人信服的证据。诸如国家的政策、与其他客户交易的实例或国际惯例、国际市场行情的现状及趋势以及技术方面的信息等，让事实说话。

（6）给予对方思考、议论或请示的时间。这样一来，有可能使对方的敌意减轻，从而降低自己的条件或不太情愿接受你的条件。

在谈判的过程中，当对方使用这种策略时，要仔细研究对手设立期限的动机，以及不遵守期限可能导致的后果；不要被对方设立的期限所迷惑，绝大多数的期限都是有谈判余地的，可采取一些措施、办法改变最后期限；不考虑对方个人或是公司提出的最后期限，按我方事先既定的计划办。如果你有期限限制，绝不能泄露出来，这会造成对己方不利，甚至由主动陷于完全被动的局面。当然在使用这一策略时，也有可能使谈判破裂或陷入更严重的僵局，所以要视情况而定，除非有较大把握或万不得已时才用，千万不可滥用和多用。

【案例 4-4】

在美国的一个边远小镇上，由于法官和法律人员有限，因此组成了一个由 12 名农民组成的陪审团。按照当地的法律规定，只有当这 12 名陪审团成员都同意时，某项判决才能成立，才具有法律效力。有一次，陪审团在审理一起案件时，其中 11 名陪审团成员已达成一致看法，认定被告有罪，但另一名成员认为应该宣布被告无罪。由于陪审团内部意见不一致，审判陷入了僵局。其中 11 名成员企图说服另一名，但是这位成员是个年纪很大、头脑很顽固的人，就是不肯改变自己的看法。从早上到下午审判不能结束，11个农夫有些心神疲倦，但另一个还没有丝毫让步的意思。

就在11个农夫一筹莫展时，突然天空布满了阴云，一场大雨即将来临。此时正值秋收过后，各家各户的粮食都晒在场院里。11名成员都在为自家的粮食着急，他们都希望赶快结束这次判决，尽快回去收粮食。于是都对另一个农夫说："老兄，你就别再坚持了，眼看就要下雨了，我们的粮食还在外面晒着，赶快结束判决回家收粮食吧。"可那个农夫丝毫不为之所动，坚持说："不成，我们是陪审团的成员，我们要坚持公正，这是国家赋予我们的责任，岂能轻易做出决定。在我们没有达成一致意见之前，谁也不能擅自做出判决！"这令那几个农夫更加着急，哪有心思讨论判决的事情。为了尽快结束这令人难受的讨论，11个农夫开始动摇了，开始考虑改变自己的立场。这时一声惊雷震破了11个农夫的心，他们再也忍受不住了，纷纷表示愿意改变自己的态度，转而投票赞成那一位农夫的意见，宣布被告无罪。

（资料来源：郑艳群，李昌凰. 商务谈判[M]. 武汉：华中科技大学出版社，2013）

分析： 突如其来的一阵大雨让谈判期限提前，11个农夫希望赶快结束案件审理，回家收粮食。几经权衡，为了使粮食免遭损失，11个农夫放弃了原有的看法，转而同意另一个农夫的意见。不为大雨所动的那个农夫坚持到了最后，机智、良好的心理素质都助他取得了最后的胜利。

▶ **5. 声东击西策略**

声东击西策略是指我方在商务谈判中，为达到某种目的，有意识地将磋商的议题引导到无关紧要的问题上，转移对方注意力，以求实现自己的谈判目标。实际的谈判结果也证明，只有更好地隐藏真正的利益需要，才能更好地实现谈判目标。过去传统的马匹交易中，马贩子从来不让卖马的人知道他真正喜欢哪匹马，否则价格就会飞涨。具体做法是，在无关紧要的事情上纠缠不休，或在自己不成问题的问题上大做文章，以分散对方对自己真正要解决的问题的注意力，从而在对方无警觉的情况下，顺利实现自己的谈判意图。

采用声东击西策略的条件一般来说主要有以下几点：

（1）作为一种障眼法，转移对方的视线，隐蔽我方的真实意图。比如，对方最关心的是价格问题，而我方最关心的是交货时间问题。这时，谈判的焦点不要直接放到价格和交货时间上，而是放到价格和运输方式上。

（2）说东道西，分散对方的注意力，或者从中达到干扰、延缓对方所采取的行动，或者使对方在判断上失误，为以后若干议题的洽谈扫平道路。

（3）诱使对方在我方无关紧要的问题上进行纠缠，使我方能抽出时间对有关问题做调查研究，掌握情况，迅速制定出新的对策。

（4）有时为投其所好，故意在我方认为次要的问题上花费较多的时间和精力。目的在于表明我方对这一问题的重视，提高该次要议题在对方心目中的地位，使我方在这个问题上做出让步时对方会感到很有价值。

采用声东击西策略的关键是，必须清楚地了解对方是否觉察到己方的动机。如果己方的动机已为对方所信，那么，声东击西就不能给己方带来任何意义。因此，随时洞察对方的动向，是破解声东击西策略的关键。

▶ 6. 先声夺人策略

先声夺人策略，是在谈判开局借助于己方的优势和特点，以求掌握主动的一种策略。它的特点在于"借东风扬己所长"，以求在心理上抢占优势。

先声夺人策略是一种极为有效的谈判策略，在谈判中采用主动的措施，按照自己的计划和步骤进行谈判。如果己方不争取主动，就很容易被对方牵制和调动，按照对方的计划和步骤进行谈判。而一旦纳入了对方的步调，己方往往就会变得束手无策。谈判的实践表明，以首先提出自己的谈判方案为基础展开讨论，往往得出接近该方案的结论。因此，在充分准备的基础上应该先发制人、先声夺人，直截了当地道出自己的方案。

先声夺人策略运用不当会给对方留下不良印象，有时会给谈判带来副作用。例如，有些谈判者为了达到目的，以权压人，过分炫耀等，会招致对方的反感，刺激对方的抵制心理。因此，采用先声夺人的"夺"应因势布局，顺情入理，适当地施加压力也是可以的，但必须运用得巧妙、得体，才能达到"夺人"的目的。

对付先声夺人的策略是在心理上不要怵，要敢于和对手争锋。在次要性问题上可以充耳不闻，视而不见，但在关键问题上应"含笑争理"。这样，先声夺人的"造势"策略便不攻自破了。

【案例 4-5】

中方某公司向韩国某公司出口丁苯橡胶已一年，第二年中方又向韩方报价，以继续供货。中方公司根据国际市场行情，将价格在前一年的成交价基础上每吨下调了 120 美元（前一年 1 200 美元/吨）。韩方觉得可以接受，建议中方到韩国签约。中方一行二人到了该公司总部，双方谈了不到 20 分钟，韩方说："贵方价格仍太高，请贵方看看韩国市场的价格，三天以后再谈。"中方人员回到饭店，感到被戏弄，很生气，但谈判必须进行。

中方人员通过有关协会收集到韩国海关丁苯橡胶进口统计，发现从哥伦比亚、比利时、南非等国进口量较大。从中国进口也不少，中方公司是占份额较大的一家。价格水平南非最低，但高于中国。哥伦比亚、比利时价格均高于南非。在韩国市场的调查中，批发和零售价均高出中方公司的现报价 30%～40%，市场价虽呈降势，但中方公司的给价是目前世界市场最低的价。为什么韩国人员还这么说？中方人员分析，对手以为中方人员既然来了，肯定急于拿合同回国，可以借此机会再压中方一手。那么韩方会不会不急于订货而找理由呢？中方人员分析，若不急于订货，为什么邀请中方人员来谈判？再说韩方人员过去与中方人员打过交道，签过合同，且执行顺利，对中方工作很满意，这些人会突然变得不信任中方人员了吗？从态度看不像，他们来机场接中方人员，且晚上一起喝酒，保持了良好气氛。

通过上述分析，中方人员共同认为：韩方意在利用中方人员出国的心理进行压价。根据这种分析，经过商量，中方人员决定在价格条件上做文章。首先，态度要强硬，因为谈判前对方已表示同意中方报价，不怕空手而归。其次，价格条件还要涨回市场水平即1 200美元/吨左右。最后，不必用三天给韩方通知，仅一天半就将新的价格条件通知韩方。

（资料来源：郑艳群，李昌凰. 商务谈判［M］. 武汉：华中科技大学出版社，2013）

分析： 在该案例中，中方谈判人员经过周密的分析和推断，揣摩到韩方并不是不想向中方订购丁苯橡胶，而是认为中方人员既然来了，肯定急于拿合同回国，想借此机会再压价。中方谈判人员不为所动，基于韩方谈判人员的心理，考虑到中韩双方的利益，果断确定了新的价格条件。

二、劣势条件下的谈判策略

▶ 1. 吹毛求疵策略

吹毛求疵策略就是在商务谈判中针对对方的产品或相关问题，再三故意挑毛病，使对方信心降低，从而做出让步的策略。在工作和生活中，吹毛求疵绝对不是一种可取的态度，但是在谈判中，谈判者往往利用这种吹毛求疵的战术来和对方讨价还价，而且被证明是一种非常成功的谈判技巧。双方在交易开始时，如果使用吹毛求疵的谈判技巧，向对方要求越多，得到的也就越多，要求越高，谈判的结果就越好。

运用吹毛求疵策略必须满足一定的条件。例如，当对方对交易标的的性能、特点、质量指标等商品知识缺乏了解；对方为谈判新手，或缺乏谈判经验；对方所提供的商品质量、品种、规格、花色存在缺陷。

该策略使用的关键点在于必须了解交易标的的性能、特点、质量指标等商品知识，只有这样才能对对方提供的产品吹毛求疵，才能挑到点子上，使对方服气。提出问题应恰到好处，把握分寸，不能过于苛刻，否则很容易引起对方的反感，认为你没有合作的诚意。在吹毛求疵时，切忌面面俱到，如果抓不住重点，击不中要害，不但不足以说明问题，而且会引起对方的怀疑，以为在故意刁难，从而影响谈判的气氛和进展。对一些优质产品、名牌产品不能一味贬低。对某些商品的贬低如果过火，可能会激怒对方。

▶ 2. 以柔克刚策略

以柔克刚策略是指对方坚持不让步时，采取软的手法来迎接对方硬的态度，避免冲突，从而达到制胜目的的一种策略。当谈判中己方处于不利局面或弱势时，最好的策略是避开对方的锋芒，以柔克刚。在谈判中有时会遇到盛气凌人、锋芒毕露的对手，他们的共同特点是刚愎自用、趾高气扬、居高临下，总想指挥或控制对方。这样的谈判者，以硬碰硬固然可以，但往往容易形成双方情绪的对立，危及谈判终极目标的实现。多数情况下，谈判者对咄咄逼人的对手所提出的要求，可暂不表示反对，而是以我之静待敌之动，以我之逸待敌之劳，以平和柔缓的持久战磨其棱角、挫其锐气，挑起他的厌烦情绪，伺机反守为攻，夺取谈判的最后胜利。

沙特阿拉伯的石油大亨亚马尼在这方面做得十分出色，他善于以柔克刚，使对方心悦诚服地接受条件。一位美国石油商曾经这样叙述亚马尼的谈判艺术："亚马尼在谈判时总是低声细语，绝不高声恫吓。他最厉害的一招是心平气和地重复一个又一个问题，最后把你搞得精疲力竭，不得不把自己的祖奶奶都拱手让出去。他是我打过交道的最难对付的谈判对手。"

使用"以柔克刚"的策略，需要注意如下几点：首先，要有持久作战的精神准备，采用迂回战术，在谈判中，冷静地观察对手，不要急于反驳或解释，尽可能耐心听对方阐述自己的观点和提出自己的要求，必要时甚至可以使谈判出现冷场，并在双方之间展开一场忍耐力的竞争。通过若干回合的拉锯，按我方事先筹划好的步骤把谈判对手一步一步地拖下去。其次，坚持以理服人，言谈举止做到有理、有利、有节，选准机会适时提问，请其回答，这里的提问，可以是针对其发言中的自相矛盾之处，还可以是针对其发言中的违背常理之处等，使对手心急而无处发，恼怒而无处泄。否则，稍有不慎，就可能给对方制造机会，使其喧嚣一时，搞乱全局。

▶ 3. 难得糊涂策略

难得糊涂策略作为一种处理弱势条件下的防御性策略，是指在出现对谈判或己方不利的局面时，故作糊涂，并以此为掩护来麻痹对方的斗志，以达到蒙混过关的目的。假装糊涂可以化解对手的步步紧逼，绕开对己方不利的条款，而把谈判话题引到有利于己方的交易条件。当对方发现你误解了他的意思时，往往会赶紧向你解释，在不知不觉中受你的话语影响，在潜移默化中接受你的要求。所以，谈判老手总是把"难得糊涂"作为一个信条，必要时就潇洒地"糊涂"一回。

假装糊涂贵在一个"巧"字，倘若弄巧成拙，结果自然不好。装糊涂要有一定的度，倘若超过了这个度，超过了对方的承受范围，势必影响感情，甚至导致谈判的破裂。另外，装糊涂、故意犯错或误解不能超出法律所许可的范围，否则会惹来许多不应有的官司。

识破这种装糊涂的陷阱要十分谨慎，当发现对手在制造这种陷阱时，千万不要默认。对对手在谈判中的各种口头上的装糊涂，贵在以巧治巧，婉言点出其圈套，既不伤面子，又不至于在谈判中处于下风。谈判对手的假装糊涂不只表现在口头谈判上，更表现在协议或账单的文字上，如将各种数字有意加错、遗漏或更改等。所以谈判者在审查协议或账单时应十分仔细，再三检查，避免陷入对手的"糊涂"陷阱之中。

▶ 4. 疲惫策略

疲惫策略，是指通过马拉松式的谈判，逐渐消磨对手的锐气，使其疲惫，以扭转己方在谈判中的不利地位和被动的局面，到了对手精疲力竭、头昏脑涨之时，本方则可反守为攻，抱着以理服人的态度，摆出本方的观点，促使对方接受己方条件的一种策略。

在商务谈判中，有时会遇到一种实力较强但锋芒毕露、咄咄逼人的谈判对手，他们以各种方式表现其居高临下、先声夺人的挑战姿态。对于这类谈判者，疲劳战术是一个十分有效的应对策略。

研究结果显示，被剥夺睡眠、食物或饮水的人的行动和思维能力十分薄弱，疲倦的人都比较容易被打动，犯下许多愚笨的错误。这就是为什么许多谈判者喜欢向对手发动疲劳攻势的原因。他们为了达到良好的谈判效果，千方百计去消耗对方精力，使之在谈判中失利。一般来说，性格比较急躁、外露，对外界事物富于挑战特点的人，往往缺乏忍耐力。一旦其气势被扼住，自信心就会丧失殆尽，很快败下阵来。扼制其气势的最好办法就是采取马拉松式的战术，攻其弱点，避其锋芒，在回避与周旋中消磨其锐气。

这种疲惫策略在涉外商务谈判时用得相当普遍。谈判者经过长时间紧张的旅途后，一下飞机就被对手接去赴宴；而后，对方大小负责人轮流亮相，表现得十分热情、好客；到了晚上，又专门安排舞会或观看演出等娱乐活动，直到深夜才罢休。第二天，远道而来的谈判者还在为主人的热情招待激动不已时，谈判开始了。可想而知，未能得到很好休息，精神尚处于兴奋状态的人，在艰巨持久的谈判中表现会如何。采用疲惫策略，要求谈判者事先要有足够的思想准备，保持旺盛的精力。

【案例4-6】

甲公司与乙公司的谈判已经断断续续地进行了一个星期了，眼看就要周末了。乙公司说："今天是周末，下周一再谈吧。"甲公司问："不知道乙公司是否愿意再坚持一下继续谈判，趁热打铁或许会有奇迹出现。"此话正合乙公司的意，于是乙公司说："贵方是客，我公司可以陪你们继续谈，不过不希望像下午那样没有进展。"晚饭后双方在酒店谈判，过去许久，价格还是没有明显的变化。甲方于是要乙方改变设备构成，取消部分外购设备，改由乙方内购。终于在次日凌晨4点，双方走到了一起。当这一刻来临时，甲公司人员感到筋疲力尽，全都躺在沙发上睡觉了。而乙方人员，在主谈的带领下清点资料，核对成交结果，发现己方所需内容（指降价）均在，而己方同意去掉的部分设备并未去掉。于是，全体人员欣喜地离开酒店回家，此时，已经清晨5点多了。

（资料来源：江燕玲，唐斌. 商务谈判[M]. 重庆：重庆大学出版社，2012）

分析：乙方采取了很高明的谈判手段即疲劳战术，通过采取回避与周旋的方针，暗中摸清对方的情况，寻找其弱点，逐渐消磨对手的锐气；同时本方的谈判地位也从不利和被动的局面中扭转过来。到了对手精疲力竭、头昏脑涨之时，本方则可反守为攻，抱着以理服人的态度，摆出本方的观点，力促对方作出让步。

▶ **5. 权力有限策略**

权力有限策略，是指在商务谈判中，实力较弱的一方的谈判者被要求向对方做出某些条件过高的让步时，宣称在这个问题上授权有限，无权向对方做出让步，或无法更改既定的事实，以使对方放弃所坚持的条件的策略。

这种策略的一种做法往往是隐蔽手中的权力，推出一个假设的决策人，以避免正面或立即回答对方的问题。在权力有限的情况下，对方的讨价还价只能局限在本方人员权力所及的范围与限度之内，任何试图超出这一范围与限度去谋求更多利益的努力，都将是徒劳的。例如，"您的问题我很理解，但需向有关部门的领导汇报""我本人无权回答贵方提出的问题，需向我的上级请示才能答复"等。那么，对方立刻就会意识到，在这一事项上要求你作出让步将是绝无可能的。不过，这种策略只能在少数几个关键时刻运用，使用过多，对方会认为你缺乏诚意，或没有谈判的资格而拒绝与你作进一步的磋商。

尼伦伯格在《谈判的艺术》一书中说了这么一件事：他的一位委托人安排了一次会谈，对方及其律师都到场了，尼伦伯格作为代理人也到场了，可是委托人自己却未到。等了好一会儿也没见他的人影，这三位到场的人就先开始谈判了。随着谈判的进行，尼伦伯格发现自己正顺顺当当地迫使对方作出一个又一个的让步或承诺，每当对方要求他作出相应的承诺时，他都以委托人未到、他的权力有限为由，委婉地拒绝了。结果，他以一个代理人的身份，为他的委托人争取了对方的许多让步，而他却不用向对方作出相应的让步。

这种策略通常是实力较弱一方的谈判人员在不利的情况下使出的一个"盾牌"。"权力有限"作为一种策略，不完全是事实，而只是一种对抗对手的"盾牌"。在一般情况下，这一"盾牌"难以辨别真伪，对手只好凭自己一方的"底牌"来决定是否改变要求、作出让步。而运用这一策略的一方，即使要撤销"盾牌"也并不困难，说已请示领导同意即可。

当对方采用权力有限技巧迫使己方让步时，则不应轻易受其迷惑而让步，应弄清真相，了解对方有权力者是谁，然后可以要求跟对方有权决定的人直接洽谈；或者坚持对等的原则，表示己方也保留重新考虑任何问题或修改任何允诺的权力。这样，可以有效抑制对方滥用"权力有限"技巧对己方施加压力。

▶ 6. 反客为主策略

反客为主策略是指谈判中处于劣势的一方，运用让对方为谈判付出更大的代价的方法，从而变被动为主动，达到转劣势为优势的目的的策略。

反客为主策略的特点在于，运用了在谈判中谁付出的代价大，谁就不想谈判失败的原理，使占有谈判优势的一方，在人力、物力、时间等方面消耗更大，进而确立自己的主动地位。一般来说，谈判的动力在于谈判者的利益需求，但是谈判的各方对利益需求的层次和程度有时是不一样的，这就决定了谈判者在谈判中的地位不同。对谈判需求较大、依赖程度较深的一方就会处于劣势；反之，对谈判需求较小、依赖程度较浅的一方就会处于优势。处于劣势的一方就可运用反客为主策略扭转被动局面。

▊ 三、均势条件下的谈判策略

▶ 1. 投石问路策略

投石问路策略，即在谈判的过程中，谈判者有意提出一些假设条件，通过对方的反应和回答，来琢磨和探测对方的意向，抓住有利时机达成交易的策略。其目的是弄清对方的虚实，尽可能得到一些通常不易获得的资料，从而为谈判做出最佳的选择。了解谈判对手的情况有多种方式，除了事先想方设法得到对手的情报、摸清对方的底细之外，在谈判过程中采取投石问路的策略也是一种行之有效的方法。例如，"如果我们购买的数量增加一倍，你方的价格是多少？""如果我们自己供给材料（或工具或技术）呢？""如果我们在你处购买全套设备呢?"等。

运用该策略可以更进一步地了解对方的商业习惯和动机、对方的要求和意向,以及可能成交的最低价格。通过这种探问的方式,可试探对方的价格情况,从而使本方在讨价还价中做到心中有数。

此策略一般是在市场价格行情不稳定、己方无把握,或是对对方不太了解的情形下使用。实施时要注意:提问要多,且要做到虚虚实实,煞有其事;要让对方难以摸清你的真实意图;不要使双方陷入"捉迷藏",进而使问题复杂化。

例如,某外商想购买我国的香料,与我方进行谈判。在谈判过程中,外商出价为每千克 40 美元,但我方并不了解对方的真实价码。为了试探对方的真实程度,我方代表采用投石问路的方法,开口便要每千克 48 美元。对方一听我方的要价,急得连连摇头,说:"不,不,这要价太高了,你们怎么能指望我方出 45 美元以上的价钱来购买呢?"对方在不经意的情况下,将底露给了我方。我方代表抓住时机,立即追问一句:"这么说,你们是愿意以每千克 45 美元的价格成交啦?"外商只得勉强说:"可以考虑。"通过双方的进一步洽谈,结果以每千克 45 美元的价格成交。这个结果比我方原定的成交价要高出数美元。

又如,一个供销公司想从某服装厂购买一批服装,供给所属的销售网点,想要个合理价,但对该服装厂的生产成本、生产能力、最低价格等情况不清楚。如果直接问厂方,得到的答复肯定是较高的报价和一大堆关于生产成本、生产能力方面的虚假数据。怎么办?这位供销人员到了工厂,不说明自己要购买的数量和最高价格,而是要求厂方分别就 200 件、2 000 件、10 000 件服装进行估价。厂方不知道来者要购买的数量,只是如实按"多购从优"的原则,分别按买方要求的批量估价。供销人员拿到报价单后,通过仔细分析和推敲,较为准确地估算出该厂的生产成本、设备费用的分摊情况、生产能力以及价格策略等情况,从而掌握了谈判的主动权,以理想的价格购到 2 000 件服装。

▶ **2. 先造势后还价策略**

先造势后还价策略是指在对方开价后不急于还价,而是指出市场行情的变化态势(涨价或降价及其原因),或是强调本方的实力与优势(明示或暗示对方的弱势),构筑有利于本方的形势,然后再提出本方的要价的一种策略。

运用此策略可以给对方造成一定的心理压力,从而使其改变价格立场,并做出让步。但运用不当,有可能吓跑对方,或使对方产生抵触情绪,从而招致对方的顽强反击,使谈判步履艰难或不欢而散。

此策略一般是在对方急于与本方达成交易,且市场行情明显有利于本方,或本方优势突出的情形下使用。实施时,造势要有客观事实依据,表达的语气要肯定,还价的态度要坚决,同时根据需要,灵活掌握造势的尺度。

应对这种策略,首先,不为对方的气势所吓倒,尽力去寻找形势的有利方面和对方的弱点,且紧紧抓住机会反击对方,化解对方的优势;其次,坚持本方的报价,或作出小的让步后,再坚持强硬立场。

▶ **3. 欲擒故纵策略**

欲擒故纵策略是指在谈判中的一方虽然想做成某笔交易，却装出满不在乎的样子，将自己的急切心情掩盖起来，似乎只是为了满足对方的需求而来谈判，使对方急于谈判，主动让步，从而实现先"纵"后"擒"的目的的策略。欲擒故纵策略是基于谁对谈判急于求成，谁就会在谈判中先让步的原理发生作用的，主要通过煽动对方的谈判需要而淡漠己方的谈判需要，使对方急于谈判，主动让步。

具体做法是，使自己保持在不冷不热、不紧不慢的态度。比如在日程安排上，不是非常急迫，主要附和对方。在对方态度强硬时，不慌不忙，不给对方以回应，让对方摸不着头脑。本策略中"纵"是手段，"擒"是目的。"纵"不是消极的纵，而是积极、有序的纵；通过"纵"激起对方迫切成交的欲望而降低其谈判的筹码，达到"擒"的目的。

在运用这一策略时应该注意以下几点：

（1）要给对方以希望。谈判中表现得若即若离，每一"离"都应有适当的借口，不让对方轻易得到，也不能让对方轻易放弃。对方再一次得到机会时，就会倍加珍惜。

（2）要给对方以礼节。注意言谈举止，不要有羞辱对方的行为，避免从情感上伤害对方，转移矛盾的焦点。

（3）要给对方以诱饵。要使对方觉得确实能从谈判中得到实惠，这种实惠足以把对方重新拉回到谈判桌上，不至于让对手一"纵"即逝。有个挪威商人，为人精明又能入乡随俗。他到非洲某国做生意，一天得到邀请去当地某高级职员家做客。双方交谈得很融洽，但他自始至终闭口不提生意的事。主人赞叹道："你是头一个一进门不谈生意的西方商人。"结果，这个精明的挪威商人获得了一大笔生意。原来，在非洲，急脾气的人通常被认为是可疑的、不值得信任的人。

▶ **4. 大智若愚策略**

大智若愚策略是指谈判的一方故意装出糊里糊涂、惊慌失措、犹豫不决、反应迟钝的样子，以此来使对方意志松懈，达到后发制人的目的的策略。

有时候愚笨就是聪明，聪明反而就是愚笨。在回答对方的问题之前，要使自己获得充分的思考时间。为了争取充分的时间，可以让对方重复所提出的问题，或推托要请示领导自己不能决定，或让自己的助手做一些无关紧要、非实质性的答复，或顾左右而言他。有时非常果断、能干、敏捷、博学或者理智的人并不见得聪明，或者说占不到什么便宜，如果能了解得缓慢些，少用一点果断力，稍微不讲理些，可能反而会得到对方更多的让步和优惠的价格。

大多数人都希望别人认为自己很聪明，而大智若愚策略则需要让别人认为自己较为愚笨。在运用这一策略时应大胆地说"我不知道"或"请你再说一遍"。

需要注意的是，大智若愚策略技术性强，运用起来要求谈判者老谋深算，通过知而示之不知，能而示之不能，在静中观察对方的表演，在暗中运筹自己的方案，以达到最终大获全胜的目的。

【案例 4-7】

一家日本公司欲与一个美国公司进行交易。这家日本公司派了三名代表赴美订购货品。美方公司知道不能错失这样的赚钱良机，在日本代表到来之前就做了精心的准备。在洽谈时，美方先是用挂图、电脑资料和试听材料等多种方式介绍产品，然后，又用幻灯片播放产品简报，讲解和展示经过了几个小时，日方代表却始终呆若木鸡地坐着，沉默不语。美方代表以为对方是被自己的产品惊艳到了，十分得意地问道："你们觉得怎么样？"没想到，美方代表得到的却是日方代表一句彬彬有礼的"我们不懂"。美方代表感到无比失望，又不好意思表现出来，只能硬着头皮问："哪儿不懂？"想不到，得到的却是"全都不懂"的回答。美方代表的沮丧的神情立刻挂在了脸上，但他还是耐心地问："从什么时候开始不懂？"日方代表表示从放映幻灯片开始就不懂了。美方代表的得意早就烟消云散了，只能弱弱地问一句："那么，你们希望怎么办？"日方代表表示希望美方代表再耐心讲解一次。之后，日方代表也一直表示"弄不懂"。美方代表为了做成这笔生意，只能被日方代表牵着鼻子走，细心地再从头来一遍。经过多次反复，美方代表的锐气已经丧失殆尽。在接下来的谈判中，远道而来的日方代表一直处于优势，盛气凌人，最终取得了满意的结果。

分析：日方装出糊里糊涂、反应迟钝的样子，以此来消磨美方的锐气，掌握更多的信息，探测对方的需求，等到时机成熟，日方反转了谈判场上的气氛，占据主动，为己方争取到了更多利益。

▶ **5. 走马换将策略**

走马换将策略是指在谈判桌上的一方遇到关键性问题或与对方有无法解决的分歧时，借口自己不能决定或其他理由，转由他人再进行谈判的策略。这里的"他人"或者是上级、领导，或者是同伴、合伙人、委托人、亲属和朋友。

运用这种策略的目的在于：通过更换谈判主体，侦查对手的虚实，耗费对手的精力，削弱对手的议价能力，为自己留有回旋余地，进退有序，从而掌握谈判的主动权。对方需要不断向使用走马换将策略的一方陈述情况，阐明观点，面对更换的新的谈判对手，需要重新开始谈判。这样会付出加倍的精力、体力和投资，时间一长，难免出现漏洞和差错。这正是运用走马换将策略一方所期望的。走马换将策略的另外一个目的是能够弥补己方的失误。前面的主谈人可能会有一些遗漏和失误，或谈判效果不尽如人意，则可由更换的主谈人采取补救措施，并且顺势抓住对方的漏洞发起进攻，最终获得更好的谈判效果。如果前任做出了于己方不利的允诺，替补者可以否定前任已作出的让步和允诺并要求重新开始。如果对方成交心切，有求于己方时，己方即可通过替补者的出现和谈判的从头开始，给对方造成怕拖、怕变的压力，促使对方接受原来所不同意的让步，从而使己方达到谈判的目的。

▶ **6. 浑水摸鱼策略**

浑水摸鱼策略是指在谈判中故意搅乱正常的谈判秩序，将许多问题一股脑儿地摊到桌面上，使人难以应付，借以达到使对方慌乱失误的目的的策略。这也是在业务谈判中比较流行的一种策略。

研究结果表明，当一个人面临一大堆难题，精神紧张的时候，就会信心不足，甚至自暴自弃。比如，有人就愿意很快把事情搅和到一起。会谈开始没多久就提出质量标准、数量、价格、包装、运输工具、支付方式、送货日期和售后服务等一大堆问题，把事情弄得很复杂。有人会提出一大堆琐碎资料和繁杂的数字，使对方考虑没有思想准备的问题，促使对方屈服或犯错误。

防御这一策略的要诀是，在你尚未充分了解之前，不要和对手讨论和决断任何问题。具体说来，要坚持以下几点：

（1）坚持事情必须逐项讨论，不给对方施展计谋的机会。

（2）坚持自己的意见，用自己的意识和能力影响谈判的进程和变化，以防被别人牵着鼻子走。

（3）拒绝节外生枝的讨论，对不清楚的问题要敢于说不了解情况。

（4）当对方拿出一大堆资料和数据时，要有勇气迎接挑战，对这些资料和数据进行仔细研究与分析，既不要怕耽误时间，也不要担心谈判的失败，以免一着不慎，满盘皆输。

（5）对手可能也和你一样困惑不解，此时应攻其不备。

▶ **7. 红白脸策略**

红白脸策略又称软硬兼施策略，是指在商务谈判过程中，利用谈判者既想与你合作，但又不愿与有恶感的对方人员打交道的心理，以两个人分别扮演"红脸"和"白脸"的角色，诱导谈判对手妥协的一种策略。这里的"白脸"是强硬派，在谈判中态度坚决、寸步不让、咄咄逼人，几乎没有商量的余地。这里的"红脸"是温和派，在谈判中态度温和，拿"白脸"当武器来压对方，与"白脸"积极配合，尽力撮合双方合作，以致达成于己方有利的协议。

使用这种策略，在谈判初始阶段，先由唱"白脸"的人出场，他通常苛刻无比，强硬僵死，让对手产生极大的反感。当谈判进入僵持状态时，"红脸"人出场，表现出体谅对方的难处，以合情合理的态度满足对方的某些要求，并放弃自己一方的某些苛刻条件和要求，做出一定的让步，扮演一个"红脸"的角色。实际上，他做出这些让步之后，所剩下的那些条件和要求，恰恰是原来设计好的必须全力争取达到的目标。

需要注意的是，软硬兼施策略往往在对手缺乏经验，对手很需要与你达成协议的情境下使用。实施时，扮演"白脸"的人，既要表现得态度强硬，又要保持良好的形象、处处讲理；扮演"红脸"的人，应是主谈人，一方面要善于把握谈判的条件；另一方面也要把握好出场的火候。

如果对方使用该策略，注意不要落入圈套。有些情况下，不一定是"白脸"唱完了，"红脸"再上台，而是"白脸""红脸"一起唱。不管对方谈判人员如何表现，要坚持自己的谈判风格，按既定方针办，在重要问题上绝不轻易让步。

如果对方扮演的"好人""坏人"，不超出商业道德的标准，不以极其恶劣的手段来对待你，就不要采取过分直率的行动，可以婉转指出对方报价的水分，对所要求的不合理之处，提出你的公平建议。如果对方确实在使用阴谋诡计，可以考虑采取退出谈判、向上级提出抗议、要求撤换谈判代表、公开指出对方诡计等策略。

【案例4-8】

有一回，传奇人物——亿万富翁休斯想购买大批飞机。他计划购买34架，而其中的11架更是非到手不可。起先，休斯亲自出马与飞机制造厂商洽谈，却怎么谈都谈不拢，最后这位大富翁勃然大怒，拂袖而去。不过，休斯仍旧不死心，便找了一位代理人，帮他出面继续谈判。休斯告诉代理人，只要能买到他最中意的那11架，他便满意了。而这位代理人居然把34架飞机全部买到手。休斯十分佩服代理人的本事，便问他是怎么做到的。代理人回答："很简单，每次谈判一陷入僵局，我便问他们——你们到底是希望和我谈呢，还是希望再请休斯本人出面来谈？经我这么一问，对方只好乖乖地说'算了算了，一切就照你的意思办吧！'"

（资料来源：李品媛．现代商务谈判［M］．大连：东北财经大学出版社，2004）

分析：休斯和他的代理人相互配合，成功地运用红白脸策略，以优惠的条件把34架飞机全部买到手。两人的角色定位明确，分工合理，时机的把握也恰到好处。

▶ **8. 休会策略**

休会策略是谈判人员为控制、调节谈判进程，缓和谈判气氛，打破谈判僵局而经常采用的一种基本策略。有时候，当谈判进行到一定阶段或遇到某种障碍时，谈判双方或其中一方会提出休会，以使谈判人员恢复体力和调整对策，推动谈判的顺利进行。

当谈判出现僵局，双方情绪都比较激动、紧张，会谈一时难以继续进行时，双方可借休会时机冷静下来，仔细考虑争议的问题；也可以召集各自谈判小组成员，集思广益，商量具体的解决办法。当双方再按约定的时间、地点坐在一起时，会对原来的观点提出修正的看法。这时，僵局就较容易打破。

休会的策略一般在下述情况下采用：

（1）当谈判出现低潮时。人们的精力往往呈周期性变化，经过较长时间的谈判后，谈判人员就会精神涣散、工作效率低下，这时最好提议休会，以便休息一下，养精蓄锐，以备再战。

（2）在会谈出现新情况时。谈判中难免出现新的或意外的情况和问题，使谈判局势无法控制。这时可建议休息几分钟，以研究新情况，调整谈判对策。

（3）当谈判出现僵局时。在谈判双方进行激烈交锋时，往往会出现各持己见、互不相让的局面，使谈判陷入僵局。这时休会，能让双方冷静下来，客观地分析形势，及时地调整策略。等重新谈判时，会谈气氛就会焕然一新，谈判就可能顺利进行下去，进而打破僵局。

（4）当谈判出现一方不满时。有时，谈判进展缓慢、效率很低、拖拖拉拉，谈判一方对此不满。这时，可提出休会，经过短暂休整后，重新谈判，可改善谈判气氛。

（5）当谈判进行到某一阶段的尾声时。这时双方可借休会之机，分析研究这一阶段所取得的成果，展望下一阶段谈判的发展趋势，谋划下一阶段进程，提出新的对策。

休会一般是经由一方提出，另一方同意才能采用，这需要双方的配合。因此，为了避免对方的拒绝，提出休会一方要把握好时机，看准对方态度的变化。如对方也有休会的需要，则一拍即合，立即生效。一般来说，如东道主提出休会，客人出于礼貌很少拒绝。休会之前要简要总结一下前面谈判的进展情况，休会时，要避免谈过多的新问题或对方非常敏感的问题，以便创造缓解紧张气氛的时机。在休会期间，谈判人员应该归纳一下前一阶段讨论的问题，检查己方的谈判情况和成效，研究谈判对方的情况，明确双方的分歧，对下一步谈判提出新的设想，决定是否向上级或本部报告，如何做好开场陈述等。

当对方因谈判时间拖得过长、精力不够要求休会时，应设法留住对方或劝对方再多谈一会儿，或再讨论一个问题。因为到此时对手精力不够就容易出差错，意志薄弱者容易妥协，所以延长时间就是胜利。

当己方提出关键性问题，对方措手不及、不知如何应付、情绪紧张时，应拖着其继续谈下去，对其有关休会的暗示、提示佯作不知。

当己方处于强有力的地位，正在使用极端情绪化的手段去激怒对手，摧毁其抵抗力，对手已显得难以承受时，对对手的休会提议可佯作不知、故意不理，直至对方让步，同意己方要求。

总之，休会是一种内容简单、容易掌握、作用明显的策略技巧，能否发挥作用，关键就看具体怎样运用了。

▶ 9. 私下接触策略

私下接触策略是指通过与谈判对手的个人接触，采用各种方式增进了解、联络感情、建立友谊，从侧面促进谈判顺利进行的策略。私下接触也是一种非正式的会谈。私下交往的形式很多，比如电话联系、拜访、娱乐、宴请等，这些活动能很好地营造出轻松愉快的气氛，双方的交谈随意、活跃，对立的情绪也荡然无存，对对方的防备警惕性大大下降，许多人在对方的盛情款待下会变得十分慷慨。如果谈判人员能充分重视这些"业余时间"，有意识、有目的地与谈判对手私下接触，不仅可以加深双方友谊，融洽双方关系，而且还会得到谈判桌上难以得到的东西。

电话联系是私下交往的一种常用交际方式。打电话之前应做好准备，打好腹稿，选择好表达方式、语言声调，注意礼貌。无论在多么紧急的情况下，不可一打通电话就进行实质性交谈，而要先寒暄问候。

拜访一般是主方为联络感情，关心食宿，及时满足其生活需求，或表示尊重等，而到客方住所进行的拜望和访问。这种做法同我国传统的"住客看过客"是相同的，可分为礼节性拜访和事务性拜访。礼节性拜访不一定有预定的目的，交谈的范围可以很广，方式也可以多样；事务性拜访应事先商定时间，不可突如其来，或强求对方会见。赴约要严格遵守时间。拜访时间一般不宜过长，通常要依对方谈话的兴致、情绪、双方观点是否一致等，适时结束。

共同娱乐是谈判双方人员为工作而交好私人朋友的有效手段，如游览名胜、打球下棋、看戏娱乐、游泳等。

私下交往的形式很多。但各国、各地区商人往往有独特的偏好。例如，日本人喜欢在澡堂一起洗澡闲谈；芬兰人乐于在蒸汽浴室一起消磨时间；而英国人则倾向于一同去绅士俱乐部坐坐；我国的广东人喜欢晨起在茶楼聊天。对于不同的谈判对手要了解习俗，兼顾偏好，则更有利于联络感情。私下交往策略更适用于各方首席代表，它有许多好处。它不像正式谈判，可以无拘无束地交谈，气氛融洽灵活。特别是谈判桌上难以启齿求和时，在私下交往中就能轻松地把愿意妥协的意思表达出来。此外，对于细节问题的研究，可以更加深入等。

采用这一策略时，也有许多注意事项：第一，小心谨慎，谨防失言，不要单方面地告白，以免泄露了我方的秘密；第二，在气氛很好的时候，不能十分慷慨而丧失原则；第三，要提高警惕，因为，对方也会运用此策略，很可能在轻松的气氛里，在你没有防备的时候，轻易地使你相信虚假的消息。

▶ 10. 润滑策略

润滑策略指谈判人员为了表示友好和联络感情而互相馈赠礼品，以期取得更好的谈判效果的策略。

人们对这一策略的褒贬评价各不相同。反对者认为，赠送礼品有行贿之嫌，而接受礼品者有受贿之嫌。赞成者认为，赠送礼品是人之常情，也是表达双方感情的一种方式，有助于谈判成功。我们同意后者观点。特别是在涉外谈判中，就许多国家的习俗来讲，互赠礼品同互致问候一样，是双方友好交往的必要手段。因此，在涉外谈判中，应当学会掌握运用这一策略。

由于各民族的风俗习惯不同，在赠送礼品上有较大的差异。首先，要注意由文化造成的爱好上的差异。例如，日本人不喜欢有狐狸图案的礼品；英国人不喜欢以大象作商标的礼物，同时，受礼人不喜欢有送礼公司标记的礼品；与法国人交往不能送菊花，这是因为在法国只有在葬礼上才用菊花；在阿拉伯国家，酒不能作为礼物送给对方。

其次，要考虑礼品价值的大小。古语说"礼轻情义重"。一般来说，送礼价值不宜太高。送礼物主要是表明或增进双方的友好情谊，不是贿赂，礼物过重，除了贪心者外，对方也不便接受，有时反而会产生疑心。只要礼物符合其民族习惯，又是精心选择的即可。

最后，要注意送礼的场合。例如，给英国人送礼最好是在请人用过晚餐或看完戏之后进行，而对法国人则在下次重逢时为宜。

赠送礼品是一个十分敏感而又微妙的问题，一定要慎重从事，否则会适得其反。如对方赠送礼品，出于礼貌，应回赠礼品。如赠礼对象是一对夫妇，其夫人则是受礼的对象。

▶ 11. 情感转移策略

情感转移策略是指当正式谈判中出现僵局或碰到难以解决的谈判障碍时，谈判组织者就应该有意识地通过转换谈判的环境、气氛及形式，使谈判对手的情感发生转移的一种策略。在这种情况下，谈判双方通常能比较坦率地谈及真正的问题，这样就为克服障碍、推动以后的谈判铺平道路。

当然，高明的谈判家往往并非等到谈判出现僵局时才这样做，而是在谈判全过程中始终注意运用情感转移的方法，在使对手情感不断转移的动态过程中，逐渐缩小双方的差距，最后达成谈判协议。国外有谈判专家专门对此进行过十多年的研究，结果发现，在大型商业谈判中常出现这种局面，即越到谈判的最后阶段，正式谈判的会期往往变得越来越短，而分散的非正式的谈判则变得越来越长，场外的交易也跟着频繁起来。

另外，在使用情感转移策略时，要告诫手下谈判人员在非正式谈判场合值得警惕的问题。例如，不要做单方面的告白，防止泄露己方谈判机密；防止对方利用这种手法收买己方人员；对私下传播的信息要进行认真分析，防止受骗上当等。

总之，从谈判控制的角度，巧妙地进行谈判情景的选择和运用，以期取得谈判的主动权，进而获得最优结局，这是值得谈判者们从理论和实践上不断深入探讨的问题。因为它与谈判者的言语表达及交流有直接联系，共同对谈判现场发生作用，是谈判双方能否获得双赢的重要的情感基石。

【案例4-9】

承德避暑山庄的烟雨楼四面环水，风景别致。有一次乾隆皇帝带着新任宰相和珅和三朝元老刘统勋在烟雨楼观景散心。和珅与刘统勋新老不合，关系很不融洽，乾隆想借此机会使二人和解。游览中，乾隆提议赋诗，并随口出了一句"什么高，什么低，什么东什么西"，学识渊博的刘统勋信手拈来，接口应对道："君子高，臣子低，文在东来武在西。"答得非常流利。和珅看到刘统勋抢在他的面前，十分不快，马上接着说："天最高，地最低，河（和珅）在东来流（刘统勋）在西。"

三人继续前行至一座桥上，乾隆又要每人以水为题，拆一个字，说一句俗语，做成一首诗。刘统勋认为报复和珅的机会来了，于是边走边咏道："有水念溪，无水也念奚，单奚落鸟变为鸡（繁体字为"鷄"）。得势的狐狸欢如虎，落魄的凤凰不如鸡。"和绅听到了刘统勋的诗，暗自赞叹他的才华，毫不示弱地送上自己的诗："有水念湘，无水还念湘，雨落相上便为霜。各人自扫门前雪，哪管他人瓦上霜。"

乾隆听了新老二臣的唇枪舌剑发出的弦外之音，心中有不小的忧虑，毕竟两个人都是自己的得力助手，可谓左膀右臂，如果这样对峙下去，不但对国家不利，而且很容易出现相互倾轧的结果。于是他决定以一种特殊的方式劝导二人，希望二人能够和解。乾隆想到这里，上前拉住和珅和刘统勋的手，面对湖水和三人的水中倒影，满怀深情地说："二位爱卿听着，孤家今天看到你俩的文采，果然与众不同，不妨也对上一首：'有水念清，无水念青，爱卿共协力，心中便有情。不看僧面看佛面，不看孤情看水情。'"二人听了乾隆的话，心中为之一震，深深地为乾隆的循循善诱所感动。二人心想，对抗的局面已被皇上觉察，自古以来帝王最忌讳的就是党争，不仅于国于家不利，如果皇上震怒，二人的乌纱不保事小，传出去面子问题事大。今天皇上既然已经给自己暗示了旨意，哪有不从之理？于是和珅和刘统勋二人拜谢了皇上的赐教，握手言和。

（资料来源：郑艳群，李昌凰. 商务谈判［M］. 武汉：华中科技大学出版社，2013）

分析："君子生非异也，善假于物也"。两位大臣关系不融洽，借景抒情，你来我往，唇枪舌剑，乾隆听出了弦外之音，深感忧虑，他同样借景，以诗循循善诱，不露痕迹，却深入两位臣子的心里。

▶ 12. 迂回绕道策略

在战略上，那漫长的迂回道路，往往是达到目的的最短途径。所谓迂回绕道策略，就是通过其他途径接近对方，建立了感情后再进行谈判。每个人的生活都是丰富多彩的，除了工作以外还会有许多的业务活动，而这些业务活动就是他们最感兴趣的事情，如果在这些方面双方成为伙伴，那么感情就很容易沟通，也就更容易换来经济上的合作。

【案例4-10】

美国杜维诺公司向一家饭店推销面包。杜维诺派销售人员和部门经理亲自上门推销，并向这家饭店作出价格优惠、服务上门、保证供应、保证质量的承诺，还表示了愿意建立长期合作关系的愿望，但饭店经理就是不买他的面包。后来杜维诺采用了迂回战术。杜维诺了解到，该饭店的经理是一个名叫"美国旅馆招待者"组织中的一员，他十分热衷于这一活动，被选为该组织的主席，不论该组织的会议在什么地方召开，他都不辞辛苦地参加。了解到这些情况后，当杜维诺再见到他时，绝口不谈面包一事，而是谈论那个组织。饭店经理十分高兴，跟他谈了半个小时，显得十分兴奋，并建议杜维诺加入这一组织。几天之后，杜维诺便接到了这家饭店购买面包的订单。

分析：有的时候，如果针对对方的疑虑或拒绝直接说出来，可能会越说越僵。这时应微笑着将对方的拒绝暂时搁置起来，转换成其他话题，用以分散对方的注意力，瓦解对方内心所筑起的"心理长城"，等到时机成熟，再言归正传。这时，往往会出现"山重水复疑无路，柳暗花明又一村"的新局面。

迂回绕道策略的运用要注意：第一，要心中有数，不可信口开河，怎么迂回，都不能离开讨论的主旋律；第二，迂回要持之有据，言之成理；第三，说话要自信。

第五节 结束阶段的策略

成交阶段是谈判双方最终确立交易条件，缔结协议的过程，同时也是双方各自的利益得以最终确立的过程。

成交阶段商务谈判的主要目标有三个：一是力求尽快达成交易；二是尽量保证己方已取得的谈判成果不丧失；三是争取获得最后的利益收获。为了达到这三个目标，可以采用以下谈判策略。

一、场外交易策略

场外交易策略是指当谈判进入成交阶段，双方将最后遗留的个别问题的分歧意见放下，东道主一方安排一些旅游、酒宴、娱乐项目，以缓解谈判气氛，争取达成协议的做法。

在谈判后期，如果仍然把个别分歧问题摆到谈判桌上来商讨，往往难以达成协议。一是经过长时间的谈判，已经令人很烦闷，影响谈判人员的情绪，相应地还会影响谈判协商的结果；二是谈判桌上紧张、激烈、对立的气氛及情绪迫使谈判人员自然地去争取对方让步。而即使是正常的应该的，但在最后的一个环节上的让步，让步方会认为丢了面子，可能会被对方视为战败方；三是即使某一方主谈或领导人头脑很清楚、冷静，认为作出适当的让步以求尽快达成协议是符合本方利益的，但因同伴态度坚决、情绪激昂而难以当场作出让步的决定。此时，运用场外交易策略是最为恰当的。

需要指出的是，在运用场外交易策略时，一定要注意谈判对手的不同习惯。有的国家的商人忌讳在酒席上谈生意。为此必须事先弄清，以防弄巧成拙。

【案例 4-11】

北欧深海渔产公司的冻鱼产品质量优良，味道有自己的特色，深受各国消费者的喜爱，但从未进入我国市场。深海公司希望能在中国开展冻鱼销售业务，并在我国找到合作伙伴。经由我国某市经委介绍，该公司派代表来我国与北方某罐头制品厂进行冻鱼产品的经销谈判。该罐头制品厂在国内有广泛的销售网络，非常愿意与北欧深海渔产公司合作。因此，在开始阶段，会谈气氛十分融洽，但谈到利益问题时双方出现了较大的分歧，罐头制品厂的谈判代表表示，深海渔产公司所提出的报价过高，按此价格进入我国市场销售，很难被中国消费者所接受。深海渔产公司一方则表示，他们的报价已经比在国际市场上的报价降低了 5%，无法继续降低价格，谈判陷入僵局。谈判休会期间，罐头厂公关部组织深海渔产公司代表参观了谈判所在城市的几个大型超市，使深海渔产公司的代表对我国消费者的消费习惯和消费水平有了初步的了解。罐头厂代表特别向深海渔产公司代表指出，中国人口众多，人民消费水平稳步提高，市场潜力很大。超市中拥挤的人流是世界各国中少见的。这一点给深海渔产公司的代表很深的印象，他们看到了一个未来极有发展前景的新市场。深海渔产公司的代表在和总部的领导反复协商之后，为了在开始阶段打开中国市场，决定将冻鱼制品的报价降低 30%，并向我国的经销商提供部分广告和促销费用。

分析：场外轻松、友好、融洽的气氛和情绪很容易缓和谈判双方剑拔弩张的紧张局面。轻松自在地谈论自己感兴趣的话题，交流私人感情，有助于化解谈判桌上激烈交锋带来的种种不快。这时适时巧妙地将话题引回到谈判桌上遗留的问题上来，双方往往会很大度地相互作出让步而达成协议。

▌二、成交迹象判断策略

如何判断对方的成交迹象呢？主要有以下几个方面：

（1）对手由对一般问题的探讨延伸到对细节问题的探讨。例如，当你向他推销某种商品时，他忽然问："你们的交货期是多长时间？"这是一种有意表现出来的成交迹象，你要抓住时机明确地要求他购买。

（2）以建议的形式表示他的遗憾。当客户仔细打量、反复查看商品后，像是自言自语地说："要是再加上一个支架就好了。"这说明他对商品很中意，但发现有不理想之处，只是枝节问题或小毛病，无碍大局。你最好马上承诺做些改进，同时要求与他成交。

（3）对方对你介绍的商品的使用功能随声附和甚至接过话头讲得比你还要具体时，这也是可能成交的信号。你就要鼓励他试用一下，以证明他的"伟大设想"。比如，当你介绍某一家用切削器的功能时，对方说："我以前也曾用过类似的，但功能没这么多，你这东西能打豆浆吗？要是那样，每天都可以喝新鲜豆浆，还可以节省 15 分钟的购买时间，不是吗？"下一步，就是你怎么接过他的话头了。

（4）当谈判小组成员由开始的紧张转向松弛，相互间会意地点头、用眼睛示意时，也是你要求成交的好时机，可以将话题向这方面引，即使不能马上成交，也会加速成交进程。

（5）抓住一切显示成交的机会，特别是对方讲话时所发出的信号，也许他是无意识的，这样对你更有利。比如，一家油漆公司与他的经销商谈判经销价格问题，油漆公司认为经销商要价太高，派财务经理压价，但这位财务经理在与经销商沟通时问他："这项计划什么时候开始执行？"这立刻暴露出油漆公司已准备与经销商成交了，在这种情况下再指望经销商降价已经不可能了。

谈判策略的运用要同整个谈判的战略部署结合起来。策略的目标和策略的实施甚至要比策略本身还重要，运用策略是为了要达到谈判的目标，取得谈判成功。

三、促进成交的行为策略

采取以下行为，将有助于将谈判对手推向达成协议的一方。

（1）适时展现对结束谈判的积极态度。可以反复询问对方："既然我们对所有的问题都已达成共识，何不现在就签署协议呢？"

（2）设法采取不同的方式向对方渗透。达成协议是相当明智的选择，尽量将理由解释充分并"冠冕堂皇"。

（3）采取假定谈判已经顺利达成协议的方式。如果你是买方，将协议要点记下来，并询问对方支票开立的日期；如果你是卖方，询问买家货品该送往何处。

（4）与对方商量协议的具体内容。如遣词用字、送货方式，表示谈判双方在主要议题和价格上已取得共识。

（5）以行动表示达成协议。如业务人员开始动笔填写订单，买方则给卖方购货凭证，相互握手以示成交等，行动可以具体展现你对达成协议的诚意。

（6）提供一项特别的优惠，诱使对方提早结束谈判。如再提供一定比例的折扣、承诺分期付款、提供设备等。

四、不遗余"利"策略

▶ 1. 不忘最后的获利

通常，在双方将交易的内容、条件大致确定，即将签约的时候，精明的谈判人员往往还要利用最后的时刻，去争取最后的一点收获。在成交阶段最后收获的常规做法是：在签约之前，突然提出一个小小的请求，要求对方再让出一点点。由于谈判已进展到签约的阶段，谈判人员已付出很大的代价，也不愿为这一点点小利而伤了友谊，更不愿为这点小利而重新回到磋商阶段，因此往往会很快答应这个请求，以求尽快签约。

▶ 2. 争取最后的让步

针对磋商阶段遗留的最后一两个有分歧的问题，需要通过最后的让步才能求得一致。在许多情况下，到谈判的最后关头，往往对方管理部门中的重要高级主管会出面，参加或主持谈判。这时便可争取最后的让步。

▶ 3. 注意为双方庆贺

在商务谈判即将签约或已经签约的时候，可谓大告成功。此时，我方可能心中暗喜，以为自己在交易中比对方得的更多，但这时我方一定要注意为双方庆贺，强调谈判的结果是双方共同努力的结果，满足了双方的需要。同时，不要忘记赞扬对方谈判人员的才干。这样做会使对方心理得到平衡和安慰，并感到某种欣慰，为以后双方的履约和往来打下良好基础。

▶ 4. 慎重地对待协议谈判的成果

谈判的成果要靠严密的协议来确认和保证，协议是以法律形式对谈判成果的记录和确认，它们之间应该完全一致，不得有任何误差。在签订协议之前，应与对方就全部的谈判内容、交易条件进行最终的确定。协议签字时，再将协议的内容与谈判结果一一对照，在确认无误后方可签字。

以上介绍的是商务谈判中最常用的一些策略，但在具体谈判中，最终采用何种策略要由谈判人员根据当时当地的谈判背景与形势来决定，而且谈判人员的谈判能力和本方的谈判实力，以及实际谈判中的个人及小组的力量发挥情况如何等都将影响策略运用得是否成功。相信应变能力强、谈判实力也强的一方配以多变的策略，能够在所有的谈判中游刃有余。

┤ 本章小结 ├

商务谈判策略是对谈判人员在商务谈判过程中，为实现特定的谈判目标而采取的各种方式、措施、技巧、战术、手段及其反向与组合运用的总称。它依据谈判双方的实力，纵观谈判全局的各个方面、各个阶段的关系，规划整个谈判力量的准备和运用，指导谈判的全过程。

商务谈判策略的构成要素主要包括策略的内容、策略的目标、策略的方式、策略的要点。制定商务谈判策略的程序是制定策略所应遵循的逻辑步骤。主要的步骤包括：了解影响谈判的因素；寻找关键问题；确定具体目标；形成假设性方法；深度分析假设性方法；形成具体的谈判策略；拟订行动计划草案。

谈判策略的内容十分丰富，谈判策略的分类并没有固定的模式。商务谈判策略按照谈判双方采取的态度，可以划分为让步型谈判策略、立场型谈判策略和原则型谈判策略三种；依据谈判攻击的主动性程度可分为预防性策略、进攻性策略、综合性策略；按照谈判的阶段可以分成开局阶段策略、报价阶段策略、磋商阶段策略、成交阶段策略等。

在商务谈判开局阶段，可以选择协商式开局策略、坦诚式开局策略、慎重式开局策略、进攻式开局策略等。在报价阶段可以选择价格起点策略、除法报价策略、加法报价策略、差别报价策略、对比报价策略、数字陷阱策略等；在磋商阶段，根据谈判双方的实力可以选择优势条件下的谈判策略、劣势条件下的谈判策略、均势条件下的谈判策略；在成交阶段，可以选择场外交易策略、成交迹象判断策略、促进成交的行为策略、不遗余"利"策略等。

思考题

1. 开局阶段可以使用哪些策略？
2. 请阐述报价的原则以及报价策略。
3. 优势条件下的策略有哪些？
4. 请阐述欲擒故纵策略的构成要素。
5. 劣势条件下的策略有哪些？
6. 均势条件下的策略有哪些？
7. 请分别阐述声东击西策略和红白脸策略的实施要点。
8. 如何运用期限策略？
9. 在什么情况下可以运用场外交易策略？
10. 在成交阶段可采用哪些行为策略促进成交？

案例分析

中国某公司与日本某公司在上海著名的国际大厦，围绕进口农业加工机械设备，进行了一场别开生面的竞争与合作、竞争与让步的谈判。

谈判一开局，按照国际惯例，首先由卖方报价。首次报价为1 000万日元。这一报价离实际卖价偏高许多。日方之所以这样做，是因为他们以前的确卖过这个价格。如果中方不了解谈判当时的国际行情，就会以此作为谈判的基础，那么，日方就可能获得厚利；如果中方不能接受，日方也能自圆其说，有台阶可下，可谓"进可攻，退可守"。由于中方事前已摸清了国际行情的变化，深知日方是在放"试探气球"。于是中方直截了当地指出：这个报价不能作为谈判的基础。日方对中方如此果断地拒绝了这个报价而感到震惊。他们分析，中方可能对国际市场行情的变化有所了解，因而己方的高目标恐难实现。于是日方便转移话题，介绍起产品的特点及其优良的质量，以求采取迂回前进的方法来支持己方的报价。这种做法既回避了正面被点破的危险，又宣传了自己的产品，还说明了报价偏高的理由，可谓"一石三鸟"，潜移默化地推进了己方的谈判方案。但中方一眼就看穿了对方在唱"空城计"。

因为，谈判之前，中方不仅摸清了国际行情，而且研究了日方产品的性能、质量、特点以及其他同类产品的有关情况。于是中方运用"明知故问，暗含回击"的发问艺术，不动声色地说："不知贵国生产此种产品的公司有几家？贵公司的产品优于 A 国、C 国的依据是什么？"此问貌似请教，实则是点了对方两点：其一，中方非常了解所有此类产品的有关情况；其二，此类产品绝非你一家独有，中方是有选择权的。中方点到为止的问话，彻底摧毁了对方"筑高台"的企图。中方话未完，日方就领会了其中含义，顿时陷于答也不是、不答也不是的境地。但他们毕竟是生意场上的老手，其主谈人为避免难堪的局面借故离席，副主谈也装作找材料，埋头不语。过了一会儿，日方主谈神色自若地回到桌前，因为他已利用离席的这段时间，想好了应付这一局面的对策。果然，他一到谈判桌前，就问他的助手："这个报价是什么时候定的？"他的助手早有准备，对此问话自然心领神会，便不假思索地答道："以前定的。"于是日方主谈人笑着解释说："唔，时间太久了，不知这个价格有否变动，我们只好回去请示总经理了。"老练的日方主谈人运用"踢皮球"战略，找到了退路。中方主谈人自然深谙谈判场上的这一手段，便采取了化解僵局的"给台阶"方法，主动提出休会，给双方以让步的余地。中方深知此轮谈判不会再有什么结果了，如果追紧了，就可能导致谈判的失败。而这是中日双方都不愿看到的结局。

此轮谈判，从日方的角度看，不过是放了一个"试探气球"。因此，凭此取胜是侥幸的，而"告吹"则是必然的。因为对交易谈判来说，很少有在开局的第一次报价中就获成功的。日方在这轮谈判中试探了中方的虚实，摸清了中方的态度，同时也了解了中方主谈人的谈判能力和风格。从中方角度来说，在谈判的开局就成功地抵制了对方的"筑高台"手段，使对方的高目标要求受挫。同时，也向对方展示了己方的实力，掌握了谈判中的主动权。双方在这轮谈判中，互道了信息，加深了了解，增强了谈判成功的信心。从这一意义上看，首轮谈判对双方来说都是成功，而不是失败。

第二轮谈判开始后，双方首先漫谈了一阵，调节了情绪，融洽了感情，创造了有利于谈判的友好气氛。之后，日方再次报价："我们请示了总经理，又核实了一下成本，同意削价 100 万日元。"同时，他们夸张地表示，这个削价的幅度是不小的，要中方"还盘"。中方认为日方削价的幅度虽不小，但离中方的要价仍有较大距离，马上"还盘"还很困难。因为"还盘"就是向对方表明己方可以接受对方的报价。在弄不清对方的报价离实际卖价的"水分"有多大时就轻易"还盘"，往往造成被动，高了己方吃亏，低了可能刺激对方。"还盘"多少才是适当的，中方一时还拿不准。为了慎重起见，中方一面电话联系，再次核实该产品在国际市场的最新价格，一面对日方的二次报价进行分析。

根据分析，这个价格，虽日方表明是总经理批准的，但根据情况看，此次降价是谈判者自行决定的。由此可见，日方报价中所含水分仍然不小，弹性很大。基于此，中方确定"还盘"价格为 750 万日元。日方立即回绝，认为这个价格很难成交。中方坚持与日方探讨了几次，但没有结果。鉴于讨价还价的高潮已经过去，中方认为谈判的"时钟已经到了"，该是展示自己实力、运用谈判技巧的时候了。于是，中方主谈人使用了具有决定意义的一招，郑重地向对方指出："这次引进，我们从几家公司中选中了贵公司，这说明我们成交的诚意。此价虽比贵公司销往 C 国的价格低一点，但由于运往上海口岸比运往 C 国的费用低，所以利润并没有减少。另外，诸位也知道我有关部门的外汇政策规定，这笔生意允许我们使用的外汇只有这些。要增加，需再审批。如果这样，那就只好等下去，改日再谈。"

这是一种欲擒故纵的谈判方法，旨在向对方表示己方对该谈判已失去兴趣，以迫使其作出让步。但中方仍觉得这一招的分量还不够，又使用了类似"竞卖会"的高招，把对方推向了一个与"第三者竞争"的境地。中方主谈人接着说："A 国、C 国还等着我们的邀请呢。"说到这里，中方主谈人把一直捏在手里的王牌摊了出来，恰到好处地向对方泄露，把中国外汇使用批文和 A 国、C 国的电传递给了日方主谈人。日方见后大为惊讶，他们坚持继续讨价还价的决心被摧毁了，陷入必须"竞卖"的困境；要么压价握手成交，要么谈判就此告吹。日方一时举棋不定，握手成交吧，利润不大，有失所望；告吹回国吧，跋山涉水，兴师动众，花费了不少的人力、物力和财力，最后空手而归，不好向公司交代。这时，中方主谈人便运用心理学知识，根据"自我防卫机制"的文饰心理，称赞日方此次谈判的确精明强干，中方就只能选择 A 国或 C 国的产品了。

日方掂量再三，还是认为成交可以获利，告吹只能赔本，和中方达成共识。

（资料来源：郑艳群，李昌凰. 商务谈判［M］. 武汉：华中科技大学出版社，2013）

问题：在此次谈判中，中日双方各使用了哪些策略，起到了何种作用？

实训项目

一、实训名称

商务谈判策略的选择和运用

二、实训目标

通过训练，使学生具备团队协作、信息收集及分析的能力，能够根据谈判的内容、对象、进程选择和运用恰当的谈判策略，达成谈判目标。

三、实训背景

A方与B方就Y交易达成原则协议，只等各方内审完毕后即可签约。正在这时，有个第三方，通过走上层路线，说服了A方的上级，争取到再谈判的机会。第三方本是在以前的谈判中落选的公司，由于谈判失策且自认为有实力一搏，不顾谈判已结束的现实，欲再拼一次，并且拿出了非常有竞争力的方案。A方主谈尽管有一定的想法，但为照顾上级的面子，也为了服从上级，只好再谈。出于信誉，A方主谈将此事通报了B方并提出了可能挽救的措施，即B方可以重新投入谈判。谈判目标是A方和B方达成协议。

四、实训步骤及要求

1. 以4～6人为一组，组建谈判小组，以小组为单位，通过分工协作，对实训背景进行分析，并进行相关信息的收集整理，每个小组撰写一份谈判计划书，重点突出谈判策略和方法。

2. 当堂进行模拟谈判，之后由其他观摩同学点评，再由场上谈判双方自评和互评，最后由教师对双方进行评价，如发现与计划书出入较大，当场请其做出必要的解释。谈判结束后，以小组为单位对本次谈判进行讨论总结，并提交书面的谈判评估报告。

5 第五章
商务谈判的心理

学习目标

1. 了解商务谈判中的心理变化过程；
2. 理解需求和动机的区别与联系；
3. 理解期望理论；
4. 了解商务谈判中常见的心理效应和心理误区。

导入案例

陈瑞燕的登机经历

快到飞往巴黎的航班的登机口时，我们从一路飞奔变为一溜小跑。飞机尚未起飞，但登机通道已经关闭。登机口的工作人员正在平静地整理着票根。登机口到机舱口之间的登机桥已被收起。"等等，我们还没登机！"我喘着气喊道。"抱歉，"登机口工作人员说，"登机时间已过。""可我们的转乘航班10分钟前才刚到。他们答应我们会提前打电话通知登机口的。""抱歉，登机口一旦关闭，任何人都不能登机。"我和男友走到玻璃窗前，简直无法相信这个结果。我们长长的周末眼看就要化为泡影。飞机就停在我们眼前。太阳已经落下去了，两名飞机驾驶员微微下倾的脸庞正映照在飞机仪表板通明的光亮中。飞机引擎嗡嗡的轰鸣声越来越急促，一个家伙拿着一根亮亮的指挥棒不慌不忙地出现在机场跑道上。我想了一会儿，然后领着男友来到玻璃窗正中间的位置，这个位置正对着飞机驾驶员座舱。我们站在那儿，我全神贯注地注视着飞机驾驶员，希望引起他们的注意。一名飞机驾驶员抬起了头，他看到我们可怜兮兮地站在玻璃窗前。我直视着他的眼睛，眼里充满了悲伤和哀求。我把行李包扔在脚下。我们就这样站在那儿，那一刻好漫长，时间仿佛都凝滞了。最后，那名飞机驾驶员的嘴唇动了几下，另一名驾驶员也抬起了头。我又紧盯着他的眼睛，只见他点了点头。飞机引擎嗡嗡的轰鸣声渐渐缓和了下来，我们听到登机口工作人员的电话响了。一位工作人员转向我们，眼睛瞪得大大的。"拿上你们的行李！"她说，"飞机驾驶员让你们快点儿登机！"我们的假期又有希望了，我和男友高兴地紧紧拥抱在一起，我们抓起行李包，向那两名飞机驾驶员挥挥手，匆匆走上登机通道上了飞机。

（资料来源：［美］斯图尔特·戴蒙德. 沃顿商学院最受欢迎的谈判课［M］. 北京：中信出版社，2012）

分析：上面的这个故事显然就是一个谈判过程。这个过程虽然没有一言一语，但却以一种意志明确、条理清楚、高度有效的方式获得了成功。在这个过程中，陈瑞燕的心理一直在发生着变化，从最初的认知过程（认识到飞机引擎已经开启，但她和男友站在登机口，却无法登机）到随后的情感过程（恼怒、不相信这一事实、沮丧、绝望），到最后的意志斗争过程（她强迫自己冷静下来，不计较谁是谁非，无论是转乘航班误点，还是转乘航班应该为没有提前通知登机口而承担责任，这些都不重要）。她整理好思路，不在登机口工作人员身上浪费时间，因为他们无权改变公司政策，找出决策者——飞机驾驶员，承认对方的地位和权力，看重他们，并用表情、眼神等无声语言与之进行人际沟通，取得对方的理解和同情，使他们破例在登机口关闭，已经启动飞机引擎的时候关闭引擎，并授意登机口工作人员让陈瑞燕及其男友登机。

商务谈判的过程实际上就是谈判人员心理变化的过程，掌握了己方以及对方心理变化的规律，就能在谈判中占据主动，掌控谈判进程。这是因为商务谈判行为受商务谈判心理的影响。谈判各方尚未满足的需求引发相应的动机，动机又驱动特定行为的出现。因此，掌握了商务谈判心理的一般规律，就能明确行为背后的动机及需求，进而对谈判各方将要出现的行为有较为准确的预判，并采取有针对性的策略。

第一节 商务谈判过程中的心理变化

一方面，谈判者的思想修养、知识水平等自身素质对其心理变化起到决定性的作用；另一方面，商务谈判所处的环境，以及商务谈判的议题也对谈判者的心理变化产生影响。因此在谈判过程中，主观因素与客观因素的变化都会引起谈判者的心理变化。谈判的心理变化是指谈判者在谈判中产生心理活动的过程。它包括认识过程、情感过程和意志过程。它们在谈判中都经历着发生、发展和完结的过程，统称为谈判过程中的心理变化。

一、认知过程

在谈判过程中，双方都是通过各自的感觉、知觉、记忆、思维和想象来实现对所谈及事物的由浅入深、由现象到本质的认识，这些心理活动在心理学上统称为认知过程。例如，谈判桌上的察言观色、八面玲珑，靠的是视觉和听觉；而刻骨铭心则指的是记忆；浮想联翩是想象；举一反三是推理判断。这些谈判过程中的心理活动都有各自的特征和规律性。如果谈判者注意把握运用这些规律，采取适当的方法和手段，必将能更有效地影响对方的谈判行为，收到事半功倍之效。

二、情感过程

情感过程是无法用语言来表达出来的，但它的作用却无法被忽视。我们都知道，在谈判中即使谈判双方来自不同的国家、不同的民族，或者他们彼此间的语言不通，生活习惯也不尽相同，但至少有一点是相同的，他们对谈判议题有自己鲜明的态度，并产生主观上的情绪和情感。情感过程是谈判活动的一个重要方面。尤其是在中国，感情可能比说服更为重要，这也正是目前许多谈判高手十分重视感情投资的主要原因。

心理学对情绪的研究证明：情绪对人的行为具有极大的影响作用。积极乐观的情绪可以提高人的思考能力，使问题更容易得到解决，相反，消极郁闷的情绪往往会使人的思考能力下降，活动能力降低，使谈判不能顺利进行。所以，作为谈判当事人不仅需要自己在谈判中保持良好的心情，愉快的情绪，同时更要紧紧抓住对方的感情脉搏，并施加影响，以便左右对方的谈判行为顺着有利于自己的方向发展。

谈判的心理战术有时被用于情绪和情感的心理过程上。例如，在某些情况下，谈判者试图搅乱对方的情绪，甚至激起对方的愤怒之情，迫使其进入不理智的境地。在这种情况下，对方分析问题、解决问题的能力就会下降，从而导致对某些问题做出让步。但要注意不能过分，否则对方会因此而终止谈判或使谈判陷入僵局。其实这只是情绪"心理战"的一个方面，在大多数情况下，谈判双方都是围绕各自的需求，增进双方感情交流，并在相互友好的氛围中达成双方都获利的协议。

三、意志斗争过程

谈判者为了实现一定的谈判目的而主动地调整自己的行动，去克服困难的心理过程即谈判的意志斗争过程。它是谈判者主观意识的能动表现。实际上，在正式谈判之前，谈判的最终结果就以某些意识到的观念存在于谈判者的头脑之中，并以此为前提确定目标、拟订计划、付诸实施，使预定的谈判目标在经历许许多多的困难后仍能得到实现。这当中体现在头脑中的确定和实现谈判目标的过程，就是谈判的意志斗争过程。

意志在谈判中具有特殊的意义。谈判者有了坚强的意志就能战胜谈判中的重重困难，跨过一个又一个障碍，取得谈判的最后胜利。例如，谈判局势对某方来说已近渺茫的地步，但谈判者却能沉着冷静、坚持不懈地执行既定方针，最终又使谈判迎得了新的转机。由此可见，对于谈判者来说，具有坚强的意志品质是非常重要的。但另一方面，由于谈判活动的特殊性，在某些情况下，如果双方完全进入单纯意志力的较量时，必然会使双方僵持不下，谈判无法进行。所以，从这一角度来说，对于谈判者的要求是：意志不可无，意志较量要巧妙，意志较劲不可取。

了解谈判者在谈判中心理变化的过程是十分必要的。因为谈判过程中的心理变化具有很强的变数，使其呈现出明显的阶段性特点。一般是以时间为阶段，也有的以内容划分为阶段，还有的以人员以及地点的变化为阶段。这就要求谈判者注意谈判对方心理的变化，判断其心理处在哪个阶段，以便及时调整谈判对策，引导谈判进程或保持谈判立场。

第二节 商务谈判的需求和动机

心理学上对需求与动机做出过这样的定义：需求引发动机，动机驱动行为。当然，谈判中的需求与动机也是如此。所以，谈判人员必须抓住需求—动机—行为的这一联系去对谈判活动进行分析，只有这样才能准确地把握谈判活动的脉搏。

一、谈判需求的定义

谈判的奥妙在于掌握对方的需求。可以说"需求"是谈判的核心，谈判起因于需求，需求和对需求的满足是谈判的共同基础。大家细想一下，要是不存在需求，我们何需与他人谈判？进一步想，要是我们无法满足他人的需求，他人又怎么会与我们谈判？所以，谈判起因于需求，需求和对需求的满足，即我有自身需求，又有满足他人需求的能力，他人有自己的需求，又有满足我的需求的能力，能彼此满足，这就成为谈判的共同基础。

需求是人缺乏某种东西时产生的一种主观状态，是人对一定客观事物需求的反映，也即是人的自然和社会的客观需求在人脑中的反映。所谓客观需求，可以是人体的生理需求，如一个人长时间在酷热的阳光下活动，出汗过多，体内水分流失，口干舌燥，这会通过神经传达到大脑，使人产生喝水的需求。客观需求也可以是外部的社会需求。一个从事某个方面专业活动的人，如果缺乏必备的专业知识，其活动就难以顺利开展。只有补充了必备的专业知识，他才能顺利地开展活动，这就是一种社会需求。这种社会需求一旦被这个人所接受，就会转化为对专业知识学习的需求。

需求有一定的事物对象，它或者表现为追求某种东西的意念，或者表现为避开某事物，停止某活动而获得新的情境的意念。需求有周而复始的周期性，会随着社会历史的进步，一般由低级到高级，由简单到复杂，由物质到精神，由单一到多样而不断地发展。有了以上的认识，我们就可以认为谈判需求就是谈判人员的谈判客观需求在其头脑中的反映。

二、商务谈判人员的需求类型

对于商务谈判人员来说，谈判需求是多种多样的。并且各种需求不是孤立存在的，而是互相联系的一个统一的系统。根据美国心理学家亚伯拉罕·马斯洛的需求层次理论，商务谈判人员的需求可分成五类。

▶ 1. 物质生活需求

物质生活需求是人类的一切需求中最具体的需求。人类最重要的需求就是能够生存下去，维持生命，并且这一需求指的是物质需求，即必须有食物、水、氧气、排泄、休息、住房等。在这种维持身体健康的需求未得到满足之前，人不会对其他形式的需求发生更多、更大的兴趣。他的思想和精力全部投入生存必需品的寻找中，而无暇顾及其他。所以，它也是一种无法回避的最低层次的需求。

商务谈判人员的物质生活需求也遵循上述规律。因此，作为主场谈判方，即东道主，要安排好客场谈判人员的衣、食、住、行，让其有充沛的精力和饱满的热情参与到谈判之中。反之，商务谈判人员在物质生活需求没有得到满足的情况下，就不能集中精力进行谈判，某些谈判策略的运用就是基于这一原理。

有时候，在和谈判对手你来我往之间，常会感到自己置身于不利处境中，一时又说不出为什么。明知是对手故意设计的，用来干扰和削弱我方的谈判力。比如，座位阳光刺眼，看不清对手的表情；会议室纷乱嘈杂，常有干扰和噪声；疲劳战术，连续谈判；并在我方疲劳和困倦的时候做一些细小但比较关键的改动让人难以觉察。更甚的是利用外部环境形成压力，例如，我国知识产权代表团首次赴美谈判时，纽约好几家中资公司都"碰巧"关门，忙于应付所谓的反倾销活动，美方企图以此对我代表团造成一定的心理压力。

不善待对手的做法尽管不符合谈判的伦理，做得微妙时，对方有时是很难觉察到的。但任何事情都应该掌握一个度，如果我们利用自己的主场故意让对方不舒服，且对方有所觉察的话，那么当我们到对方的主场谈判时，我们可能会面临对方变本加厉的报复。所以这样的做法不值得提倡。

▶ 2. 安全需求

当人的物质需求得到基本满足之后，就会进而追求和满足安全需求，即努力达到舒适、稳定和安全。这里所说的安全需求不仅包括保证不遭到身体和情绪上的损害，也包括身体的实际安全，如劳动安全、职业安全、生活稳定，希望免于自然灾害、战争动乱；摆脱瘟疫和病痛；防止外人的盗窃、掠夺、伤害，以维护自身正常地存续下去。例如，原始人常为了填饱肚皮，不得不冒着生命危险去与野兽搏斗。人类只有随着生产力的发展，温饱基本得到满足后，才会考虑到定居下来的安全防备问题。

商务谈判人员的安全需求主要体现在：希望对方提供的资料是及时可信的；希望双方对关键信息保密；希望交易安全、自身的利益能够得以实现。

▶ 3. 社交需求

社交需求是人类生存和发展的需求。一个人在物质和安全需求获得了相对的满足后，就会产生一种社交需求，又称为爱与归属的需求。他希望从属于他人，希望被一个与他关系亲密的团体所接受。在现实生活中，每个人都希望得到友谊、爱情、配偶与孩子，同时，还希望被那些和他一起工作的关系密切的朋友、同事等团体所接纳。他既要从别人那里获得爱的享受，又要给予别人以爱的温暖。如果一个人被别人抛弃或被拒绝于团体之外，他便会产生一种孤独感，精神不免受到压抑。

商务谈判人员在谈判中希望被重视、被关心，情感交流更能打开彼此的心扉、取得彼此的信任。因此，在谈判过程中，不管对具体的谈判内容存在多大的分歧，都要给予谈判者应有的倾听，了解他们心中所想。否则，就会引发谈判者的不良情绪，不利于谈判目标的实现。

【案例 5-1】

阿莉扎·扎伊迪要乘坐全美航空公司从旧金山飞往费城的夜间航班，航程长达 5 个小时，她的座位在中间。而且飞机上剩下的全是中间的座位，乘客们正在跟登机口的票务员发牢骚。当到达机场服务台的时候，阿莉扎注意到一位票务员一边应付乘客们的抱怨一边咳嗽，票务员看上去似乎身体不舒服。阿莉扎带有两瓶水，她把其中一瓶递给那位票务员，又给了她几片止咳药并送上几句关切的问候。那位票务员充满感激地接受了她的好意。阿莉扎此举并非在收买人心，她本来就是一个乐于助人的人。现在，阿莉扎在匹兹堡担任顾问，她说："无论如何，我当时都会那样做的。"阿莉扎很客气地问那位票务员，如果靠过道的座位开放的话，能否为她安排一个。没有给对方施加任何压力，也没有任何牢骚和抱怨。阿莉扎将自己的票交给票务员，然后坐下来。过了几分钟，票务员叫到她的名字。"她给我安排了一个紧急出口处靠过道的座位，那儿的空间更大一些，"阿莉扎说，"她还给我提供了免费的一餐，她不想让我饿着肚子睡觉。我再次向她表示感谢，她又给了我一副耳机，方便我看电影。与人为善，必得福报啊。"

（资料来源：［美］斯图尔特·戴蒙德. 沃顿商学院最受欢迎的谈判课［M］. 北京：中信出版社，2012）

分析：票务员从阿莉扎那里获得了水和药片，获得了关爱，她回馈给阿莉扎同样的温暖，那就是一个空间更大的、紧急出口处靠过道的座位，免费的一餐，一副耳机。在大多数人只会抱怨、发牢骚的时候，阿莉扎换位思考，考虑到票务员的困境，并得到了善意的回报。

▶ **4. 自我尊重的需求**

所有人都有自尊心。一个有自尊心的人很希望受到别人的尊重，即希望得到别人的认可、赏识和尊重。这就产生了两个方面的追求：一方面是渴望有实力、有成就、能胜任工作，渴望独立与自由；另一方面是对名誉、威望的向往和对地位、权力和受人尊重的追求。满足获得尊重的需求，会使一个人感到自己活在世界上是个有用的人；反之，便会使人产生自卑感，认为自己无能。因此，在社会交往中，你尊重别人就会自我尊重，而自我尊重又会赢得别人对你的尊重。

商务谈判人员自我尊重的需求体现在希望在谈判中不丢面子，希望对方认真倾听自己的发言，重视自己提出的建议，采纳自己提出的方案。

▶ **5. 自我实现的需求**

人们一旦满足物质生活需求、安全需求、社交需求、自我尊重的需求之后，就会产生一种新的需求，即自我发掘需求。这种需求的目的就是自我实现。自我实现是指人们希望完成与自己的能力相称的工作，使自己的潜在能力得到充分的发挥，成为自己所期望的人物。电脑工程师希望从事自己的专业，歌唱家希望能唱歌，作家必须写作，教师必须教书。这样才能使他们感到最大的快乐。我们把这种需求叫自我实现。然而，不同的人的自我实现水平是不相同的，满足自我实现需求的途径也是不同的。

商务谈判人员希望自己的技能和才华在谈判过程中得到施展，并能帮助谈判小组实现预期的目标，他就会有成就感，就会感到最大的快乐。

一般而言，物质生活的需求、安全需求、社交需求、自我尊重的需求、自我实现的需求、认识和理解的需求，还有美的需求，是一级一级上升的，当低一级层次需求获得相对满足以后，人们就追求高一级层次的需求，并依次作为奋斗的动力。当然，在特殊的情况下，这一需求的顺序会发生改变。

在商务谈判期间，对商务谈判人员而言，往往数种需求并存。这就需要分清其中的主导需求，根据需求的急迫程度，采取相应的对策。

三、谈判动机的概念

动机是促使人去满足需求的驱动力，换言之，动机是推动一个人进行活动的内部原动力。在日常生活中，动机是引起和维持一个人的活动，并将活动导向某一目标，以满足个体某种需求的念头、愿望、理想等。而谈判动机则是指，促使谈判人员去满足需求的谈判行为的驱动力。一般来说，动机的产生是由内在因素和外在因素这两大因素决定的。内在因素所指的是需求，即因个体对某些东西的缺乏而引起的内部紧张状态和不舒服感，需求产生欲望和驱动力，引起活动。外在因素包括个体之外的各种刺激，即物质环境因素的刺激和社会环境因素的刺激，如商品的外观造型、优雅的环境、对话者的言语及神态表情等对人的刺激。

动机与需求既相互联系，又有区别。需求是人的行为的基础和根源，动机是推动人们活动的直接原因。当人的需求具有某种特定目标时，需求才能转化为动机。一般来说，当人产生某种需求而又未得到满足时，会产生一种紧张不安的心理状态，在遇到能够满足需求的目标时，紧张的心理状态就会转化为动机，推动人们去从事某种活动，向目标前进。当人达到目标时，紧张的心理状态就会消除，需求得到满足。

四、商务谈判的动机类型

▶ 1. 经济型动机

此类动机是指谈判者对成交价格等经济因素很敏感，十分看重经济利益，谈判行为主要受经济利益所驱使。

▶ 2. 冲动型动机

此类动机是指谈判者在谈判决策上表现出冲动，谈判决策行为受情感等刺激所诱发。

▶ 3. 疑虑型动机

此类动机是指谈判者的谈判行为受疑心和忧虑的影响，由此引发谨小慎微的谈判行为。

【案例 5-2】

一家大型科技公司的一名销售经理的一位客户不想将其下一年的预算（一份私人文件）拿给这位销售经理看。这位客户情绪化的背后隐藏着他不愿为人所知的想法：他害怕其中有价值的重要信息遭到盗用。销售经理让这位客户描述一下公司的目标。目标之一是让经理和其所在团队为客户提供更具体详细的咨询服务，提高客户的投资回报率。销售经理说，他的宗旨是帮助客户，而且他还提起了他和这名客户之间的长期友好合作关系。接着，这名经理问客户，如果他不对预算进行检查，客户要怎样才能实现自己的目标。这位客户最后将预算拿给经理看。

（资料来源：［美］斯图尔特·戴蒙德. 沃顿商学院最受欢迎的谈判课［M］. 北京：中信出版社，2012）

分析： 这位客户尚未满足的安全需求引发了其疑虑型动机，受这一动机的驱使，他害怕自己下一年度预算中有价值的重要信息遭到盗用，因此不愿意将其拿给销售经理看。销售经理首先让这一客户明确了公司的宗旨，并提及双方之间的友好关系，令客户更专注于自己的目标。

▶ 4. 冒险型动机

此类动机是指谈判者喜欢冒风险去追求较为完美的谈判成果而形成的谈判动机。

可以说，谈判中的动机与需要既相互联系，又有所区别。需要是人的行为的基础和根源，动机是推动人们活动的直接原因。当人的需要具有某种特定目标时，需要才能转化为动机。一名谈判者应该学会洞察对手的需求和动机，随时调整自己的谈判策略，以实现对谈判的掌控。

第 三 节 商务谈判的期望和目标

推动谈判者参与到谈判中的基础和根源是人的需求。但心理学对需求与动机问题的研究表明，真正推动人从事谈判活动的动力是动机，而不是需求，只有当需求具有某种特定的谈判期望和目标时，需求才能转化为谈判动机，从而驱使人为实现自己的期望和目标而努力。可见，除了需求之外，期望和目标亦是驱使人进行谈判必不可少的又一因素。那么，人的需求与期望和目标之间到底有什么关系呢？

一、期望理论

通常，谈判双方的代表为了某种需求，总是想方设法努力去实现自己的谈判目标。当这一谈判目标还没有实现时，这种需求就变成一种期望，于是期望就会构成一种巨大的力量，驱使人向着目标前进。这种驱使人前进的力量就是谈判期望理论所讲的激励力量。期望理论认为：人总是渴求满足一定的需求和达到一定的目标，这个目标反过来对于激发一个人的动机具有一定的影响，而这个激发力量的大小，取决于目标价值（效价）和期望概率（期望值）的乘积。期望理论可以用如下公式表示：

$$激发力量＝目标价值×期望概率$$

其中，激发力量是指调动一个人的积极性，激发人内部潜力的强度。目标价值又称为效价，它是一个心理学上的概念，是指一个人所从事的工作或所要达到的目标的效用价值，或者说达到目标对于满足个人需求的重要性。这里所提到的期望值也叫期望概率，它是一个人凭着过去的经验来判断行为所能导致的结果，或所能获得某种需求的概率。由此可见，过去的经验对一个人的行为有较大的影响。让我们在后面看这个公式，假如一个人把目标的价值看得越大，估计能实现的概率越高，那么，激发的动机就越强烈，焕发的内部力量就越大；相反，如果期望概率较低，或目标价值过小，就会降低对人的激发力量。

用期望理论来分析谈判活动，对谈判者具有一定的启发意义。几乎任何一个谈判都离不开双方的讨价还价，这实际是一个对双方的各自目标不断调整的过程。为了更好地阐述这个观点，我们可以举一个小例子。A、B双方进行某一买卖交易，卖方要提出自己的报价（目标），那么买方代表这时至少要考虑到两个问题：一是这一价格合理吗？能给我方带来多少好处？这实际是一个值不值得买的问题。二是以我方现有的财政等情况能买下吗？即可不可能实现这一目标的问题，或者说是对协议能否达成的可能性的一种估计。实际前者涉及的就是目标价值问题，后者则是期望概率的问题。如果买方认为，这一价格很合理，值得买，也就是目标价值高；并且自己目前完全有能力买下，对谈判协议的达成充满信心，也就是期望概率大。那么，谈判对买方就有很高的吸引力和积极性，买方就能焕发出极大的内部潜能，全力以赴促使协议的达成。否则，目标价值和期望概率有一者降低时，都不可能使买方产生达成协议的强烈愿望和积极性。也就是不能产生谈判的激励力量。可见，期望和目标以及两者的关系是谈判激励力量的源泉，是谈判获得成功的保证。所以，一个成功的谈判者必须要了解和掌握这些问题。

二、明确谈判各方期望和目标的途径

合作是谈判中互相让步达成一致的结果，在工作和生活中，到处存在着合作的可能，当然也就离不开谈判了。其实只要能够准确地判断出对手的期望和目标，谈判并不困难，能够做到以下几点便可以算得上一名合格的谈判者。

▶ 1. 心态

在谈判中树立良好的心态很重要。有时谈判双方未必都处在完全公平、合作意愿同样强烈的前提，但正因如此，谈判者更需要有好的心态，尤其自己处于供大于求的卖方市场时。只有树立良好的心态，才能够准确地把握住对手的期望和目标。

▶ 2. 将自己假设成对方

在思考谈判的对策时，你可以把自己假设成对方，试着想一下对方会关心什么问题，他会忌讳什么、担心什么、希望得到什么。这样你才能找到对手的期望和目标，并以此与对方谈判，你们的合作就能很好地达到双方预期的目标。

▶ 3. 与对方交换信息

"知己知彼，百战不殆"。虽然在谈判中谈判策略、底线、选择等信息都不能泄露给对方，但也不是什么样的信息都不能传达给对方。相反，谈判者应该通过交换的手段与对手互换信息，这样才能真实地判断出对手的期望和目标。但要注意，与对方交换信息要懂得点到即止，同时，多用问话式语言巧妙挖掘对方的这些信息。

▶ 4. 不要太精明

如果你能够在谈判中做到让对方欣赏你的诚信、你的品格、你的可靠等，对方很可能就会向你透露出自己的期望和目标。所以在谈判中不要表现得太精明，精明的人通常被别人加倍地防范和抵触。

▶ 5. 了解对方的一切信息

在谈判中，对方的一切信息都有可能会告诉你他的期望和目标，例如，对方的行业、前景、现状、过去，可以的话，还要了解对方的竞争对手和自己的竞争对手。这样，对方的期望和目标就会暴露在你的眼前。当你已经准确地了解到对方的期望和目标后，你就可以在对方所走的每一步前做好应对的准备。这时你就会发现，整个谈判的进程已经完全掌握在你的手中。

第四节　商务谈判中的心理效应和心理误区

在谈判中，谈判者不可避免地会进入一些心理效应和心理误区，有时这些会使谈判者产生错误的意识，失去准确的判断力，导致谈判的失败。那么谈判者应该怎样避免进入错误的心理效应和误区呢？下面为大家详细讲解谈判中的心理效应和误区。

一、商务谈判中的心理效应

从心理学的观点上看，心理效应就是社会生活当中较常见的心理现象和规律。这种心理现象和规律表现在某种人或事物的行为或作用引发其他人或事物产生相应变化的因果反应或连锁反应。这种效应一般具有积极与消极两方面的意义。那么什么是谈判中的心理效应呢？为了更好地解释这个问题，下面首先列举一些谈判中经常出现的心理效应。

▶ 1. 晕轮效应

晕轮是指太阳周围有时出现一种光圈，远远看上去，太阳好像扩大了许多。晕轮效应是指人对某事或某人好与不好的知觉印象会扩大到其他方面。最典型的是，如果一个人崇拜某个人，可能会把其看得十分伟大，其缺点也会被认为很有特点，而这些缺点出现在其他人身上，则不能忍受。这种晕轮效应，就像太阳的光环一样，把太阳的表面扩大化了，这是人们知觉认识上的扩大。如果一个人的见识、经验比较少，这种表现就更加突出。

晕轮效应在谈判中的作用既有积极的一面，又有消极的一面。如果谈判的一方给另一方的感觉或印象较好，那么，他提出的要求、建议都会引起对方积极的响应，他要求的东西也容易得到满足。如果能引起对方的尊敬或更大程度的崇拜，那么，他就会发挥威慑力量的作用，完全掌握谈判的主动权。但如果给对方的第一印象不好，这种晕轮效应就会向相反的方向扩大，甚至他会对你提出的对双方都有利的建议也不信任。总之，他对你提出的一切都表示怀疑、不信任或反感，寻找借口拒绝。

▶ 2. 刻板效应

刻板效应是指人们习惯于在没有看到结论之前就主观地作判断。在谈判中可以经常见到，有的谈判者不等某人说完话就打断他，想当然地认为对方就是这个结论。刻板效应直接影响人们的知觉认识和客观判断。这是由于人们日常活动的经验、定向思维和习惯作用的影响。例如，人们看到照片上长条会议桌的两边坐着两行人，中间插着两国国旗，会判断为两国之间的政治性谈判或大型企业的国际间的谈判。刻板效应的结果可能是正确的，也可能是错误的。最主要的是它影响、妨碍人们对问题的进一步认识，是凭主观印象而下的结论，这在谈判中常表现为猜测对方的心理活动。

▶ 3. 首因效应

在知觉认识中，一个最常见的现象，就是第一印象决定人们对某人、对某事的看法。这在心理学上被称为首因效应。当人们与某人初次见面时，有时会留下比较深刻的印象，甚至终生难忘。许多情况下，人们对某人的看法、见解、喜欢与不喜欢，往往来自于第一印象。如果见第一面感觉良好，很可能就会形成对对方的肯定态度，否则，很可能就此形成否定态度。

正是由于首因效应的决定作用，比较优秀的谈判者都十分注意双方的初次接触，力求给对方留下深刻印象，赢得对方的信任与好感，增加谈判的筹码。人们首要印象的形成主要取决于人的外表、着装、举止和言谈。通常情况下，仪表端正，着装得体，举止大方稳重，较容易获得人们的好感。

▶ 4. 近因效应

近因效应是指在知觉过程中，最后给人留下的印象最为深刻，对以后的印象有着强烈的影响。对于熟悉的人，近因效应起较大作用；对于陌生人，首因效应起较大作用。

近因效应在商务谈判中的作用主要体现在当谈判双方出现纷争或不愉快的谈判经历时，给双方造成的心理感受上。如果谈判双方已经有过多次合作和交往的经历，对彼此的感知已经固化，如果最后一次接触形成了不佳的心理感受，这种感受可能不会影响彼此在对方心中的感知，即近因效应较弱；反之，如果双方对彼此的了解和认知还不够深入，在最后一次接触中形成了不良的心理感受，这种感受很有可能会影响双方在彼此心中的印象，甚至会影响双方继续合作的可能，即此时的近因效应较为明显。

二、商务谈判中的心理误区

结合心理学观点来看，谈判中的心理误区，指的就是导致谈判者阻挠有效谈判的各种心理误区。它是由于谈判者很难确定适当的利益关系，透过扭曲的心理视角来看待谈判过程所引发的。首先来看导致谈判者产生错误心理的因素。

▶ 1．"蛋糕的大小是固定的"的思维定式

也许你熟知"非赢即输"式谈判的概念。在这类谈判中，一方的所得就是另一方的所失。这类谈判往往将谈判中的利益看成是一块大小不变的蛋糕，如果我得到的部分越大，对方得到的部分就越小。虽然这种观点完全违背了双赢谈判的原则，但人们总是顽固地抓住对内在矛盾的认识不肯放弃，即使他们的真正利益完全可以兼顾。

▶ 2．于己有利的角色偏见

很多时候谈判人员还喜欢固执地从对自己有利的角度分析各种信息。这是一种谈判中普遍存在的现象，它不仅在估价时出现，还延伸到估计自己在谈判中获胜的概率、在冲突中占上风的可能性，以及诸如此类的情况。

▶ 3．派系观点

谈判人员在对事实进行分析时，会经常犯派系观点的错误。存在派系观点的人对对方的估计非常容易出错，特别是在双方处于敌对的情况下。我们常说旁观者清，在谈判即将陷入崩溃时，谈判双方对对方的认识常常是夸大其词、倾向负面的。这时谈判者的心理具有一种无意识的机制，使他们倾向于认为自己更聪明、更诚实、更正直，同时贬低甚至诋毁对方。这种心理常常使谈判者认为对方的立场言过其实，并过高地估计实际的矛盾。

三、避免进入心理误区的方法

通过以上这些分析可以知道，在谈判中存在的心理误区会给谈判者带来很多不利影响。那么谈判者应如何避免产生这样的错误观念呢？

▶ 1．避免仓促上阵

无论与怎样的对手进行谈判，都必须做好准备才能上阵。如果发现双方的谈判十分仓促，你对对手的了解知之甚少，就应该在对方要求开始谈判时以实情相告，告知对方自己准备不够充分，暂缓谈判。在此期间，你还可以乘此大好时机询问对方处境。即使探查不到对方的处境，你也可以从正面或侧面问一问他们的背景和历史，并且在交流过程中，仔细留意其各种信息。谈判者在没准备好之前最好先去听对方说些什么。

▶ 2．避免找错谈判对象

谈判对象的选择要以对方是否有决定权为标准。这就要求谈判者在开始谈判前首先掌握对手的基本情况，只有知道对方有权力作出决定时，才算找对了人。这里其实有一个误

区。大多数人不愿在谈判开始前向对手提问这样的问题，因为他们认为高级领导阶层就是谈判的合适人选。但是实际上，对谈判来说，同一个级别过高的领导谈判还不如同一个级别低的人谈判，因为高层领导可能并不十分了解所有的谈判细节。所以，谈判者一定要在谈判开始前想方设法了解对手的基本情况，避免找错谈判对象。

▶ 3. 避免害怕失去对谈判的控制

害怕失去谈判控制权这个想法本身就是错误的。其实谈判并不在于控制，它的目的是找出最佳的解决方法交换意见、求同存异，向着双方都认为有价值的目标前进，建立良好关系。所以，如果你总是担心失去对谈判的控制力，那么你不妨问问自己，你究竟想要在谈判中得到什么？

▶ 4. 避免力不从心地进行谈判

如果你在谈判中开始感到力不从心，那么千万不要让这种感觉放任下去，否则会让你在谈判中出现本可以避免的失误。当你已经感觉自己出现力不从心的情况时，应该即刻叫停谈判，冷静地思考一下你为什么会出现这种心态，避免勉强继续谈判。其实你大可将这种感觉当作一个响亮的休息铃。中断，重整思路，想出别的解决方法。经历过谈判的人都会知道，当谈判者觉得力不从心时，基本上都是因为准备不足造成的。此时，需要中止谈判。你可以说："你看，这可难住我了，我得再好好研究一下这个问题。"或者说："在这件事上，我还需多收集些情况。"总之，一定要中止谈判，另想办法。

▶ 5. 避免固执己见

通常谈判者很容易陷入固执己见的错误。也就是说如果你已经认定了一种解决方法，就不会接受任何别的建议，你会觉得解决方法只能是你提出讨论的那种。更为严重的是，认定在谈判刚开始时提出讨论的解决方式是唯一方式的做法往往是错误的。固执己见、钻牛角尖的根源也依然是准备不足。为了避免在谈判中固执己见，谈判者可以设定一个对谈判目标的限度，再决定你该怎么做，列出所有的可选项，选出你要做的。那么如果你与现在的谈判对手就某一点达不成协议，你也知道该怎样处理。通过这些步骤，你就不大可能钻牛角尖了。

▶ 6. 避免总是苛求完美的表达

每一个人都可能有过这样的经历，即使自己认为准备了最充分的表达方式和语言，也总会在事后想起更好的表达方式来。谈判中，比起聪明的表达来，清楚地表述你的想法才是最重要的。聪明的表达是有趣、令人欣赏和使人满意的，清楚地表达却有助于你获胜。如果第二天早晨你醒来以后发觉自己表述得不够清楚，只需以重新表述来开始下一轮谈判即可。

▶ 7. 避免为别人的错误自责

当情况变得不好时，许多人都会自责，哪怕并不是他们的错。谈判者一定要抵制这种情绪的出现。想想为什么要为与自己无关的事而自责呢？这种想法是明显缺乏自信心的表现。

▶ 8. 避免游离了初设目标和限度

大多数谈判者在开始谈判时总是喜欢为谈判设定目标及其限度。然而，随着谈判的开展，有些谈判者又很容易将它们忽略。这是因为，由于没经过仔细考虑，这些谈判者在谈判开始前将目标定得与实际情况不符，而在随后的谈判中又过于沉醉其中，导致其忽略了一开始所制定的目标和限度。所以，为了避免这种状况的发生，谈判者应该从实际出发，制定出符合谈判双方利益的目标和限度，并在谈判中始终坚持它。

例如，如果你担心自己的房地产代理人会因为所付佣金减少而不肯尽心办事，那就试试一些创造性的方法，例如提供奖励。比方说，你和你的代理人对一些房屋售价进行比较之后，一致同意将房子的售价定为 40 万元。因此，只要他能将你的房子卖到 40 万元，你就向其支付 2％的佣金；如果超过 40 万元，超过部分你会另向其支付 2％的佣金。即如果该代理人将房子卖了 45 万元，其佣金就分为 8 000 元和 1 万元两部分，前者是前 40 万元售价的 2％，后者是另外卖的 5 万元的 2％，两者相加共 18 000 元，佣金总体高达 4％。你会因为需要额外支付一笔佣金而感到烦恼吗？如果是这样，你必须跳出这种思维定式，因为你已在 40 万元的基础上额外净赚了 4 万元。你要思考的是如何实现自己的目标，而不是如何战胜对方。

综上所述，谈判者只有在谈判过程中避免上述情况的发生，才能够更好地将谈判进行下去，为自己或公司赢得最大的利益。

本章小结

商务谈判的过程实际上就是谈判人员心理变化的过程，包括认识过程、情感过程和意志斗争过程，呈现出明显的阶段性特点。这就要求谈判者注意对方谈判心理的变化特征，判断其心理处在哪种阶段，以便及时调整谈判对策，引导谈判进程或保持谈判立场。

人们之所以要进行商务谈判，是为了满足特定的需求。当这些特定的需求没有得到满足时，人们就会产生一种紧张不安的心理状态，在遇到能够满足需求的目标时，紧张的心理状态就会转化为动机，推动人们去从事某种活动，向目标前进。当人达到目标时，紧张的心理状态就会消除，需求得到满足。需求是人的行为的基础和根源，动机是推动人们活动的直接原因。

商务谈判人员的需求是多种多样的，符合马斯洛的需求层次理论所揭示的规律，并且各种需求不是孤立存在的，而是互相联系的一个统一的系统。在谈判过程中，谈判者要明确各方的主导需求。当人的需求具有某种特定目标时，需求才能转化为动机。特定的需求引发相应的动机，驱动特定的行为出现。

期望理论认为：人总是渴求满足一定的需求和达到一定的目标，这个目标反过来对于激发一个人的动机具有一定的影响，而这个激发力量的大小，取决于目标价值（效价）和期望概率（期望值）的乘积。假如一个人把目标的价值看得越大，估计能实现的概率越高，那么，激发的动机就越强烈，焕发的内部力量就越大；相反，如果期望概率较低，或目标价值过小，就会降低对人的激发力量。过去的经验对一个人的行为有较大的影响。准确地了解各方的期望和目标，可以在谈判中占据主动。

在谈判中，谈判者不可避免地会进入一些心理效应和心理误区，比如晕轮效应、刻板效应、首因效应、近因效应等，具有两面性，在谈判实践中，谈判人员要善用其长、避其短。对于"蛋糕的大小是固定的"的思维定式、于己有利的角色偏见、派系观点等这样一些心理误区，谈判者可以通过精心准备、周密筹划明确自己的谈判目标、找到合适的谈判对象、避免固执己见、苛求完美的表达、为别人的错误自责、偏离初设的目标这样一些方式来规避。

思考题

1. 商务谈判过程中的心理变化包含哪些阶段？对商务谈判人员有哪些相应的素质要求？

2. 阐述需求和动机的区别及联系。

3. 商务谈判人员的需求有哪些类型？

4. 商务谈判人员的动机有哪些类型？

5. 阐述期望理论的要点。

6. 如何找准谈判双方的期望和目标？

7. 商务谈判中的心理效应有哪些？如何用其长、避其短？

8. 商务谈判中的心理误区有哪些？如何规避？

案例分析

一位慈善家把他的大量时间和金钱都奉献给了心脏病研究，因而在这个圈子里享有一定的知名度。当时，美国参议院的一个委员会正在就建立全国心脏病基金会的可能性进行调查，要求这位慈善家到会作证。慈善家认为这是推进他最热心的事业的一个机会。他请教了一些最优秀的心脏病研究组织，准备了简明而又材料翔实的演说词。开听证会时，他发现自己被安排在第六个发言作证，前五个都是著名的专家——医生、科学家以及公共关系专家，这些人终生从事这方面的工作。委员会对他们每个人的资格都一一加以盘问，还会突然问："你的发言稿是谁写的？"

轮到他发言时，他走到参议员们的面前说："各位参议员，我准备了一篇发言稿，但我决定不用它了。因为我怎么能同刚才已发表过高见的那几位杰出人物相提并论呢？他们已向你们提供了所有的事实和数据，而我在这里，则是要为你们的切身利益而向你们呼吁。像你们这样辛劳的人，这是心脏病的潜在受害者。你们正处在生命最旺盛的时期，处在一生事业的顶峰。但是，你们也正是最容易得心脏病的人。也就是说，在社会中享有杰出地位的人最有可能得心脏病……"他一口气说了 45 分钟，那些参议员似乎还没有听够。不久，全国心脏病基金会就由政府创办了，他被任命为首任会长。

问题：慈善家的劝说为什么能够成功？

实训项目

一、实训名称

新浪湖北与良品铺子谈判需求及内容分析

二、实训目标

通过训练，使学生具备团队协作、信息收集及分析的能力，以及根据对谈判各方需求的分析来预测其主要谈判内容的能力。

三、实训背景

新浪湖北是一家致力于服务湖北人的领先在线媒体服务提供商，成立于 2011 年 4 月，是依托新浪网及新浪微博平台，致力于建设面向湖北网民的新闻资讯平台、生活服务平台和互动交流社区。同时，新浪湖北以网民和商业客户深度互动、高度共赢为目标，依托新浪丰富的媒体经验和品牌优势，以最新的 WEB 3.0 服务与产品，为湖北企业以及有志于拓展湖北市场的企业提供立体式精准营销服务。"粉丝通"是其运营的一种营销产品，能基于新浪微博海量的用户，把企业信息广泛传送给粉丝和潜在粉丝。良品铺子是一家致力于开发与推广特色休闲食品的全国直营连锁企业，自 2006 年 8 月创立以来，就确立了"立足武汉，占领华中，辐射全国"的发展战略。经过十余年的发展，良品铺子已成为中国中部地区最大的休闲食品连锁零售企业。而湖北良品铺子电子商务公司则致力于打造线上的良品铺子王国。良品铺子已在湖北、湖南、江西及四川 4 个省拥有了 1 200 多家专卖店。良品铺子下一步的营销重点是打破地域格局，辐射全国潜在市场，并通过"粉丝通"助力这一营销目标的实现。经过事先电话联系确认，这一天，湖北良品铺子电子商务公司的谈判人员一行 4 人，来到了新浪湖北位于武汉市江岸区南京路 124 号吴家花园的会议室，和早已等候多时的新浪湖北的谈判人员进行了磋商。

四、实训步骤及要求

1. 以 4～6 人为一组，组建谈判小组，以小组为单位，通过分工协作，对实训背景进行分析，并进行相关信息的收集整理，每个小组撰写一份分析报告。

报告内容包括：分析新浪湖北和良品铺子的谈判需求及动机；分析新浪湖北的主要谈判内容；分析良品铺子的主要谈判内容。

2. 要求制作 PPT，每组选派一名代表上台交流。由企业专家、教师、学生组成评委进行评价。

6 第六章
商务谈判的沟通技巧

学习目标

1. 了解商务谈判中的沟通类型；

2. 理解沟通在商务谈判中的重要作用；

3. 掌握常用商务谈判语言沟通、行为语言沟通的基本方法和技巧。

导入案例

著名作家刘墉装潢房子，但因为忙，他没法去工地看。一位搞建筑的朋友建议说："只要有详细的设计图，你叮嘱装潢公司，按图施工就成了。如果你老去工地，改天有什么地方做错了，你不满意，只怕工人会说做的时候你也在场啊！"刘墉听后，深感有理。于是，他请到了一位装潢设计师，很客气地说："我是'疑人不用，用人不疑'，这事交给您负责了，如果做得不对，将来我要拆，也不会直接跟工人说，而会跟您说。并且只要按时完工，我挑不出毛病，一定会如数付钱。"

分析：刘墉的话说得很客气，却是重话轻说，他的真实意图是想告诉装潢设计师："只要没照图纸施工，做得不好，我就会要你拆；只要没按时完工，我一定扣钱。"在现实生活的沟通中，如果我们以一种高高在上的姿态，颐指气使地对别人说话，容易激发对方的逆反情绪，更别提得到其积极的响应。尊重他人的态度、平和的话语，更容易让对方接受你的观点和建议，具有四两拨千斤的效果。

有一位教徒问神父："我可以在祈祷时抽烟吗？"他的请求遭到神父的严厉斥责。而另一位教徒又去问神父："我可以吸烟时祈祷吗？"他得到了允许，悠闲地抽起了烟。这两个教徒发问的目的和内容完全相同，只是表达方式不同，但得到的结果却相反。由此看来，表达技巧高明才能赢得期望的谈判效果。

在商务谈判中，要运用各种策略来更好的实现自己的目标，满足自身的需求。商务谈判各种策略的成功实施都离不开语言的运用。商务谈判的过程，其实就是谈判各方运用各种语言进行沟通的过程。本章所要探讨的商务谈判沟通技巧，就是具体阐述如何艺术地运用有声语言沟通和行为语言沟通，实现商务谈判的目的。

第一节 商务谈判语言

一、商务谈判语言的类型

商务谈判的语言种类繁多，依照不同的标准，可以把它分成不同的类型。不同类型语言的特征决定了它们的运用范围和运用要求。

▶ **1. 依据语言的表达方式分类**

依据语言的表达方式不同，商务谈判语言可以分为有声语言和无声语言。

（1）有声语言。有声语言是通过人的发音器官来表达的语言，一般理解为口头语言。这种语言借助人的听觉传递信息、交流思想。有声语言是商务谈判的主体语言，是信息传递的主要载体，主要通过谈判者之间的陈述、提问、回答、倾听、辩论、说服等方法来完成。

有声语言的语意要受到特定语言环境，比如文化、语种、现场环境、谈判对象、语气等的影响，谈判者彼此间互相默认或熟悉的背景因素越多，语言构成就越简单。有声语言传递的信息弹性较大。

（2）无声语言。无声语言又称为行为语言或体态语言，是指通过人的形体、姿态等非发音器官来表达的语言，一般理解为身体语言。这种语言借助人的视觉传递信息、表示态度、交流思想等。

在商务谈判中，无声语言往往作为有声语言的补充，传递口头语言难以表达的信息，能够调节人的情绪，具有强烈的暗示效果，有着有声语言无法替代的作用。

在商务谈判中巧妙地运用这两种语言，可以产生珠联璧合、相辅相成、绝妙默契的效果。

▶ **2. 按语言表达特征分类**

按语言表达特征分类，商务谈判语言可分为专业语言、法律语言、外交语言、文学语言、军事语言等。

（1）专业语言。专业语言是指在商务谈判过程中使用的与业务内容有关的一些专用或专门术语。谈判业务不同，专业语言也会有区别。例如，在国际商务谈判中，有"到岸价""离岸价"等专业用语；在产品购销谈判中，有"供求市场价格""品质""包装""装运""保险"等专业用语；在工程建筑谈判中，有"造价""工期""开工""竣工交付使用"等专业用语。这些专业语言的特征是简练、明确、专一。

（2）法律语言。法律语言是指商务谈判业务所涉及的有关法律规定的用语。商务谈判业务内容不同，所运用的法律语言则不同。每种法律语言及其术语都有特定的内涵，不能随意解释和使用。法律语言的特征是法定的强制性、通用性和刻板性。通过法律语言的运用可以明确谈判双方各自的权利与义务、权限与责任等。

（3）外交语言。外交语言是一种具有模糊性、缓冲性和圆滑性特征的弹性语言。在商务谈判中使用外交语言既可满足对方自尊的需要，又可以避免己方失礼；既可以说明问题，还能为谈判决策进退留有余地。例如，在商务谈判中常说"互利互惠""可以考虑""深表遗憾""有待研究"等语言，都属外交语言。外交语言要运用得当，如果过分使用外交语言容易让对方感到无诚意合作。

（4）文学语言。文学语言是一种具有明显的文学特征的语言。这种语言的特征是生动、活泼、优雅、诙谐、富于想象、有情调、范围广。在商务谈判中运用文学语言既可以生动明快地说明问题，还可以调节谈判气氛。

（5）军事语言。带有命令性特征的用语属于军事语言。这种语言干脆、利落、简洁、坚定、自信、铿锵有力。在商务谈判中，适时运用军事语言可以起到提高信心、稳定情绪、稳住阵脚、加速谈判进程的作用。

二、商务谈判语言的运用原则

对商务谈判而言，不仅仅谈判的内容重要，谈判过程中语言的运用方式也一样重要。善于运用语言的人懂得利用表情、手势和抑扬顿挫的语调等种种技巧来表达和强调自己的思想和见解。反之，就会词不达意，违背自己的初衷。所以，在商务谈判中运用语言时需要遵循一些基本的原则。

▶ 1. 客观性原则

客观性原则是指谈判过程中的语言要以客观事实为依据，提供令对方信服的证据。这一原则是语言表达的最基本原则。坚持这一原则要求供方真实介绍本企业的基本情况，产品和服务的质量等。从需方的角度来讲，评价对方的产品质量和性能时要中肯，还价要有诚意，要有充分的依据。如果双方都能这样遵循客观原则，就能给对方留下诚实可靠的印象，增加谈判成功的可能性，并且为日后的长期合作奠定基础。

▶ 2. 规范性原则

规范性原则是指谈判过程中的语言表述要清晰、严谨、准确和文明。首先，谈判语言应当清晰易懂，要避免方言和俗语，要用标准化语言来进行交流，以免引起对方的误解。其次，谈判语言应当严谨和准确，尤其是在涉及标的专业技术性能和讨价还价的关键阶段时，谈判者必须认真思考，严谨措辞，用准确、精练的语言来表达自己的观点和意图。最后，谈判语言应当注意文明礼貌，符合商界的特点和职业道德要求。任何情况下都不能使用粗鲁、污秽或攻击辱骂对方的语言。

▶ 3. 针对性原则

针对性原则是指要根据不同的谈判对手、议题和阶段选择不同的语言。提高谈判语言的针对性，要注意以下几点：第一，要根据不同的谈判对象，使用不同的谈判语言。不同的谈判对象，其性别、年龄、身份、性格、爱好各不相同，与己方的关系也亲疏有别，必须重视这些差异，有的放矢。第二，应根据不同的谈判议题，选择运用不同的语言。不同的谈判议题决定了不同的谈判内容，要对症下药。第三，应根据不同的谈判阶段，采用不同的谈判语言。即使是同一个谈判过程，不同阶段的任务也不尽相同，应该随之调整谈判的语言，较好地完成各阶段的任务。

▶ 4. 逻辑性原则

逻辑性原则要求谈判语言概念明确、用词恰当、证据确凿、推理符合逻辑、说服有力。在商务谈判中，陈述、提问、回答、辩论、说服等各个环节都应遵循这一原则。在陈述时，要注意概念和术语的准确性、统一性，问题或事件及其前因后果的衔接性、全面性、本质性和具体性。在提问时，要注意有的放矢、察言观色，要围绕谈判议题，不能离题。回答问题要切题，条理清晰，不要答非所问。说服对方时要善于运用有说服力的事实和证据，同时，还要善于利用对方在语言逻辑上的混乱和漏洞来反驳对方，增强自身语言的说服力。

【案例 6-1】

天正下着倾盆大雨，查克·梅考忘了带雨伞。他的公司在 4 个街区以外，30 分钟后，他有一场重要的会议要参加。查克看到一位女士从同一趟火车上下来，她在离此一个街区的办公大楼上班。查克不认识她，但以前在火车上见过面。"你好，"他打招呼说，"我工作的地方离你只有一个街区的距离，我今天忘了带伞，你能否打伞把我送到我的公司，我会在路上请你吃百吉饼、喝咖啡，你看怎么样？我知道这得让你多走一个街区。"那位女士吃惊地朝他瞪大了眼睛。"我叫查克。"他继续说道，然后抬头看了看天空，"雨还挺大，也许哪一天我会还你这个人情的。"在这位女士大伞的遮挡下，他们一起往公司走去。查克给他们两人各买了一份咖啡和百吉饼。到达查克的公司以后，这位女士对查克说，她很高兴今天帮了查克的忙。两人彼此又多了一位新的火车旅伴。"我从中学到的最重要的一点就是，要坦诚地说出你的要求，这是商场和生活中获取成功的关键。"查克说。他现在是阿斯托里亚能源公司的执行总裁，阿斯托里亚能源公司是纽约市一家大型能源供应商。

（资料来源：［美］斯图尔特·戴蒙德. 沃顿商学院最受欢迎的谈判课［M］. 北京：中信出版社，2012）

分析：一下火车，查克首先决定展开谈判。之后，他利用价值不等之物进行了交易（用百吉饼交换对方用伞为他挡雨）。他找出了共同的敌人（雨）；他将这次谈判与未来联系到一起（我会尽可能还你这个人情）；他将重点放在了人身上（我叫查克）；他减少了对方可感知的风险（我在附近上班）；他还交了个新朋友。

第 二 节 | 商务谈判有声语言沟通技巧

在商务谈判中，获得尽可能对称的信息是谈判者占得优势地位的基础，也是商务谈判语言运用的目标，为了实现这一目标，首先要求谈判者在运用有声语言的时候善于倾听，其次是善于表达。具体而言，运用有声语言的技巧主要体现在听、问、答、辩、说服等方面。因此，在谈判桌上必须随时注意这几方面技巧的运用，以便准确地把握对方的行为与意图。

一、倾听的障碍与技巧

商务谈判的目的决定了谈判者必须了解、重视、关心、引导对方的需要，而了解对方需要的有效手段之一就是通过倾听获取信息，只有通过倾听了解对方的立场和观点，才能确定己方的谈判方针和政策，才能进行有力的辩驳。不会倾听的谈判者会错失许多了解对方需要和目标的机会。

▶ 1. 倾听的障碍

善于倾听的人容易给对方以良好的印象，能够完整而又准确地理解对方的真实意图。但在沟通过程中，有多种障碍阻碍着人们进行有效倾听，归纳起来，主要有以下几个方面。

（1）不想去听。谈判者认为只有说话才是表白自己、说服对方的唯一有效方式，急于反驳对方的观点，权力显示欲，过早下结论，对事物先入为主的印象和偏见，在某种观点上与对方的看法不一致等原因，可能会造成谈判者在沟通过程不想去听。

（2）无意去听。谈判者在对方讲话时只注意与己方有关的内容、双方的身份地位不对等、在听取意见时存在选择性等原因，会造成谈判者在沟通过程中无意去听。

（3）听不明白。语言上的差别、知识水平的限制、思维定势等原因，会使谈判者思路跟不上对方，听不明白。

（4）听不进去。环境干扰，谈判者精神不佳或注意力下降、出现生理性疲劳，极端的自卑引发的极端的自傲等原因，会让谈判者听不进去。

▶ 2. 倾听的技巧

要实现有效倾听，就要克服上述障碍。在商务谈判中，倾听的关键在于了解对方阐述的主要事实，理解对方表达的显性的和潜在的含义，并鼓励对方进一步充分地表述其所面临的问题和其对有关问题的想法。要达到上述要求，需要把握以下倾听的基本要领。

（1）专注。谈判者要努力排除环境及自身因素的干扰，时刻保持清醒和精神集中，要聚精会神、全神贯注地倾听对方的每一句话，即使是己方已经熟知的话题，也不可充耳不闻，避免出现心不在焉、"开小差"的现象。

据心理学家统计分析，一般人说话的速度为每分钟 120～180 个字，而倾听和思维的速度要比说话的速度快 4 倍左右。因此，往往话还没讲完，倾听者就大部分都能理解了，常常会由于精力的富余而"开小差"。如果此时对方讲话的内容与己方理解的内容有偏差，或是对方传递了一个重要的信息，而被己方漏听，那么真是追悔莫及。

（2）注意观察对方的表情和说话方式，避免以貌取人。首先，不应以一个人的外表或说话技巧来判断其是否能讲出值得你听的话语。其次，对于对方的说话方式要有敏锐的洞察力。在商务谈判过程中，谈判方式的变化往往预示着彼此关系及气氛的变化。例如，当生活用语突然被正式的书面语言表达出来时，就意味着某种正式的气氛，甚至是僵局的出现。最后，要注重察言观色，随时关注对方的表情及其变化，并用来帮助判断说话者的态度及意图。

（3）证实并记录。对于听到的陈述，特别是关键性的问题，即使听懂了，也要通过恰当的方式进一步证实，切不可自以为是。在谈判过程中，人的思维在高速运转，大脑接收和处理大量的信息，加上谈判现场的气氛又很紧张，只靠记忆力是无法记住所有的关键信息的，要利用录音和笔记来进行信息的处理和记忆。

（4）鼓励对方。通过某些恰当的鼓励方式，如点头、目光、赞赏等促使讲话者阐明其真意。对于不能马上回答的问题，应努力弄清其意图，可表示"理解"或"记住了"，切忌匆忙表态，而应寻求其他策略解决。

（5）忍耐。对于难以理解的话，不能避而不听，尤其是当对方说出你不愿意听，甚至触怒你的话时，只要对方的表态中还有信息价值，都应倾听下去，切不可打断其讲话，甚至离席或反击，以免破坏谈判气氛，妨碍谈判目标的实现。

【案例 6-2】

毕淑敏在读心理学博士方向课程的时候，有一次作业是研究"倾听"。查了资料，认真思考，她才知道在"倾听"这门功课上许多人不及格。如果谈话的人没有我们的学识高，我们就会虚与委蛇地听；如果谈话的人冗长烦琐，我们就会不客气地打断叙述；如果谈话的人言不及义，我们会明显地露出厌倦的神色；如果谈话的人缺少真知灼见，我们会讽刺挖苦，令他难堪……正因如此，有很多我们丧失的机遇，有若干阴差阳错的讯息，有不少失之交臂的朋友，甚至各奔东西的恋人，那绝缘的起因，都是我们不曾学会倾听。

让我们来做一个令人愉快的活动。这一次，是你的朋友向你诉说刻骨铭心的往事。请你身体前倾，请你目光和煦。你屏息关注着他的眼神，你随着他的情感冲浪而起伏。如果他高兴，你也报以会心的微笑；如果他悲哀，你便陪伴着垂下眼帘；如果他落泪了，你温柔地递上纸巾；如果他久久地沉默，你也和他缄口走过……

非常简单。当他说完了，游戏就结束了。你可以问问他，在你这样倾听他的过程中，他感觉到了什么？我猜，你的朋友会告诉你，你给了他尊重，给了他关爱；给他的孤独以抚慰，给他的无望以曙光；让他的快乐加倍，让他的哀伤减半。你是他最好的朋友之一，他会记得和你一道度过的难忘时光。这就是倾听的魔力。

倾听的"倾"字，就是表示身体向前斜着，用肢体语言表示关爱与注重。倾听，就是"用尽力量去听"。这里的"倾"字，类乎倾巢出动，类乎倾箱倒箧，类乎倾国倾城，类乎倾盆大雨……总之殚精竭虑毫无保留。学会倾听，这是一个人心理是否健康的重要标识之一。

（资料来源：www. ishuo. cn）

分析：人活在世上，说和听是两件要务。说，主要是表达自己的思想情感和意识，每一个说话的人都希望别人能够听到自己的声音。听，就是接收他人描述内心想法，以达到沟通和交流的目的。听和说像是鲲鹏的两只翅膀，必须协调展开，才能直上九万里。

二、提问的方式、时机与技巧

在商务谈判中，我们经常通过提问来揣测对方的需要、掌握对方心理和表达己方感情。提问是很有艺术性的，主要体现在提问方式的确定、提问时机的选择和提问技巧的使用上。

▶ 1. 提问的方式

（1）开放式提问。开放式提问是指提出的问题对于对方如何回答是没有限定性的。例如，"请说说你们的产品情况好吗？""你看什么时候有空？"开放式提问不限定答复的范围，答复者可以畅所欲言，发问者也可获悉答复者的立场与感受。

（2）封闭式提问。封闭式提问是指提出的问题限定了对方回答的范畴和选择。例如，"请你介绍一下压缩机的企业质量标准好吗？""你看今天晚上8点钟以前我们见面行吗？"封闭式提问可使发问者获得特定的信息资料，而答复者不需要太多的思索就能给予答复。

（3）澄清式提问。澄清式提问是指针对对手的答复重新措辞，使对方证实或补充原先答复的提问。例如，"你刚才说能源供应的情况没有变化，这是不是说你们可以如期履约了？""你所说的通用合同格式，是不是这种？"澄清式提问不但可以确保谈判各方在"同一问题"的基础上进行沟通，而且是针对对手的话语进行回馈的一种理想方式。

（4）引导式提问。引导式提问是对答案具有强烈暗示性的提问。这种方式的提问几乎令对方毫无选择地按发问者所设计的答案作答。例如，"违约当然要受到惩罚，你说是不是？""这份合同是你们董事长签的字，是吗？"引导式提问不但可以充分地发掘信息，而且可以体现发问者对对方答复的重视。

（5）借助式提问。借助式提问是凭借权威的力量去影响对方的提问。例如，"唐纳先生作为公司亚洲区的CEO，他对这事关注吗？"采用这种方式提问时，应当注意被借助者应当是对方熟悉或尊重的人，否则，就会影响其效果。

（6）选择式提问。选择式提问是将己方的意见摆明，使对方在限定范围内进行选择的提问。例如，"依照协议，你们是现在付款，还是明天付款？""是用现金，还是支票？"采用这种方法提问要注意措辞和态度得体，以免给对方强加于人的不良印象。

▶ 2. 提问的时机

掌握好提问的时机，有助于引起对方的注意，使谈判按照己方的意图进行，掌握主动权。

（1）在对方发言完毕之后提问。当对方发言时，己方要认真倾听，即使发现了对方的问题，很想立即提问，也不要急于提问，可以把发现和想到的问题记下来，待对方发言完毕再提问。这样，既体现了对对方的尊重，又能完整、全面地了解对方的观点和意图。

（2）在对方发言停顿或间歇提问。如果对方的发言冗长、纠缠细节或离题太远而影响谈判进程，就可以利用对方发言停顿或间歇时提问。例如，利用对方喝水、查阅资料的瞬间或停顿间歇时发问："关于价格问题有机会再议，现在是否可以先谈谈产品质量？"

（3）在己方发言前后提问。在谈判中，当轮到自己发言时，可以在谈自己的观点之前，对对方的发言进行提问，不必要求对方回答，而是自问自答。例如，"您刚才的发言要说明什么问题呢？我的理解是……对这个问题，我谈几点看法。"这样可以争取主动，防止对方接过话茬，影响己方发挥，使谈判沿着自己的思路发展。

（4）在议程规定的时间提问。一般来说，大型的商务谈判要事先商定谈判议程，设定辩论时间。因此，在双方各自介绍情况和陈述的时间里一般不进行辩论，也不向对方提问，只有在辩论时间里，双方才可自由提问，进行辩论。在这种情况下，在辩论前的谈判中，要做好记录，归纳出己方想提出的问题后再进行提问，使提出的问题具有针对性。

▶ 3. 提问的技巧

（1）预先准备好问题。首先，在商务谈判前，谈判者应做好充分的事前准备，针对谈判事先拟好要提出的问题，这样就能使问题具有针对性。其次，在谈判的开局阶段，无论谈判者事先的准备有多充分，依然有许多需要补充和证实的信息，这就要求谈判者坚持多听多看，克制想急于提问和发表意见的冲动，及时对拟提出的问题进行调整。

（2）提问应言简意赅。在商务谈判中，己方提出的问题句式越短越好，而由提问引出的对方的回答则越长越好，这样己方就能从对方的回答中获得更多对谈判有用的信息，从而洞悉对方的心理。

（3）忌讳询问对方的个人隐私。在商务谈判中，有关个人生活、工作方面的问题，如对方的收入、家庭情况、女士的年龄等，属于个人隐私。如果提问涉及私人方面的问题，会被对方认为有窥视隐私的嫌疑，是不礼貌或不道德的行为。

（4）提出问题后应闭口不言。在谈判中，通常的做法是，己方提出问题后闭口不言，如果这时对方也是沉默不语，则无形中给对方施加了一种压力。由于问题是由己方提出，对方必须以回答问题的方式来打破沉默。所以，提出问题后，己方应静静等待对方的回答后再见机行事。

三、回答的技巧

答话虽然受到问话的限制，在谈判中处于被动地位，但是一个优秀的谈判者可以通过巧妙的答话，在商务谈判中占据主动。

▶ 1. 回答问题之前，要给自己留有思考时间

在商务谈判中，针对对方提出的问题，必须经过缜密思索后，才能回答。一般而言，谈判者对问题答复得好坏与思考时间成正比。根据已有的谈判经验，在对方提出问题之后，即使是一些需要马上回答的问题，也应借故拖延时间。例如，可通过喝一口茶、调整一下自己的坐姿，或整理一下桌子上的资料文件、翻一翻笔记本等动作来延缓时间，给己方留出合理的时间来考虑对方的问题。

▶ 2. 针对对方的目的和动机回答

在商务谈判中，对方提出问题的目的是多样的，动机也是复杂的。因此，己方在回答问题时，应当周密考虑，准确判断对方意图，再给出一个独辟蹊径、高明的回答。

【案例 6-3】

艾伦·金斯伯格是美国著名的诗人。在一次宴会中，他向中国作家提出一个问题："把一只五斤重的鸡装进一个只能装一斤水的瓶子里，用什么办法把它拿出来？"中国作家口答道："您怎么放进去的，我就会怎么拿出来。您凭嘴一说就把鸡装进了瓶子，那么我就用语言这个工具再把鸡拿出来。"

分析：我们用常规的方法，是无法将一只五斤重的鸡装进只能装一斤水的瓶子里的，中国作家的机智就体现在他不拘泥于常规，而是从艾伦·金斯伯格提问的真实意图出发，做出了精彩的回答，展现了其高超的语言艺术。

▶ 3. 不要彻底地回答问题

在商务谈判中并非任何问题都要回答，有些问题并不需要回答。对方提出问题或是想了解我方的观点、立场和态度，或是想确认某些信息。对此，我们应视情况而定。对于应该让对方了解，或者需要表明我方态度的问题要认真回答，而对于那些可能会有损己方形象、泄密或一些无聊的问题，不予理睬是最好的回答。回答问题时可以将对方问话的范围缩小。例如，对方问："你们对这个方案怎么看，是否同意？"这时，如果马上回答同意，时机尚未成熟，己方可以说："我们正在考虑、推敲，你们关于付款方式只讲了两点，我看是否再加上……"这样就避开了对方问话的主题，同时，也把对方的思路引到己方讲的内容上来了。

▶ 4. 避正答偏，顾左右而言他

有时，对方提出的某个问题我方可能很难直接从正面回答，但又不能以拒绝回答的方式来逃避问题。这时，谈判高手往往用避开问题的实质、顾左右而言他的办法来回答。

【案例 6-4】

一位西方记者曾经讥讽地问周恩来总理："请问，中国人民银行有多少资金？"周总理深知对方是在讥笑中国的贫困，如果如实回答，自然会使对方的计谋得逞。于是答

道："中国人民银行货币资金嘛，有十八元八角八分。中国人民银行发行面额为十元、五元、二元、一元、五角、二角、一角、五分、二分、一分的十种主辅人民币，合计为十八元八角八分。"周总理巧妙地避开了对方的话锋，使对方无机可乘，被传为佳话。

分析： 周总理巧妙地避开了对方的话锋，使对方无机可乘，也使对方的讥笑没有得逞，既维护了祖国的尊严，也避免了与那位西方记者的正面交锋，此举被传为佳话。

▶ **5. 不知道的问题不要回答**

尽管做了充分的准备，谈判者有时还是会遇到陌生难解的问题。此时，谈判者切不可强做答复，应坦率地告诉对方不能回答或暂不回答。如果强做答复，不仅可能损害己方的利益，若是对方通过提问来试探己方，还可能因此而丧失对方的信任，使己方陷入被动局面。

▶ **6. 善用"重申"和"打岔"**

商务谈判中，要求对方再次阐明其所问的问题，实际上是为自己争取思考问题的时间。打岔可以为谈判者赢得更多的时间来思考。打岔的方式是多种多样的，例如借口有人打来电话，有某个紧急文件需要某人出来签个字。有时，回答问题的人可以借口去洗手间或去打个电话等来拖延时间。

四、辩论的技巧

商务谈判中的讨价还价集中体现在辩论上，辩论的最终目的是达成交易，具有双方辩者之间相互依赖、相互对抗的二重性。它是人类语言艺术和思维艺术的综合运用，具有较强的技巧性。

▶ **1. 观点明确，立场坚定**

商务谈判中辩论的过程就是通过摆事实、讲道理来说明己方的观点和立场的过程。为了能更清晰地论证己方观点和立场的正确性及公正性，在辩论时，谈判者必须做好材料的选择、整理和加工工作，运用客观材料以及所有能够支持己方论点的证据，增强己方的辩论效果，反驳对方的观点。

【案例 6-5】

在一场题为"强者越强，弱者一定（不一定）越弱"的论辩赛中，反方在总结陈词中说："下面，我再陈述一下我方观点：在一个强弱组合的体系中，强者不一定持续呈强，弱者不一定始终示弱。而你方则认为，在强弱组合的体系中，强者始终是主导地位，而弱者始终是从属地位。这个观点我方一直是否定的。非洲的斑马高大威猛，却常常被一种小小的毒蚁咬死……一些企业强弱优劣的转化更说明这一点。华为经过努力，在俄罗斯等市场取得了领先位置，这也为继续与对手合作赢得了更多的'筹码'。2000年之后，摩托罗拉就开始将与华为的合作范围扩展到国际市场，希望将自己的基站设备与华为的移动交换机在俄罗斯进行捆绑销售，而此时的华为，反过来要求摩托罗拉同样捆绑华为的设备在北美市场销售。这说明，在一个强弱组合的体系中，强弱关系是可以转化的。"

（资料来源：赵元里. 倒叙，牵着听众的心"倒着走"[J]. 演讲与口才，2016，16）

分析：反方总结陈词的出彩之处，就在于他提取了大量自然和社会材料，"点"出了"强弱关系可以转化"这一可靠观点。其中，华为集团跟摩托罗拉之间业务关系互为捆绑、强弱转化的事例尤其具有代表性。讲再多正确的道理，都不如举一个实际的例子。反方的总结陈词有根有据，可信可服，使论辩观点更加巩固、扎实。

▶ 2. 思维敏捷，逻辑严密

商务谈判中的辩论，往往是双方磋商遇到难解的问题时才发生的。优秀的谈判者应该头脑冷静、思维敏捷、论辩严密且富有逻辑性，从而能够应付各种困难，摆脱困境。为此，谈判者应该加强这方面基本功的训练，培养逻辑思维能力，以便在谈判中以不变应万变，占据主动。

▶ 3. 掌握大的原则，不纠缠枝节

在辩论过程中，谈判者要有战略眼光，将辩论的注意力集中于主要问题，不要在枝节问题上与对手纠缠不休。在反驳对方的错误观点时，要抓住要害，有的放矢，坚决地抛弃断章取义、强词夺理等不良的辩论方法。

▶ 4. 态度公正，措辞准确

商务谈判中的辩论应遵循现代文明的谈判准则，不论辩论双方如何针锋相对，争论多么激烈，都必须本着客观公正的态度，准确措辞，切忌用侮辱诽谤、尖酸刻薄的语言进行人身攻击。

▶ 5. 进取有度

辩论的目的是要证明己方立场、观点的正确性，反驳对方立场、观点上的不足，以便能够争取到有利于己方的谈判结果，而不是要打击或毁灭对方。因此，在辩论中一旦达到目的，就要适可而止，不可穷追不舍，得理不饶人。

▶ 6. 注意个人举止风度

很多情况下，一个人良好的形象会比他的语言更具感召力，所以辩论中一定要注意自己的举止风度。辩论中良好的举止风度，不仅会在谈判桌上给人留下良好的印象，而且在一定程度上可以左右谈判辩论气氛的健康发展。

五、说服技巧

在谈判中，谈判者常常为各自的利益争执不下，这时，哪方能说服对方接受己方的观点做出让步，哪方就获得了成功。说服常常贯穿于商务谈判的始终。它综合运用"听""问""答""叙""辩"和"看"等各种技巧，是谈判中最艰巨、最复杂、最富有技巧性的工作。

▶ 1. 取得对方的信任

信任是人与人之间沟通和交往的基石。如果对方开始质疑己方的话，那么己方说服其的机会是直线下降的。要说服对方，首先要站在对方的角度设身处地地考虑对方的境况，使对方产生一种"自己人"的感受，消除对方的戒心和成见。这样，对方就会信任自己，说服的效果将会十分明显。

【案例6-6】

有一次，誉衡药业董事长朱吉满的团队中有一位高管因个人原因要离开公司，他立刻从即将起飞的飞机上下来，连夜赶到杭州该高管所下榻的酒店，挽留道："你一甩手就这样走了，你也许认为你的去处是最高明的选择，那里给你的待遇更高。但你的家小在这边，你有没有算过账，你将会为这付出更高的生活成本；你与家人分离，你又要为此付出多少情感成本；你到那儿人生地不熟的，一切都要从头再来，你需要付出多少精力成本。另外，对方的发展已经到了极限，而我们却还有很大的发展空间，你又要为此承担多大的风险成本。还有，大伙对你的信赖和爱戴，你就一点不顾，全扔了吗？所以，我劝你留下来。"最终，那位高管不但留了下来，而且此后成为朱吉满的核心团队成员。

（案例来源：卢继元. 爸妈，请不要这样对我说[J]. 演讲与口才，2016，16）

分析：朱吉满换位思考，站在对方的角度，把那位高管将会遇到的相关问题联系起来分析，唤起对方的深入思考，让对方从单一的思维窠臼中跳出来全面地看问题。其实问题并非想象的那么简单，尤其是这些问题朱吉满都是为对方着想，这就更让对方感动了。

▶ **2. 创造良好的氛围**

商务谈判事实表明，从积极的、主动的角度去启发对方、鼓励对方，创造出良好的"是"的氛围，就会帮助对方提高自信心，并接受己方的意见。相反，如果把对方置于不同意、不愿做的地位，再去批驳他、劝说他，对方就会产生较强的抵触情绪，非常不利于说服的进行。

▶ **3. 寻找共同点**

在商务谈判中，"认同"是双方相互理解的基础，是人与人之间心灵沟通的一种有效方式，也是说服他人的一种有效方法。认同就是人们把自己的说服对象视为与自己相同的人，寻找双方的共同点。寻找共同点的方法包括：第一，寻找双方工作上的共同点，如共同的职业、共同的追求等；第二，找双方在生活方面的共同点，如共同的国籍、共同的生活经历等；第三，寻找双方兴趣、爱好上的共同点，如共同喜欢的电视剧、体育比赛等；第四，寻找双方共同熟悉的第三者作为认同的媒介，如在同陌生人交往时想说服他，可以寻找双方共同熟悉的另外一个人，通过各自与另外一个人的熟悉程度和友好关系，相互之间也就有了一定的认同，从而也就便于说服对方了。谈判活动中也是如此。

▶ **4. 避免说服的不良行为**

在谈判中，己方在说服对方时，有时效果并不是十分理想。究其原因发现，己方在说服的过程中存在一些不良行为。例如，先想好几个理由，然后才去和对方辩论；站在领导者的角度上，以教训人的口气，指点他人应该怎样做；不分场合和时间，先批评对方一通，然后强迫对方接受其观点等。另外，还有胁迫或欺诈对方的情况。上述做法，其实质是先把对方推到错误的一边，也就等于告诉对方，我已经对你失去信心了，说服的效果当然可想而知了。

总之，说服工作的关键在于抓住对方的心，在此基础上，再结合前边所述"听""问""答""辩"等技巧，综合地加以运用、统筹兼顾，方能收到良好的效果。

第 三 节 商务谈判行为语言沟通技巧

在商务谈判过程中，优秀的谈判者除了应掌握丰富的有声语言技巧外，还应该掌握丰富的行为语言技巧，通过对方的一举一动、一颦一笑窥视其心理世界，以采取相应的对策，掌握谈判获胜的主动权；通过自己出色的行为语言技巧，作用于对方的视觉，促使对方相信他所听到、看到和想到的一切，从而坚定他做出判断的信心，并使谈判结果更加接近己方的目标。

一、商务谈判行为语言的形式

商务谈判行为语言主要通过面部表情、动作及姿态、交往空间等形式进行沟通。

▶ **1. 面部表情**

（1）眼睛语言。在商务谈判过程中，交谈时，视线接触对方脸部的时间正常情况下应占全部谈话时间的30％～60％，超过这一平均值者，可以认为对谈话者本人比对谈判内容更感兴趣；低于此平均值者，则表示对谈判内容和谈话者本人均不太感兴趣。

倾听对方谈话时，几乎不看对方，那是企图掩饰什么的表现。眼睛闪烁不定，是一种反常的举动，常被视为掩饰的一种手段或性格上的不诚实。

瞳孔的变化是非意志所能控制的，人们处于高兴、喜欢、肯定等情绪时，瞳孔必然放大；处于痛苦、厌恶、否定等情绪时，瞳孔就会缩小，眼睛必然无光。

在1秒钟之内连续眨眼几次，是神情活跃、对某事物感兴趣的表现，有时也可理解为由于个性怯懦或羞涩、不敢正眼直视的表现；睁大眼睛看着对方是对对方有很大兴趣的表示。

（2）眉毛语言。当人们惊恐或惊喜时，眉毛上扬，所谓"喜上眉梢"；当愤怒、不满或气恼时，眉角下拉或倒竖，所谓"剑眉倒竖"；当困窘、不愉快、不赞成或者表示关注、思索时，往往皱眉；当表示赞同、兴奋、激动的情绪时，眉毛迅速地上下跳动；表示有兴趣、询问或者疑问时，眉毛就会上挑。

（3）嘴巴语言。紧紧抿住嘴唇，往往表现出意志坚决；如果紧抿嘴唇，且避免接触他人的目光，可能表明他心中有某种秘密，此时不想透露；嘴唇常不自觉地张着，呈现出倦怠疏懒的模样，说明他可能对对方的发言或对自己所处的环境感到厌烦；噘起嘴是不满意和准备攻击对方的表示；注意倾听对方谈话时，嘴角会稍向后拉或向上拉；遭到失败时，咬嘴唇是一种自我惩罚的动作，有时也表示自我解嘲和内疚的心情；不满和固执时，往往嘴角下拉。

▶ 2. 动作及姿态

（1）手势语言。握拳表现的是向对方挑战或自我紧张的情绪，以拳击掌是向对方发出攻击的信号；手臂交叉放在胸前，同时两腿交叠，表示不愿与人接触；微微抬头，手臂放于椅子上或腿上，两腿交于前，双目不时地看对方，表示有兴趣来往；用手指或铅笔敲打桌面，或在纸上乱涂乱画，表示对对方的话题不感兴趣、不赞同或不耐烦。

在谈判场合，常常咬自己的指甲，说明他感到与对方的关系不肯定，或者彼此关系不佳、生疏；双手手指并拢放置于胸脯的上前方呈塔尖状，说明充满信心；手与手重叠放在胸腹部的位置，是谦逊、矜持或略带不安心情的反映；轻拍自己的腹部，表示自己有风度、雅量，同时也反映出经过一番较量之后的得意心情。

握手时对方掌心出汗，表示对方处于兴奋、紧张或情绪不稳定的状态；若用力握对方的手，表明此人主动、热情，凡事比较主动；手掌向下握手，表示想取得主动、优势或支配地位；手掌向上，是性格软弱，处于被动、劣势或受人支配的表现；用两只手握住对方一只手并上下摆动，往往表示热情欢迎、真诚感谢或有求于人。

（2）腰部语言。腰板挺直，颈部和背部保持直线状态，则说明此人情绪高昂、充满自信、自制力较强；相反，双肩无力地下垂，凹胸突背，腰部下榻，则反映出疲倦、忧郁、消极、被动、失望等情绪。双手横叉腰间，表示胸有成竹，对自己面临的境况已做好精神上或行动上的准备，同时也表现出以势压人的优势感和支配欲。

凸出腹部，表现出自己的心理优势、自信与满足感。抱腹蜷缩，表现出不安、消沉、沮丧等情绪支配下的防卫心理。解开上衣纽扣而露出腹部，表示胸有成竹，开放自己的势力范围，对对方不存戒备之心。重新系一下皮带，是在无意识中振作精神、迎接挑战的信号；反之，放松皮带则反映出放弃努力以及斗志开始松懈，有时也意味着紧张气氛的暂时放松。

（3）腿部语言。摇动足部，或用脚尖拍打地板，或抖动腿部，都表示焦躁、不安、不耐烦或为了摆脱某种紧张感。足踝交叉而坐，往往表示在心理上压制自己的表面情绪；张开腿而坐，表明此人自信，并有接受对方的倾向。架腿而坐，表示拒绝对方并保护自己的势力范围。频频变换架腿姿势的动作是情绪不稳定或焦躁、不耐烦的表现。

▶ 3. 交往空间

在商务谈判中，交往空间是指交往者彼此间为了保持自己的领域以获得心理平衡，而对交往距离和空间进行控制与调整的范围。影响交往空间的因素主要有社会文化习俗、社会生活环境、人与人之间的亲密与熟悉程度、谈判目的、个体素养等。商务谈判交往空间是一个人为自己划定并认为是属于他个人的空间，一旦被别人触犯，就会感到不舒服或不安全，甚至恼怒起来。

西方文化环境中人与人交往的空间一般分为以下四个区域：

（1）亲密交往空间。这是人际交往中的最小间隔，只有亲密的人才能接近。其近段距离在 6 英寸（约 15 厘米）之内，彼此可能肌肤相触，耳鬓厮磨，以致相互能感受到对方的体温和气息。其远段距离为6~18英寸(15~46厘米),身体上的接触可能表现为挽臂执手或促膝谈心,仍体现出交往双方亲密友好的人际关系。

在近段距离中,基本上只谈论相互间切身利益的私事,而少谈正式公事,否则可能意味着有什么不想为人所知的私下交易。亲密距离内最具排他性,因而,在谈判交往中,一个不属于别人亲密距离圈子内的人,随意闯入这个空间,都是不礼貌的,会引起对方的反感,也会自讨没趣。

(2) 私人交往空间。这是在人际交往中次小的间隔,已较少有直接的身体接触。其近段距离为1.5~2.5英尺(46~76厘米),正好能相互亲切握手,友好交谈。这是与熟人交往的空间。远段距离为2.5~4英尺(76~122厘米),已有一臂之隔,恰在身体接触之外。

一般个人间的交往都在这个空间之内,它有较大的开放性。任何朋友和熟人都可以自由地进入这个空间,但对陌生人来说,则要视具体情境而定。当一个人在独自思考什么或专心做什么事情时,素昧平生的另一个人冒冒失失地闯入这个空间,还是会引起他的不满和不安的。

(3) 社会交往空间。这一空间体现出沟通双方存在着社交性的或礼节上的较正式的关系。其近段距离为4~7英尺(1.2~2.1米),一般出现在工作环境、社交聚会和谈判协商场合。远段距离为7~12英尺(2.1~3.7米),表现了一种更加正式的交往关系。

谈判过程中保持社交距离,并不仅仅从相互关系不够亲密的角度考虑,在很多情况下是从交往的正规性和庄重性来考虑的。社交距离中彼此说话响亮而自然,因此交谈的内容也较为正式和公开。一些本来只宜在私下情境中交谈的话题就不宜在社交距离中谈论。

(4) 公共距离空间。在这个空间中,人与人之间的直接沟通大大减少了。其近段距离为12~15英尺(3.7~4.6米),远段距离则在25英尺(约7.7米)之外,这是一个几乎能容纳一切人的"门户开放"空间。人们完全可以对处于这个空间内的其他人"视而不见",不予交往因为相互之间未必发生一定联系。

个体空间的范围是具有伸缩性的。不同的谈判人员所需的个体空间范围有所不同,同一个谈判者在不同心理状态下所需的个体空间也会发生变化。相关研究表明,文化差异、性格差异、社会地位的不同、谈判者的情绪状态、场合的变化都会对谈判人员所需要的个体空间范围产生影响,需要区别对待。

【案例6-7】
美国一家石油公司经理几乎断送了一笔重要的石油买卖,关于事情的经过,请听他的自述:"我会见石油输出国组织的一位阿拉伯代表,和他商谈协议书上的一些细节问题。谈话时,他逐渐地朝我靠拢过来,直到离我只有15厘米才停下来。当时我并没有意识到什么,我对中东地区的风俗习惯不太熟悉。我往后退了退,在我们两人之间保持着一个我认为是适当的距离——60厘米左右。这时,只见他略略迟疑了一下,皱了皱眉头,随即又向我靠拢过来。我不安地又退了一步。突然,我发现我的助手正焦急地盯着我,并摇头向我示意。感谢上帝,我终于明白了他的意思。我站住不动了,在一个我觉得最别扭、最不舒服的位置上谈妥了这笔交易。"

分析：在本案例中，文化的差异使得两位谈判者对于"适当的距离"的理解存在差异。好在美国石油公司的经理在助手的提醒下，及时察觉到这一差异，理解并尊重了阿拉伯代表对于"适当的距离"的需要，双方达成协议。

二、商务谈判行为语言的运用

商务谈判行为语言的运用受到两大因素的影响：一是谈判者的行为语言能力。该能力是谈判者行为语言素养的外在表现。谈判者的素质和修养的高低，通过其言谈举止表现出来，既可能被对方认可，也可能不被对方认可。二是谈判者的谈判目的。观察和训练是提高谈判者行为语言能力的两条途径。

▶ 1. 观察

留心观察才能学会运用。可以通过摄像机来提供具体的、生动的素材，让谈判者在专业人员或有丰富谈判经验人员的帮助或提示下进行分析，也可以在自然条件下直接观察他人运用的各种行为语言，并分析其表达的意图。同时注重总结提炼，学习并熟悉运用各种行为语言的规律。

▶ 2. 训练

训练的目的一方面是使谈判人员将通过观察习得的规律应用于实践，通过实践掌握行为语言运用技巧；另一方面是使谈判人员的行为语言给人以自然的感觉。一个经过专业训练的演员与未经训练的业余演员的差距是显而易见的。在有条件的情况下，应该在专业人员或有谈判经验的人员帮助下，训练行为语言的使用。应该尽可能避免行为语言与有声语言之间的矛盾，使两者成为一个相互协调的整体，增强语言表达的可信度。

| 本章小结 |

商务谈判的过程，其实就是谈判各方运用各种语言进行洽谈、沟通的过程。依据语言表达方式的不同，商务谈判语言可以分为有声语言和无声语言。按语言表达特征，商务谈判语言可分为专业语言、法律语言、外交语言、文学语言、军事语言等。语言艺术在商务谈判沟通中起着十分重要的作用。

在商务谈判中运用语言艺术时需要遵循客观性、规范性、针对性、逻辑性等原则。运用有声语言的技巧主要体现在倾听、提问、回答、辩论、说服等方面，必须反复练习、总结，不断借鉴，掌握商务谈判的有声语言沟通技巧。

在商务谈判中，交往空间是指交往者彼此间为了保持自己的领域以获得心理平衡，而对交往距离和空间进行控制与调整的范围。影响交往空间的因素主要有社会文化习俗、社会生活环境、人与人之间的亲密与熟悉程度、谈判目的、个体素养等。不同的空间距离传递出不同的交往信息，显示出交往对象关系亲疏程度的不同。

在商务谈判中，行为语言具有重要的作用。单独的一个动作难以传递丰富、复杂、完整的意义，行为语言必须有一定的连续性才能表达比较完整的意义。我们需要将具有不同背景的谈判者及其姿态、语言和携带的物品等综合起来理解和分析。观察和训练是提高个人行为语言能力的最好方法。

思考题

1. 阐述商务谈判有声语言和无声语言的区别与联系。
2. 有声语言的使用要遵循哪些原则？
3. 如何才能做到有效倾听？
4. 提问的方式有哪些？
5. 辩论技巧有哪些？
6. 如何才能说服对方？
7. 说说商务谈判中常见的手势及其意义。
8. 如何理解个体空间的伸缩性？

案例分析

王东、熊启立和崇向前三人出差去见客户，从公司财务部门借了 10 000 元做差旅经费，由王东保管。到了酒店，王东突然发现自己装钱的包被人割了一个洞，10 000 元全被偷走了！王东大惊，赶紧把这事告诉另外两人。熊启立说："你这么大个人，怎么连个包都看不住。这钱丢了，算谁的？怎么跟公司交代？搞不好我们还要跟你一起赔钱！"崇向前赶紧说："熊哥，你先别这么说。王东这会儿估计心里比谁都难受。"他又转头对王东说："你也别太担心，别太自责，毕竟碰见小偷谁都不愿意。不过既然事情出了，就放宽心，咱们一起想办法！"王东对崇向前感激地点点头。

（资料来源：亚明辉. 倾听[J]. 演讲与口才，2016，16）

问题：

（1）面对同一件事情，为什么熊启立和崇向前说出的话完全不一样呢？

（2）谁说出的话让王东更能接受，也更有利于问题的解决？为什么？

实训项目

一、实训名称

土地购销谈判中沟通技巧的实践

二、实训目标

通过训练，使学生具备团队协作、信息收集及分析的能力，具备根据谈判的内容、对象、进程选择恰当的沟通方式和沟通技巧，达成谈判目标。

三、实训背景

某外国公司与我国某贸易公司合资建立一个大型超市，需要在近郊购买500亩土地。这块土地的使用权属于胜利村。合资公司出价50万元，而胜利村坚持要100万元，谈判从这里开始，双方开价相差甚远。胜利村人强调，土地是农民的生活之本，失去了这片耕地的使用权之后，农民的生活没有出路，农民的收入减少，利益得不到保证，只得多要一些钱来维持生活或用这笔钱来另谋生路。合资公司的想法是，购买地皮时少用一些资金，可以省下钱来扩大经营规模。双方拟通过谈判解决存在的分歧，达成双赢协议。

四、实训步骤及要求

1. 以4～6人为一组，组建谈判小组，以小组为单位，通过分工协作，对实训背景进行分析，并进行相关信息的收集整理，每个小组撰写一份谈判计划书，重点突出沟通原则、策略和方法。

2. 当堂进行模拟谈判，之后由其他观摩同学点评，再由场上谈判双方自评和互评，最后由教师对双方进行评价，如发现与计划书出入较大，当场请其做出必要的解释。谈判结束后，以小组为单位对本次谈判进行讨论总结，并提交书面的谈判评估报告。

7 第七章
商务谈判礼仪

学习目标

1. 了解商务谈判礼仪的重要性；
2. 了解不同地域的商务谈判习俗与禁忌；
3. 理解商务谈判礼仪的含义及基本准则；
4. 掌握常见商务谈判礼仪的要点。

导入案例

在 1972 年以前的 15 年里，中美大使级会谈共进行了 136 次，全都毫无结果。中美之间围绕台湾问题、归还债务问题、收回资金问题、在押人员获释问题、记者互访问题、贸易前景问题等进行了长期的、反复的讨论与争执。对此，基辛格说："中美会谈的重大意义似乎就在于它是不能取得一项重大成就的时间最长的会谈。"然而，周恩来总理以政治家特有的敏锐的思维和高超娴熟的谈判艺术，把握住了历史赋予的转机。在他那风度洒脱的举止和富有魅力的笑声中，有条不紊地安排并成功地导演了举世瞩目的中美建交谈判，在 1972 年的第 137 次会谈中终于打破了长达 15 年的僵局。美国前总统尼克松在其回忆录中对周恩来总理的仪容仪态、礼貌礼节、谈判艺术、风格作风给予了高度的赞赏。

尼克松说，周恩来待人很谦虚，但沉着坚定，他优雅的举止、直率而从容的姿态都显示出巨大的魅力和泰然自若的风度。他外貌给人的印象是亲切、直率、镇定自若而又十分热情。双方正式会谈时，他显得机智而谨慎。谈判中，他善于运用迂回的策略，避开争议之点，通过似乎不重要的事情来传递重要的信息。他从来不提高讲话的调门，不敲桌子，也不以中止谈判相威胁来迫使对方让步。他总是那样坚定不移而又彬彬有礼，他在手里有

"牌"的时候，说话的声音反而更加柔和了。他在全世界面前树立了中国政府领导人的光辉形象，他不愧是一位将国家尊严、个人人格与谈判艺术融洽地结合在一起的伟大人物。

（资料来源：吕晨钟. 学谈判必读的 95 个中外案例［M］. 北京：北京工业大学出版社，2005）

分析： 成功的谈判包括很多因素，例如谈判的原则、策略、时机等。此案例中周恩来以其无与伦比的品格给人们留下了深刻而鲜明的印象，他的礼节礼仪无疑也是促成谈判成功的重要因素之一。

第一节 商务谈判礼仪概述

优秀的谈判者，不仅要擅长商务谈判的沟通技巧，还必须了解商务礼仪知识。商务谈判要遵从一定的规范与礼仪，否则会影响双方的情感交流，而且影响对方对自己在修养、身份、能力等方面的评价。英国哲学家约翰·洛克说："礼仪是在一切别种美德之上加上一层藻饰，使它们对他具有效用，去为他获得一切和他接近的人的尊重和好感。"因而，学习礼仪、遵循礼仪是每个人的必修课。

一、礼仪及商务谈判礼仪

▶ **1. 礼仪的概念**

何为礼仪？"礼之名，起于事神。"《说文·示部》解释是："礼，履也，所以事神致福也。"意思是礼仪指敬神，表示敬意的活动。由于礼的活动都有一定的规矩、仪式，于是又有了礼节、仪式的概念。

进入文明社会以后，人类把礼仪活动由"祈神"转向敬人，先用于宫廷，后拓展到社会各阶层，并广泛运用于社会交往中。因此，凡是把人内心待人接物的尊敬之情，通过美好的仪表、仪式表达出来的就是礼仪。

礼仪是指人们在社会交往中，用以美化自身、敬重他人的约定俗成的行为规范。礼节、礼貌、仪表、仪式等都是礼仪的具体表现形式，它们都包括不同的内容。礼节是约定俗成的和惯用的各种行为规范的总和。礼节是社会文明的组成部分，具有严格的礼仪性质。它反映了一定的道德原则的内容，反映了对人对己的尊重，是人们心灵美的外化。当代社会，礼节体现出人与人的相互平等、相互尊重和相互关心。而且，在不同的国家、不同的民族、不同的地区，人们在各自生存环境中形成了不同的价值观、世界观和风俗习惯，其礼节从形式到内容也不尽相同。

礼貌是人们在社会交往过程中良好的言谈和行为。著名诗人歌德说："一个人的礼貌，就是一面照出他肖像的镜子。"礼貌是人们道德品质修养的最直接的体现，也是人类文明行为的最基本要求。当代社会，使用礼貌用语、尊重他人、态度和蔼、举止适度、彬彬有礼已成为人们日常的行为规范。

仪表即人的外表，包括仪容、服饰、体态等。仪表是礼仪的重要组成部分。仪表是一个人外在美和内在美的和谐统一，美好的仪表与人的精神境界融为一体。端庄的仪表既是对他人的一种尊重，也是自尊、自爱、自重的一种表现。

仪式即行礼的具体过程或程序，是一种比较正规、隆重的礼仪形式。人们在社会交往过程中，常常要举办各种仪式以体现出对某人或某事的重视或纪念。

因此，礼仪包括礼节、礼貌、仪表和仪式四种表现形式，各有不同却缺一不可。

▶ 2. 商务谈判礼仪的概念

商务谈判礼仪是存在于从事商务相关工作的人员中的。商务交往涉及许多因素，但基本上来说是讲人与人之间的交往，其主体是人，所以商务谈判礼仪是商务人员之间交往的艺术。人与人之间的沟通必须遵守一定的礼仪规范，否则就会显得唐突，破坏谈判的和谐氛围，影响谈判效果。

商务谈判是现代商务活动中一个不可或缺的环节。在商务活动中人们交往的目的是增进关系以提高业务磋商的效率，缩短谈判进程，达成协议。商务谈判作为一项特殊的商务活动，对谈判者的礼仪有着特殊的要求。商务谈判礼仪，主要是指企业里的工作人员以及一切从事商务谈判活动的人在商务往来中应该遵守的礼仪。它是商务活动中对人的仪容仪表和言谈举止的普遍要求，是一般礼仪在商务活动中的运用与体现，包括待客、商业洽谈、推销、商业仪式、外事、文书、会议、谈判、迎送、公关礼仪等。

遵守商务谈判礼节和礼仪不仅能提高个人形象，还可维护企业形象。在商务谈判中，个人代表着集体，个人形象代表着企业形象，个人的一举一动、一言一行，都是本企业的典型活体广告。对于谈判者来说，他们的言行举止代表着组织的形象与高度，因此在商务交往的过程中，遵循商务谈判礼仪，不仅能体现个人素养，同时，也能很好地维护企业形象。

同时，商务谈判礼仪也是谈判者之间相互交流、沟通的一种行为规范，是对他人表示尊敬的一种方式，它在一定程度上反映了一个国家或地区、一个民族或个人的文明、文化程度和社会风尚。

二、商务谈判礼仪的基本准则

商场竞争激烈如同战场，局势瞬息万变，谈判礼仪的要求也会随着不同场合、不同文化背景而变化，在这变化多端的局势中存在一些通用的礼仪准则。想要有效发挥商务谈判礼仪在商务交流中的作用，就必须掌握不同礼仪所体现的共同精髓，即世界各地都认可的商务谈判礼仪的基本原则，这样谈判人员才能在商务谈判过程中提高自身的综合谈判实力，签订合约。

商务谈判礼仪的基本原则是谈判的指导思想和基本准则，它决定了谈判者在谈判中采用什么谈判策略和谈判技巧。

▶ **1. 真诚尊重的原则**

在商务谈判的过程中，双方是平等的。相互尊重、关爱客户是一种至高无上的礼仪，也是谈判者优良素质和修养的具体表现。各国商务礼仪的核心就是尊重。所谓"人敬我一尺，我敬人一丈"，谈判双方在相互尊重中建立情感关系，对推动谈判进程至关重要。

（1）重他。即尊重谈判双方。获得他人的尊重是人的基本需求之一，在商务活动中更是谈判方的最基本需求。只有这种需求得到满足后，合作才会产生。因为只有尊重别人才会赢得别人对自己的尊重。例如，在谈判中，你能记住对方的名字，对方就会产生一种亲近感；反之，张冠李戴，对方肯定会感到不快，双方间感情上的距离就会拉远。英国人培根说过："开门迎客却又怠慢他，你就什么也得不到。"即使自己在经济、技术、实力等方面有优势，也不应盛气凌人，怠慢对方。否则，优势也会转化为劣势，对方或者会弃你而去，另寻别的合作者，或者迫于情势，暂时屈从，但在以后的合作中，必会为你设置重重障碍。

（2）自重。尊重他人并不意味着失去自尊，自重者人重。谈判人员的修养与自尊会间接或直接地影响对方对己方实力的认定与评估。举止优雅，会令人肃然起敬；行为粗俗，必被人看轻。另外，过分自谦也会引起别人的误解。因为在强调实际的西方人眼里，这常常是缺乏实力或者无诚意的表现。听到对方的赞誉之词，应礼貌地致谢，而不应连声说不，否则对方会认为他的判断力有问题，或者认为你是在拒绝他的好意。

▶ **2. 理解宽容原则**

谈判是利益矛盾的双方力求走向一致并达成合意的过程。差异、矛盾甚至冲突的出现是正常的，不能因为对方与己方意见相左，就面露愠色，话语尖刻，甚至恶语相加。即使是涉及坚持原则的事情，也应有理有节，以理示人。往往有这种情况，设身处地并对对方的不同的观点和立场表现出充分的、善意的理解，会影响、转化对方的态度，促使对方也采取同样的态度来看待我方的观点和立场，从而寻得方法，走出僵局。另外，由于谈判双方在文化背景、风俗习惯上有差异，不少矛盾是由误解造成的。而在谈判过程中对对方报以理解和宽容的态度对待则能够有效地化解这种误解。

宽容原则指的是商务谈判中既要严于律己，又要宽以待人。在维护本公司的利益时，也要换位思考，多体谅对方、理解对方，千万不要求全责备、斤斤计较、过分苛求、暴跳如雷、冷嘲热讽。即使一时交易不成，也没有关系，"生意不成，仁义在"。谈判失利时，己方的宽容、大气、度量，会给对方留下深刻的形象，为下次交易成功奠定良好的基础。

▶ **3. 平等适度原则**

哲学讲究"度"，刚好或恰好达到这个"度"，即适度。适度原则表明，对待任何事情，都应把握好分寸，即做到适度。所谓适度，就是要注意情感适度、谈吐适度、举止适度。使用礼貌、礼节等恰到好处、恰如其分，才能真正赢得对方的尊重，达到情感沟通的目的。

古人曰："君子之交淡如水，小人之交甘如醴。"在谈判中与对方保持一定距离，是进行良性情感沟通的重要条件。你对对方既要彬彬有礼，又不能卑躬屈膝；既要热情大方，又不能低三下四。在商务交往中，热情待客固然可取，但也要考虑到对方的风俗习惯、价值观念，切不可一厢情愿，强加于人，否则会事与愿违，好心办坏事。

▶ 4. 守时原则

守时原则是指在商务谈判的过程中要做到准时到达谈判会场，不迟到。守时是商务谈判中最基本的礼貌。在商场上，时间就是金钱，时间就是生命。如果在初次谈判时就迟到，会给对方留下相当不好的印象。所以，守时是商务谈判礼仪中最基本的原则。守时是对对方的友好与尊重。参与谈判中的各种活动，要按约定的时间到达，既不要过早，也不要过晚。若登门拜访，则需要提前约好，不要贸然造访。如果遇到特殊情况不能按时赴约，则需设法提前通知对方。

【案例 7-1】

德国西门子公司被称为世界上最大的通信公司之一，该公司的业务遍及全世界的诸多国家和地区。而与西门子合作的商业伙伴个个都是实力不俗的大公司，如果没有太大的必要，西门子公司是不会轻易与合作伙伴中断交易的，因为无故中断交易不仅会影响双方以后的合作前景，而且在现有合作合同的业务条款方面也将受到不少制约，这会给主动提出交易终止的公司直接造成经济上的巨大损失。

西门子公司在中国的业务也非常庞大，它本来有一个业务上的合作伙伴，双方的合作也有了相当长的一段时间，这家公司和西门子公司从事该业务的主管关系也非常良好，双方有时候还在一起商谈一下有关合作远景的话题。但是不久以后，西门子公司在中国进行了人员更替，包括技术、财务、业务方面的主管全部更换了新人。新任业务主管佩德罗夫先生在上任以后发现公司业务以前的合作伙伴有一些问题，比如价格比较贵、付款不及时等，于是他决定终止与这家公司的业务往来，转而寻求与另一家公司进行合作。除了价格等方面的因素，佩德罗夫还发现先前那家公司过去在汇率上有多收西门子公司货款的情形，所以要跟该公司谈判，不再和他们进行业务来往，但还不能让对方嫉恨，否则对方不会很痛快地就把多收的货款退回来，那样西门子公司的经济损失将非常大。这就要求谈判者想方设法不得罪对方，同时又能够顺利要回自己的款项。

在谈判桌上，佩德罗夫决定用诚实来征服对方。他先告诉对方，他们哪些部分价格比别的公司高，所以只好暂时不用他们的，但是又借机告诉对方这些方面今后需要改进。对方在这个问题上当然不会轻易放弃，经过双方的多次交涉与探讨，最终还是决定暂时放弃继续合作，但是双方并没有把关系搞僵。同时，佩德罗夫还提出双方今后的合作前景，他并没有向对方直接关闭西门子这扇门，使对方觉得即使这次合作没能成功，但是以后的机会还有很多，没必要堵死自己的路。最后谈到多收货款的问题，由于当时合作被取消，对方当然不愿意痛快地将货款全部退回，毕竟到手的利润没人愿意让它再从手里溜走。佩德罗夫再次展开诚实攻势，首先说明这部分欠款是该公司必须归还的，不论从法律义务上讲还是从商业道德角度说；另外佩德罗夫也说明自己刚接管中国区业务的实际情况，如果这笔欠款不能收回将无法向上级交代；最后，佩德罗夫又提出了一个新的合作项目，该公司在这个项目中所获取的利润远远超过这笔欠款。最终对方答应将多收的货款如数退回，佩德罗夫取得了最后的胜利，既保全了公司的经济利益，又保住了双方良好的合作关系，至于以后能否继续合作，那就是以后的事情了。

（资料来源：吕晨钟. 学谈判必读的 95 个中外案例[M]. 北京：北京工业大学出版社，2005）

分析：对于任何一家规模庞大的公司而言，业务往来和业务终止都是很正常的事情，但是如果处理不好，会引起合作伙伴之间关系的紧张甚至破裂，这势必会造成双方今后合作的困难，受损失的不是一方，而是双方。除此之外，业务终止处理不好还会带来的另一个恶果，便是主动提出终止的一方必然授人以柄，在善后处理的时候处处被动，这不仅会给公司造成不必要的经济损失，而且从法律角度考虑也没有任何退路。因此，谈判人员应该遵从基本的商务谈判礼仪原则，从宽容理解的角度出发，理解在业务往来中有可能出现中止现象，避免面露愠色，话语尖刻，甚至恶语，从而导致关系破裂。

西门子公司在明显违约的情况下，用对方的缺点和短处打开了业务终止的缺口，不仅保存了双方的面子，还用合作远景作为商业条件，讨回了对方多收的货款。佩德罗夫聪明的头脑、丰富的谈判经验、尊重对方的态度发挥了很大作用，在没有任何优势的前提下，沉着冷静、真诚待人，从事实和诚信入手，抓住对方的缺点来和对方进行交涉，并且在最关键的时候拿出诚心向对方摊牌，最终取得了谈判的胜利。

三、商务谈判礼仪的作用

▶ 1. 有助于塑造良好的企业形象

企业作为一个以赢利为目的的组织，顾客就是其生存之本，社会上广大的人群都可能是企业的潜在客户。因此，企业塑造良好的社会公众形象就等于在客户心里树立了一块无形的广告招牌。

商务谈判人员代表的是企业形象，如果能讲究商务礼仪，就能帮助自己的企业在社会上树立良好的企业形象，从而得到公众的肯定与赞赏，获得社会各方面的信任与支持，从而在激烈的市场竞争中提高竞争力。由此可见，企业谈判人员时刻注意礼仪，既是个人素质的体现，也是树立企业良好形象的需要。在商务谈判过程中，礼貌礼节是决定企业形象的关键因素。

▶ 2. 有助于建立良好的商务关系

在商务谈判中，处理好与竞争对手、合作伙伴以及顾客之间的关系是不容忽视的。谈判人员在谈判过程中的综合表现直接影响着人际关系的建立。谈判人员行为方式的好坏决定了商务人际关系的深入程度。因此，有着良好礼仪规范的商务行为有助于加快谈判双方商务关系的建立，而良好的商务关系又有助于商务谈判的顺利进行。

▶ 3. 有助于促进企业谈判成功

一个企业如果能热情周到、大方得体地接待客户，认真倾听对方的需求并尊重对方，就会使客户感受到公司的诚意，乐意同对方企业的谈判人员打交道。在一个轻松和谐的氛围中谈判，自然会拉近双方的距离，容易找到一个双方均能接受、彼此都可受益的结合点。在谈判初期，交易双方可能相互并不了解，而个人形象往往是企业形象的代表。在商务活动中，一方往往通过对方的仪容仪表、言谈举止判断对方，并通过对方分析对方谈判人员所代表的企业的可信程度，进而影响与其交往的程度。由此可见，在商务谈判中谈判人员高尚的道德情操、彬彬有礼的言谈举止、渊博的知识都会给对方留下深刻印象，并令其对自己代表的企业产生好感，减少谈判阻力，从而推动谈判成功。

【案例 7-2】

1949 年 4 月国共和谈期间，毛泽东接见了国民党方面的代表刘斐先生。刘斐开始非常紧张。见面后，毛泽东和刘斐寒暄起来："你是湖南人吧?"刘斐回答是醴陵人，醴陵与毛泽东的家乡是邻县。毛泽东高兴地说："老乡见老乡，两眼泪汪汪哩。"听了这话，刘斐紧张的心情很快就放松下来，拘束感完全消失了。

被美国人誉称为"销售权威"的霍伊拉先生，有一次要去梅依百货公司拉广告，他事先了解到这家公司的总经理会驾驶飞机。于是，他在和这位总经理见面互做介绍后，便随意说了一句："您在哪儿学会开飞机的?"一句话，触发了总经理的谈兴，他滔滔不绝地讲了起来，谈判气氛显得轻松愉快，结果不但广告有了着落，霍伊拉还被邀请去乘了总经理的自用飞机，和他交上了朋友。

(资料来源：王玉苓，徐春晖. 商务礼仪[M]. 北京：人民邮电出版社，2016)

分析：一个有经验的谈判者，能通过相互寒暄、礼待时的那些应酬话去掌握谈判对象的背景材料，如他的性格爱好、处事方式、谈判经验及作风等，进而找到双方的共同语言，为相互间的心理沟通做好准备。因此，商务谈判礼仪是促进谈判成功的重要因素之一。

第二节 常见的商务谈判礼仪与禁忌

一、常见的商务谈判礼仪

商务谈判，特别是对外谈判，由于其本身的商业性、涉外性和正规性，对礼仪方面有着一些特殊的要求。商务谈判对谈判人员的着装礼仪、会面礼仪、座次礼仪、电话礼仪以及礼品礼仪等方面的要求都比较具体。

（一）着装礼仪

▶ **1. 男士商务谈判着装**

西装常常是男士的商务着装，任何商务谈判人员都不能小视西装穿着的礼仪规范，具体而言，应该注意以下几项。

（1）穿好衬衫。穿西装必须要穿衬衫，衬衫最好不要过旧，领头一定要硬扎、挺括，外露部分一定要平整干净。衬衫下摆要扎进裤子里，领子不要外翻在西装外。衬衫长袖略长于西装袖子。

（2）内衣不可过多。穿西装切忌穿过多内衣。衬衣内除了背心之外，最好不要再穿其他内衣，如果确实需要穿内衣的话，内衣的领圈和袖口也一定不要露出来。如果天气较冷，衬衣外面还可以穿上一件毛衣或毛背心，但毛衣一定要紧身，不要过于宽松，以免穿上显得过于臃肿，影响穿西装的效果。

（3）打好领带。在比较正式的社交场合，穿西装应系好领带。领带有简易打法和复杂打法之分。领带的长度要适当，以达到皮带扣处为宜。如果穿毛衣或毛背心，应将领带下部放在毛衣领口内。系领带时，衬衣的第一个纽扣要扣好，如果佩带领带夹，一般应在衬衣的第四、第五个纽扣之间。

（4）鞋袜整齐。穿西装一定要穿皮鞋，而不能穿布鞋或旅游鞋。皮鞋的颜色要与西装相配套。皮鞋还应擦亮，不要蒙满灰尘。穿皮鞋还要配上合适的袜子，袜子的颜色要比西装稍深一些，使它在皮鞋与西装之间显示一种过渡。

（5）扣好扣子。西装上衣可以敞开穿，但双排扣西装上衣一般不要敞开穿，如图7-1所示。在扣西装扣子时，如果穿的是两个扣子的西装，不要把两个扣子都扣上，一般只扣一个，如图7-2所示。如果是三个扣子只扣中间一个或者上面两个。西装裤兜内不宜放沉东西。

图7-1　双排扣西装

图7-2　单排扣西装

▶ **2. 女士商务谈判着装**

对女士商务谈判着装而言，上下身同色的"套装"会让人看起来很干练、利落、自信，而且能够焕发出不可言喻的职业感。如果不穿套装，可在其他款式的外衣外面再套上一件西装外套或针织外套，这就是休闲商务装。应该注意，商务谈判女士无论选择的是套装还是其他着装，都必须做到得体，得体的着装才能塑造出完美的外在形象。着装得体必须注意以下两个方面。

（1）与主体因素（年龄、体态、肤色、性格、身份、职业等）相协调。如年轻女士着装可体现青春活力，中年女士着装应以沉着稳重为宜。体态有高矮胖瘦之别，瘦小以浅色为宜，略胖以深色、直条为宜。

（2）与客观因素（场合、季节）相协调。英国女王伊丽莎白二世访问中国期间，走出舱门第一个亮相，穿的是正黄色西服套裙，戴正黄色帽子。这位女王本人喜欢红色和天蓝色，很少穿黄色衣服。但在中国，过去的几千年，黄色是皇帝的专用色。女王访问中国在这种场合，穿正黄色，既表示尊重中国的传统文化，又显示了她作为一国君主的高贵身份。在商务谈判的签约喜庆场合，女士着装颜色宜明快，款式宜别致新颖。穿牛仔服、夹克衫出席商务宴会是不礼貌的。商务谈判、会议着装宜庄重。

【案例 7-3】

日本松下电器产业株式会社创始人松下幸之助一次到银座的一家理发厅去理发。理发师对他说："你毫不重视自己的容貌修饰，就好像把产品弄脏一样，你作为公司代表都如此，产品还会有销路吗？"一席话说得他无言以对，以后他接受了理发师的建议，十分注意自己的仪表并不惜破费到东京理发。

（资料来源：王玉苓，徐春晖. 商务礼仪[M]. 北京：人民邮电出版社，2016）

分析：从松下幸之助的例子可以看出仪容仪表的重要作用。商务人士的外貌仪表是一个窗口，它能透射出其文化修养的高低和审美情趣的雅俗，还能反映出一个人对这次商务谈判的重视程度。塑造自身优雅的外观形象，既是维护自己尊严的需要，也是尊重他人的行为规范。

（二）会面礼仪

对谈判而言，留下良好的第一印象是迈向成功的关键，因此了解交际场合中的一些见面礼仪是非常重要的。

▶ **1. 介绍**

介绍一般有两种形式，即自我介绍和通过第三者介绍。自我介绍由于其介绍的局限性，使用较少，所以由第三者介绍较为普遍。

介绍时，被介绍的一方应主动站起，面带微笑，以示尊重。介绍一般按下列礼节进行：

（1）先把年轻的介绍给年长的。

（2）先把职位、身份较低的介绍给职位、身份较高的。

（3）先把男性介绍给女性。

（4）先把客人引见给主人。

（5）先把个人介绍给主体。

▶ **2. 握手**

在介绍认识或见面时，握手作为一种最简单的动作语言被世界各国广泛采用。握手虽然简单，但也有许多地方应加注意。

（1）握手的主动与被动。一般情况下，主动和对方握手，表示友好和尊重。在来宾登门拜访时，主人应主动握手，以表示欢迎和感谢；在客人离别时，主人应被动握手，否则是不礼貌的。

（2）握手的时间和力度。握手时间要适中，时间过短显得没有诚意，时间太长又会使对方尴尬，一般应把握在3～6秒。同握手的时间一样，握手的力度也应适度，过轻或过重都不可取。

（3）握手者的姿态。握手者的面部表情是配合握手行为的一种辅助动作。握手时，应注视对方，面带微笑，使人有亲切、友好的心理感受。切忌左顾右盼、心不在焉和面部表情冷淡；否则，容易引起对方猜疑和不信任。

（4）女士与人握手时应先摘掉右手手套，男士则必须先脱去手套再行握手。还应指出的是，握手这一礼节，虽说在许多国家都适用，但在世界各国有不同的评价标准，而且也并非所有人都适用这种方式。如瑞典人见面时以有力的握手表示热情和诚意。而在我国香港地区，人们见面时要轻轻握手，并且握手时伴随着点头或稍作鞠躬礼。在马来西亚，握手只限于男性之间使用，男女之间很少相互握手，男子应该向女子点头或稍行鞠躬礼，并且主动以口头问候为宜。

▶ 3. 致意

有时谈判的双方或多方之间相距较远，在不需逐一介绍的情况下，可采用举右手打招呼或点头的形式表示敬意；对于不相识或仅有很少接触的谈判人员和相识者，在同一场合多次会面的情况下也可采用此种形式。

（三）位次排列礼仪

正式会务一般均排席位，也可只安排部分人的席位，其他人只排桌次或自由入座。无论哪种做法，都要在入席前通知到每个入席者，现场还要有人引导。

按照国际惯例，桌次的高低以离主桌位置远近而定，右高左低。同一桌上，席位高低以离主人远近而定。外国习惯于男女掺插安排，以女主人为准，主宾在女主人右上方，主宾夫人在男主人右上方。我国则习惯于按各人本身的职务排列，如夫人出席，通常把女方排在一起，即主宾坐男主人右上方，其夫人坐女主人右上方。

有关会务座位具体安排，大致可分为下列几种情况。

▶ 1. 圆桌

如会务只设一桌时，一般以设宴的房间正面或对着房门的一边为正席，排第一主人席。正席的正对面为副席，排第二主人，也可排第一主人的夫人。与正席和副席成90°角的线上为两个侧席。右侧的为右侧席，排第三主人；左侧的为左侧席，排第四主人。

客人一律按先右后左排列。在正席的右侧和左侧排第一客人夫妇；副席的右侧和左侧排第二客人夫妇；在右侧席的右侧和左侧排第三客人夫妇；在左侧席的右侧和左侧排第四客人夫妇。如果未请宾客的夫人赴宴，则可将第一、二宾客以先右后左的次序排在正席两侧，将第三、四宾客排在副席的右侧和左侧，其余依次类推。

如需配译员时，可安排在第一宾客右侧。如需在同一桌上安排第二译员，也按上述次序，安排在副席右侧与第三宾客隔开的坐席上。大型的会务桌，可多列二三十个坐席。有时需安排三四名译员，以利于主宾间进行交谈。第三、四名译员，仍参照上述次序依次排列。

▶ 2. 多桌

如果参加会务的人数较多，一桌难以安排，也可排多桌。两三桌，四五桌，甚至十几桌、几十桌都可以。如桌次多，第一桌称为主宾桌，人数可适当安排得多一些。十几人到二十几人均可。用大桌时，多桌的正席，均应面向主宾桌的正席。排法也如同圆桌的排法一样。在每桌上，应设置桌序牌，供来客按桌次与席次入座。但桌序号的排法，除主宾桌外，自右向左依序排列。

▶ 3. 长方桌

排席桌常常根据房间的形状和席桌的形状而定。如举行会务的房间是长方形的，也可将主宾全安排在一长方桌上就坐。其排法如下：

正席可安排在长方桌一顶端，也可安排在长方桌宽边的中央。如果正席安排在长方桌顶端，则副席为长方桌的另一顶端。来宾与陪客按身份高低的礼宾顺序，仍以先右后左的次序间隔地分座于第一主人和第二主人两则。如有译员，自然也安排在第一或第二客人右侧，与主人席间隔一席，以便主宾交谈。

如果正席安排在长方桌宽边的中央，则另一宽边中央为副席。来宾与陪宾也按礼宾顺序，以先右后左的顺序，间隔地分别坐于第一主人或第二主人两侧。译员的位置也按上述方法安排。

不论圆桌，还是长方桌，也不论是一桌、多桌，一般将参加会务的人的姓名与职称写在名签上，摆在每人应坐的桌前。

（四）电话礼仪

电话联系是一种较为频繁的交际方式。一般认为对着话筒跟对方交谈是日常生活的普遍技能，根本不会存在什么问题。其实不然，谈判双方互通电话，在礼仪上大有讲究，也有一些礼节应当遵守。

在谈判双方休整过程中，一方给另一方打电话，一般是有重要的事情，双方对此类电话都很注意。因此，打电话之前应做好准备，打好腹稿，选择好表达方式、语言声调。在通话中，如果是主方，应以客气的语言，请对方找某某先生（女士）。对方回话时，要小心询问接话的是否是某某先生（女士）。无论在多么紧急的情况下，不可一旦挂通即进行交谈。如果是接听他人的电话，首先应报清自己的通话地点、单位名称和姓氏，然后再进行交谈。每次谈话的内容，要求简明扼要、逻辑严谨、节奏适中。关键的地方要放慢语速，询问对方听清没有，记下来没有，特别是涉及谈判议程、会谈通知、谈判时间和地点等方面的内容，一定不能马虎，要重复一遍，认真进行核对、纠正，以免出错。

在国际商务谈判中，由于各国的风俗习惯不同，打电话的方式也不一样，就更应该考虑如何变换自己的语言习惯，以照顾、适应对方接电话的习惯。

（五）礼品礼仪

礼品是谈判的"润滑剂"，它有助于加强双方的交往，增进感情，巩固彼此之间的交易关系。

▶ 1. 礼物的选择

（1）注意对方的习俗和文化修养。由于谈判人员宗教习俗、文化背景不同，爱好和习惯也有所不同。如在阿拉伯国家，不能以酒作为礼物，也忌讳给当事人的妻子送礼品；在英国，受礼人讨厌送有礼品人单位或者公司标识的礼品；法国人讨厌别人送菊花；日本人不喜欢有狐狸图案的礼物；中国人忌讳送钟等。这些都是由不同的习俗和文化造成的。

（2）注意礼品的数量。我国向来以双数表示吉祥，而在日本等一些国家则以奇数表示吉利。西方一些国家普遍忌讳 13 这个数字。因此，无论是送水果还是其他数量较多的礼物，都要注意这一点。

（3）把握礼品的价值。礼品的价值即礼品的货币价值。在赠送礼品时应根据客商的具体情况确定礼品的价值。一般情况下，欧美等国的社交在送礼方面，较注重礼物的意义价值而不是礼物的货币价值，他们只把礼物作为传递友谊和感情的媒体和手段。在美国，一般的商业性礼物的价值在 25 美元左右。有时赠送昂贵的礼物会引起对方的怀疑及戒备，也会使对方为难。相对而言，亚洲、非洲、拉丁美洲和中东地区的客商，较注重礼物的货币价值，对这些国家的客商赠送礼物可适当地贵重一些。

有时，也会遇到对方给自己送礼的情况，这就需要确定对方的礼物是否恰当，是否可以接受。当不能接受对方的礼物时，应向对方讲明原因，并婉言谢绝。这样，可以防止对方误解和不愉快。商务交往中是否可以接受礼物以及礼物的处理，国内有关部门和企业都有相应的政策和纪律，谈判人员应当遵守这方面的政策规定。

（4）注意礼品的暗示作用，不要因送礼品造成误解。选择礼品时，既要考虑对方的文化、习俗、爱好、性别、身份、年龄等因素，又要考虑礼品本身的思想性、艺术性、趣味性和纪念意义，还要注意避奢脱俗。礼物应当是"创造性"的，应是为对方所喜欢并能接受的。像我国的景泰蓝、玉器、绣品、水墨字画、瓷器、茶具等，都能受到国外客商及谈判者的喜爱。

给德国人送礼忌讳用白色、棕色或黑色的纸包装礼品；而给南美国家的人送礼，千万不能送刀或手绢，因为刀意味着一刀两断，手绢则总与眼泪、悲伤联系在一起。

▶ 2. 送礼时机的选择

各国都有初交不送礼的习惯，具体何时送礼，各国又各有特点。法国人喜欢下次重逢时馈赠礼品；英国人多喜欢在晚餐或看完戏后赠送礼品；我国一般是在离别前赠送礼品。有意给对方惊喜时，送礼物的时间更是重要。商务谈判人员应该根据谈判人员的不同文化背景，在适宜的时机送上礼物，这样赠礼的效果才能达到最佳。

▶ 3. 赠送地点和方式

赠礼要分清场合。去友人家做客，不要带在宴会上吃的食品作为礼物。出席酒会、招待会不必送礼，必要时可送花篮或者花束等。

赠礼的方式一般以面交为好。西方人在送礼时十分看重礼品包装，多数国家的人喜欢用彩色包装纸和丝带包扎礼物，西欧国家则喜欢用淡色包装纸。与中国人的习俗不同，在西方国家接受礼物后应即刻表示感谢，并当面拆看，不论其价值大小，都应对礼物表示赞赏。

▶ 4. 接受、拒绝礼品的礼仪

（1）接受礼品的礼仪。在许多西方国家，受礼人在接受礼品时，通常习惯于当面拆开礼品的包装，认真地欣赏礼品，并且适当赞赏收到的礼品。千万不要拿礼物开玩笑，或者说任何可能被认为是开玩笑的话。即使并不真正喜欢收到的礼品，至少要说一些令人开心的话。在日本、韩国、新加坡、马来西亚和中国，一般受礼人不当着送礼人的面打开礼物，表明他们重视的是送礼这一行动，而不是礼品本身。接受礼品后，最好在一周之内写信或打电话向对方再次致谢。

（2）拒绝礼品的礼仪。一般而言，以下三种物品不宜接受：一是违法违禁物品；二是价格超过了规定的礼品，或是现金、有价证券；三是包含某种无法接受的暗示的物品。要做到拒绝有方，拒收礼物时要注意：最好是在没有外人在场的境况下，当场向对方说明原因并退还礼品；如果送礼人是善意的，还要向对方表示感谢。也可以事后及时写信，随心送还礼物。如果送礼人不怀好意（隐含附加条件等），就有必要婉转地表达出对对方做法的不满。

【案例 7-4】

"西安事变"后，蒋介石将张学良扣留，交军事法庭审判，判 10 年有期徒刑。1945 年 8 月抗战胜利，张学良刑期已满 10 年，便将自己戴了多年的瑞士怀表作为礼品馈赠给蒋介石，暗示蒋介石"时间已到，该放我出去了"。蒋介石让戴笠带回去两件回礼，一件是 1936 年的旧挂历，暗示张学良 1936 年这笔账还没算完；另一件是一双绣花鞋，暗示张学良要继续做"闺中将军"。

（资料来源：王玉苓，徐春晖. 商务礼仪[M]. 北京：人民邮电出版社，2016）

分析：张学良、蒋介石都是利用"特色"礼物来表达自己内心的想法。"特色"礼物传达出的是特殊的含义，礼物的"特色"意义和价值在这里无不尽显。对现实中的企业和商务谈判人员来说，要注意每件礼物的暗示作用，选取合适的礼品赠予合作伙伴，并在馈赠礼物时突出特色，可以利用其传递特殊的信息，让礼物的内涵更有意蕴，价值更加深厚。

▌ 二、不同地域商人的谈判习俗与禁忌

由于礼仪及习俗受国别、地域、宗教、文化、民族、风俗等因素的影响很大，因此在国际商务谈判中，不仅要遵从一般的商务礼仪规范，还要了解有关国家的商务习俗与相关禁忌。以下按照地理区域介绍不同文化背景下的商务习俗与禁忌。

（一）西方国家商人的礼仪与禁忌

习惯上说的西方国家通常是指欧美各国，其文化渊源、宗教信仰相近，在礼俗上西方国家的共性较多。例如西方人普遍认为 13 是个不吉利的数字，他们通常会以 14（A）或 12（B）来代替。在日常生活中，他们总是尽量避开这一数字。有的人甚至对 13 号这一天产生莫名的恐惧感，停止一切活动。若恰逢 13 号又是星期五，西方人更认为是"凶日"，称为"黑色星期五"。西方人还忌讳 13 人同桌开会或就餐。另外，3 这个数字，也为很多西方人所忌讳。特别是在点烟的时候，忌用一根火柴或打火机连续点三支烟。

▶ 1. 英国商人的礼仪与禁忌

（1）不要随便闯入别人的家。但如果受到对方的邀请，则应该欣然前往，这无疑可以理解为对方向你发出商务合作可能顺利实现的信号。但在访问时，最好不要涉及商务，不要忘记给女士带上一束鲜花或巧克力。

（2）给英国女士送鲜花时，宜送单数，不要送双数和 13 枝，不要送英国人认为象征死亡的菊花和百合花。

（3）不要以英国皇室的隐私作为谈资。英女王被视为其国家的象征。

（4）忌用人像作为商品的装潢。英国人喜欢蔷薇花，忌白象、猫头鹰、孔雀商标图案。

（5）忌随便将任何英国人都称英国人，一般将英国人称为"不列颠人"或"英格兰人"等。

（6）英国人最忌讳打喷嚏，他们一向将流感视为一种大病。

▶ 2. 美国商人的礼仪与禁忌

（1）美国商人的法律意识很强，在商务谈判中他们十分注重合同的推敲。"法庭上见"是美国人的家常便饭。

（2）绝对不要对对方的某一个人进行点名批评，把以前在谈判中出现过的摩擦作为话题，或是把处于竞争关系的公司的缺点指出来进行贬低。

（3）注意商品的包装和装潢。包装和装潢新奇的商品往往能够激起他们的购买欲。

▶ 3. 加拿大商人的礼仪与禁忌

（1）赴约时要求准时，切忌失约。

（2）日常生活中忌白色的百合花，白色百合只在开追悼会的时候才使用。加拿大人喜欢枫叶，国旗上就有枫叶，加拿大有"枫叶之国"的美称。

（3）切勿将加拿大与美国相比较。

（4）销往加拿大的商品，必须有英法文对照，否则禁止出口。

（5）当听见加拿大人自己把加拿大分为讲英语和讲法语的两部分人时，切勿发表意见。因为这是加拿大国内民族关系的一个敏感问题。

▶ 4. 法国商人的礼仪与禁忌

（1）法国商人有一个十分独特的地方，就是坚持用法语。在商务活动中，法国人若发现与自己谈话的人会说法语，却使用了英语，他肯定会生气。

（2）法国人爱花，生活中离不开花。在他们看来，不同的花可表示不同的语言含义。百合花是法国人的国花。他们忌讳送别人菊花、杜鹃花、牡丹花、康乃馨和纸做的花。

（3）法国人喜欢有文化和美学素养的礼品，唱片、艺术画册等是法国人最喜欢的礼品。他们非常喜欢名人传记、回忆录、历史书籍，对于鲜花和外国工艺品也很感兴趣，讨厌那些带有图标标志的广告礼品。

（4）公鸡是法国的国鸟，它以勇敢、顽强的性格而得到法国人的青睐。野鸭的商标图案也很受法国人喜爱。但他们讨厌孔雀、仙鹤，认为孔雀是祸鸟，并把仙鹤当作蠢汉的代称。法国人不喜欢无鳞鱼，所以也不爱吃这类鱼。

（5）对于色彩，法国人有着自己独特的审美。他们忌讳黄色、灰绿色，喜爱蓝色、白色和红色。

▶ 5. 德国商人的礼仪与禁忌

（1）德国人勤勉矜持，讲究效率，崇尚理性思维，时间观念强。他们不喜欢暮气沉沉、拖拖拉拉、不守纪律和不讲卫生的坏习气。在商务活动中，德国商人讲究穿着打扮。一般男士穿深色的三件套西装，打领带，并穿深色的鞋袜。女士穿长过膝盖的套裙或连衣裙，并配以高筒袜，化淡妆。在德国，不允许女士在商务场合穿低胸、紧身、透明的性感上装和超短裙，也不允许她们佩戴过多的首饰（最多不超过三件）。与德国人打交道时，如在这些方面加以注意，则有利于赢得对方的好感和信任；反之，则会被视为待人无礼和不自重。

（2）给德国人赠送礼品，务须审慎，应尽量选择有民族特色、带文化意味的东西。不要给德国女士送玫瑰、香水和内衣。因为它们都有特殊的意思，玫瑰表示"爱"，香水与内衣表示"亲近"，即使女性之间，也不宜互赠这类物品。用刀、剪和餐刀、餐叉等西餐餐具送人，有"断交"之嫌，也是德国人所忌讳的。德国人忌讳茶色、黑色、红色和深蓝色。

（3）德国人喜欢吃油腻食品，且口味偏重，香肠、火腿、土豆是他们最爱吃的东西。他们还爱饮啤酒，但在吃饭、穿衣、待客方面都崇尚节俭。

▶ 6. 俄罗斯商人的礼仪与禁忌

（1）在人际交往中，俄罗斯人素来以热情、豪放、勇敢、耿直而著称于世。在交际场合，俄罗斯人惯于和初次会面的人行握手礼。但对于熟悉的人，尤其是在久别重逢时，他们则大多要与对方热情拥抱。在迎接贵宾之时，俄罗斯人通常会向对方献上面包和盐。这是给予对方的一种极高的礼遇，来宾必须对其欣然接受。

（2）在正式场合，俄罗斯人也采用"先生""小姐""夫人"之类的称呼。在俄罗斯，人们非常看重人的社会地位。因此对有职务、学衔、军衔的人，最好以其职务、学衔、军衔相称。依照俄罗斯民俗，在用姓名称呼俄罗斯人时，可按彼此之间的不同关系，具体采用不同的方法。只有在初次见面或是在极为正规的场合，才有必要将俄罗斯人的姓名的三个部分连在一起称呼。

（3）在饮食习惯上，俄罗斯人讲究量大实惠，油大味厚。他们喜欢酸、辣、咸味，偏爱炸、煎、烤、炒的食物，尤其爱吃冷菜。他们的食物在制作上较为粗糙一些。俄罗斯人很能喝冷饮。具有该国特色的烈酒伏特加是他们最爱喝的酒。用餐时，俄罗斯人多用刀叉。他们忌讳用餐发出声响，并且不能用匙直接饮茶，或让其直立于杯中。通常，他们吃饭时只用盘子，而不用碗。参加俄罗斯人的宴请时，宜对其菜肴加以称赞，并且尽量多吃一些。俄罗斯人将手放在喉部，一般表示已经吃饱。

（4）在俄罗斯，被视为光明象征的向日葵最受人们喜爱，它被称为"太阳花"，并被定为国花。拜访俄罗斯人时，送给女士的鲜花宜送单数，不要送双数。

（5）俄罗斯人收礼和送礼都极有讲究。他们忌讳别人送钱，认为送钱是对人格的侮辱。但他们很爱外国货，外国的糖果、烟酒、服饰都是很好的礼物。

▶ **7. 欧洲其他国家商人的礼仪与禁忌**

（1）奥地利人热情好客，和蔼可亲，民族自尊心很强。进行商务交往时，切忌将其误认为是德国人，也不要搞错企业家的头衔；否则，会因此导致不良后果。奥地利是一个传统的旅游国家，但从事商务活动，最好安排在2—4月或9—11月。

（2）荷兰人生活中必不可少的饮料是牛奶，但为客人倒牛奶时，讲究倒到杯子的2/3处，否则会认为是失礼或缺乏教养；荷兰人爱谈政治和体育等方面的话题，更喜欢别人对其家居布置加以夸奖，但忌讳谈及"二战"时日本对在亚洲的荷兰人的迫害、美国政治、个人私生活等话题。荷兰是个花的王国，郁金香是荷兰的象征。荷兰人注重工作效率，喜欢安静而和平的生活。荷兰人大多习惯吃生冷食品。荷兰人送礼忌送食品，且礼物要用纸制品包好。到荷兰人家做客，切勿对女主人过于殷勤。在男女同上楼梯时，其礼节恰好与大多数国家的习俗相反——男士在前，女士在后。

（3）北欧人自主性强，坦率大度，沉着亲切，但倾向于保守。在商务交往中，北欧人通常穿保守式的西装。荷兰人办事计划性强，强调按时，公私拜访均需预约，言谈举止较为保守和正统；商务交易时，荷兰人特别乐于与"老字号"或"老牌子"商家交往。

（4）挪威人友善而好客，若受邀到当地人家作客，切勿忘了给女主人带上一束鲜花或巧克力为作礼物。7月、8月和9月初为挪威人享受阳光的季节，最好不要找他们办公事，否则将会视为不考虑他人的自私行为。

（5）瑞典人享受着"从摇篮到坟墓"的各种社会保障，文化素养高。人们见面很少接吻，即使恋人也不表现得过分亲热；同别人见面，以握手为礼。瑞典人也爱吃生冷食品，喜欢清淡新鲜，不爱油腻，对中国的粤菜很感兴趣。瑞典人忌讳送酒，忌讳蓝色、黄色、白色的组合。

（6）在丹麦，敬酒有很严格的礼节和顺序。如主人"请"字未出口，任何人不能动杯，其他人要待主人、年长者、位尊者饮酒之后，才能饮酒。

（7）瑞士人有很强的环保意识，尤其爱鸟。在瑞士没有噪声，连人们说话也是轻声细语。瑞士人作风保守、严谨，办事讲究实际，时间观念极强，从事商务活动宜穿三件套式西装。瑞士商人特别愿与"老字号"进行交易。在瑞士，猫头鹰是死亡的象征，忌用作商标，也忌用黑色，喜欢几何图形。

（8）比利时商人现实、稳健、诚实、工作努力。比利时商人讲究职业道德，很少做使人上当受骗的事。比利时商人特别注意外表和地位。

（9）西班牙人性格直率，易发火，但争吵后不计前嫌，往往一通争吵后又满脸笑容。西班牙人喜欢狮子、石榴，忌山水、亭台楼阁商标图案。在西班牙忌送认为与死亡有关的大丽花、菊花。

（10）葡萄牙人非常喜爱葡萄酒，且在饮酒时对酒的温度、酒标形状、开瓶及斟酒等方面均有一定的讲究。

▶ **8. 东欧一些国家商人的礼仪与禁忌**

（1）波兰盛行吻手礼，他们认为吻手象征着高贵，喜欢谈论和赞美他们的国家文化，也乐于谈及你的个人家庭生活，但忌讳谈及"二战"中的苏联和法国；一切有战略意义的地点和建筑都严禁拍照；洗手间的表示方式极为独特，△表示男人用，〇表示女人用，去波兰进行商务活动或旅游时切勿用错。

（2）在匈牙利、罗马尼亚、保加利亚等国，每年6—8月是商人的度假月，在此期间不宜进行商事活动。圣诞节和复活节前后两周期间也不宜进行商务活动。多数东欧人家中都铺有地毯，客人进门时最好脱鞋，以示对主人的生活习惯的尊重。

（3）匈牙利人习惯以白色代表喜事，黑色表示庄重或丧事。保加利亚人和阿尔巴尼亚人习惯"点头不算摇头算"。保加利亚人喜欢玫瑰花，不喜欢鲜艳明丽的色彩。

（4）阿尔巴尼亚人大多信仰伊斯兰教。在阿尔巴尼亚的某些乡村，男女有别较为严格，有些地方还设有不许女人进入的"男人堂"。

（二）东方国家商人的礼仪与禁忌

▶ **1. 日本商人的礼仪与禁忌**

（1）日本人重视礼节和礼貌，与日本商界打交道，要注意服饰、言谈、举止的风度。与日本人初次见面，互相鞠躬，互递名片，不握手。

（2）日本人有"当日事当日毕"的习惯，时间观念强，生活节奏快，并且"任劳任怨做细致准备"。对商业谈判，日本人会事先写好详尽的计划方案，做精心的准备；若在谈判中出现新的变化，他们会夜以继日地快速形成文字，为其成功创造机会。

（3）不要打听日本人的年龄、婚姻状况、工资收入等私事。对年事已高的男子和妇女不要用"年迈""老人"等字样，年龄越大的人越忌讳。

（4）日本人不喜欢针锋相对的言行与急躁的风格，把善于控制自己的举动看作一种美德。他们主张低姿态待人，说话时避免凝视对方，弯腰鞠躬以示谦虚有教养。在社交活动中，日本人爱用自谦语言，如"请多关照""粗茶淡饭、照顾不周"等，谈话时也常使用谦语。

（5）在公共场合以少说话为好。乘坐日本的地铁或巴士，很少能看到旁若无人而大声交谈的现象。除非事先约好，否则不贸然拜访日本人的家庭。按照日本人的风俗，饮酒是重要的礼仪，客人在主人为其斟酒后，要马上接过酒瓶给主人斟酒，相互斟酒才能表示主客之间的平等与友谊。

（6）日本人没有相互敬烟的习惯。与日本人一起喝酒，不宜劝导开怀畅饮。日本人接待客人不是在办公室，而是会议室、接待室。他们不会让人轻易进入机要部门。

▶ 2. 韩国商人的礼仪与禁忌

（1）前往韩国进行商务访问最适宜时间是 2—6 月、9 月、11 月和 12 月上旬。尽量避开多节的 10 月以及 7 月到 8 月中旬、12 月中下旬。

（2）韩国商务人士与不了解的人来往，要有一位双方都尊敬的第三者介绍和委托，否则不容易得到对方的信赖。为介绍方便，事先要准备好名片，中英文或韩文均可，要避免在名片上使用日文。

（3）韩国人在商务交谈中，首先要建立信任和融洽的关系。否则谈判要持续很长时间，进行长期的业务活动，需要多次访谈才能奏效。

（4）韩国商人不喜欢直说或听到"不"字，常用"是"字表达否定的意思。在商务交往中，韩国人比较敏感，比较重感情，只要感到对方稍有点不尊重自己，生意就会告吹。韩国人重视业务中的接待，宴请一般在饭店举行。吃饭时所有的菜一次上齐。饭后一般邀请客人到歌舞厅娱乐、喝酒、唱歌，拒绝是不礼貌的。

▶ 3. 阿拉伯商人的礼仪与禁忌

（1）在阿拉伯人的社会里，宗教和等级制度根深蒂固。阿拉伯人重感情、讲信誉，争取他们的好感和信任，是和他们进行商务往来的基础。在阿拉伯国家，不可能一次见面或一次电话就可能做成一笔生意。讨价还价是阿拉伯人做生意的一个重要习惯。不讨价还价就将东西买走的人，还不如讨价还价后却什么东西也不买的人受到店主的尊重。

（2）与阿拉伯人进行商务合作，一般都必须通过代理商。如果没有合适的阿拉伯中间商，其商务合作很难进展顺利。

（3）在科威特、巴林等阿拉伯人家中做客，最好保持好的食欲，因为吃得越多，主人越高兴。

（4）在埃及人面前，不能把两手的食指碰在一起，他们认为不雅。

（5）伊拉克人忌讳蓝色，认为蓝色是魔鬼的象征。

（6）伊朗人称好不伸大拇指，禁忌外人评论婴儿的眼睛。

（7）阿拉伯各国都禁用六角星做图案。

▶ 4. 东南亚国家商人的礼仪与禁忌

（1）新加坡商人谦恭、诚实、文明礼貌，在谈判桌上一是谨慎，不做无把握的生意；二是守信用；三是看重"面子"，特别对老一代人，"面子"具有决定性的作用。新加坡人忌说"恭喜发财",男人留长发不受欢迎。新加坡注重环保,文明卫生,不能随地吐痰,乱扔一个烟头就要受到严厉的惩罚。

(2)泰国商人喜欢诚实而富有人情味的人。在泰国,佛祖和国王是至高无上的;人的头是神圣的;脚用于走路外,不要轻举乱动。泰国人见面时,行合掌礼,双掌相合上举。泰国人喜欢大象与孔雀,将白象视为国宝,荷花是他们最喜欢的花卉。他们喜欢红、黄色,尤其喜欢蓝色,将其视为"安宁"的象征。泰国人忌用红笔签名和狗的图案。

(3)印度尼西亚(以下简称印尼)是一个多民族的国家,很多民族有特殊礼仪与禁忌。印尼有90%的人是穆斯林。商务最佳时间是每年9月至次年6月,7—8月多数商人外出避暑。印尼商人强调行业互助精神,待人有礼貌,不讲别人坏话。喜欢有人到家里访问。家访是和印尼商人谈商务顺利进行的一种有效手段。

(4)在马来西亚,伊斯兰教为其国教。与马来西亚人进行商务活动最佳时期为每年的3—7月,多数商人11月至次年2月休假。商务活动应避开斋月和重大的传统节日。马来西亚人喜欢绿色,忌黄色,忌数字0、4、13,忌谈及有关猪、狗的话题。

(5)菲律宾人多信奉天主教,文化带有明显的西班牙色彩。南部居民多数信仰伊斯兰教,遵循伊斯兰教规。

(三)南美洲主要国家商人的礼仪与禁忌

▶ 1. 巴西商人的礼仪与禁忌

(1)巴西是南美洲面积最大、人口最多的国家,也是世界上种族融合最广泛的国家之一。95%的巴西人信奉天主教或基督教,感情外露,在大街上相见也热烈拥抱。无论男女,见面和分别都以握手为礼。妇女们相见时脸贴脸,虽然唇不触脸,但双方都用嘴发出接吻时的声音。

(2)巴西人忌讳棕色和黄色,他们以棕色为凶色,认为深咖啡色或暗茶色会招致不幸,认为紫色配黄色为患病之兆。

(3)巴西的男人爱开玩笑,但忌以当地的民族问题作笑料;在巴西,因人种复杂,与人交往时,切勿轻易探问对方的种族。

▶ 2. 阿根廷商人的礼仪与禁忌

(1)阿根廷人习惯于保持体面,重视礼节,并常以衣帽取人,人们平时都很注重仪表,穿西装、系领带,保持一副绅士派头。但灰色西装不受欢迎,它给人一种阴郁之感。

(2)阿根廷人相见,其礼仪与巴西相类似,但商界流行的是握手礼。

(3)阿根廷人忌讳以贴身用品为礼物送人,忌讳谈有争议的宗教政治问题;严禁男子留胡须,对满脸胡须者甚至还追究法律责任。

▶ 3. 其他南美国家商人的礼仪与禁忌

(1)在哥伦比亚,男人进屋或离开时须与在场的每一个人握手,以示礼貌;女人也须与在场的每一位女性握手为礼。哥伦比亚人喜爱红色、蓝色、黄色,禁忌浅色。

（2）委内瑞拉人时间观念强，特别讲究办事效率，讨论问题直截了当，讨厌别人拖泥带水。委内瑞拉人分别以红、绿、茶、黑、白五种颜色代表五大政党，故此五种颜色不宜用在包装上。委内瑞拉人忌讳孔雀，凡与孔雀有关的东西和图案都被视为不祥之物。

（3）到智利人家作客，切忌随便闯入，必须站在门外等待主人邀请方能进门。谈话时主人的家庭和孩子是较好的话题，切忌议论与当地宗教和政治有关的问题。

（4）在玻利维亚人家中作客吃饭，若饭后盘内还留有剩余食物，是对主人的失礼。谈话时，不仅要避免谈及宗教和政治，而且切忌赞美智利。

（四）非洲国家商人的礼仪与禁忌

（1）埃及人喜欢绿色和白色，并习惯于用其表示快乐；讨厌黑色和蓝色，以其表示不幸。埃及人喜欢金字塔形莲花图案；针为其特有的忌讳物与忌讳语，农村妇女通常用该语进行对骂。

（2）利比亚的图阿雷格是世界上独一无二的男子戴面纱的民族，且规定只有自由民才能戴，奴隶无资格戴，禁酒的法律极为严厉。

（3）到摩洛哥人家作客必须主动脱鞋；摩洛哥人认为3、5、7、40是积极的数字，喜欢绿色、红色、黑色，忌白色；忌六角星和猫头鹰图案。

（4）苏丹人特别喜欢牛，除祭祖、祭神外，一般忌讳杀牛。

（5）尼日利亚东部的伊特人不喜欢苗条女子，认为只有胖的女人才能成为贤惠的妻子。

（6）在加纳，酋长有着至高的地位，外来人每到一处，都应拜会当地的酋长。加纳人把凳子看作是最神圣的财产加以崇拜，凳子既是他们的日用品又是赠品。加纳人对色彩极为讲究，不同的颜色对他们有着不同的含义。

（7）乌干达人忌讳别人问及有关牛羊的情况，更不允许别人数牛的数量和用手指小羊。

（8）在岛国马达加斯加，人们崇敬狐猴，甚至认为人死后，其灵魂可以在狐猴身上托生。同时他们不仅将牛群和土地视为神圣的财产代代相传，而且表现出对牛的特殊崇拜和狂热。马达加斯加人认为人的岁数越大，其智慧越多，因而对老人特别敬重。

（9）在"铜都"赞比亚，在旅游观光地区外不能随意拍照。否则，不仅相机和胶卷会被没收，还可能被抓进拘留所和警察局，甚至可能招来自动步枪的射击。

（10）肯尼亚人性情温和，容易交朋友，但部族意识极为强烈。肯尼亚人认为任何以7结尾的数字均不吉利。

| 本章小结 |

　　商务谈判礼仪，主要是指企业里的工作人员以及一切从事商务谈判活动的人士在商务往来中应该遵守的礼仪。它是商务活动中对人的仪容仪表和言谈举止的普遍要求，

是一般礼仪在商务活动中的运用与体现。

商务人士的仪表是一个窗口，它能透射出其文化修养的高低和审美情趣的雅俗，它能反映出商务人员对这次商务谈判的重视程度。因此，谈判者应在服饰方面力求规范化。良好的开始就是成功的一半，在商务谈判中留下一个较好的第一印象是迈向商务合作的关键。在商务交际中必须了解会面时的礼仪，包括介绍、握手和致意三个方面。关于商务谈判中的位次排列，桌次的高低以离主桌位置远近而定，右高左低。同一桌上，席位高低以离主人远近而定。有关会务座位具体安排，主要可分为圆桌、多桌和长方桌几种情况。电话联系是一种较为频繁的交际方式，谈判双方互通电话，要注意遵守拨打和接听电话的礼节。礼品是商务谈判的"润滑剂"，有助于增进双方的感情，巩固关系。选择礼品时要注意对方的文化背景、风俗习惯和礼品的数量，把握礼品价值及注意礼品的隐含暗示作用，避免造成不愉快。赠送礼品时应选合适的时间和地点。

由于礼仪及习俗受国别、地域、宗教、文化、民族、风俗等因素的影响很大，因此在国际商务谈判中，不仅要遵从一般的商务礼仪常识，而且还要了解有关国家的商务习俗与相关禁忌。本章主要介绍了西方国家商人、东方国家商人、南美洲主要国家商人以及非洲国家商人的礼仪与禁忌。

思考题

1. 阐述商务谈判礼仪的作用。
2. 阐述商务谈判礼仪的基本原则。
3. 男士商务谈判着装和女士商务谈判着装各有哪些要点？
4. 商务谈判过程中握手应该注意哪些细节？
5. 商务谈判人员在送礼时应该怎样选择礼物？
6. 商务谈判人员在进行电话谈判时应该注意哪些细节？
7. 商务谈判的位次排列礼仪包括哪些？

案例分析

张庆今年大学毕业，刚到一家外贸公司工作，经理就交给他一项任务，让他负责接待最近要来公司的一个法国谈判小组。经理说这笔交易很重要，让他好好接待。张庆心想，这还不容易，大学时经常接待外地同学，难度不大。于是他粗略地想了一些接待程序，就准备开始他的接待工作。张庆提前打电话和法国人核实了一下来的人数、乘坐的航班以及到达的时间。然后，张庆向单位要了一辆车，用打印机打了一张 A4 纸的接待牌，还特地买了一套新衣服，到花店订了一束花。小张暗自得意，一切都在有条不紊地进行。到了对方来的那一天，张庆准时到达了机场。谁知对方左等不来，右等也不来。他左右看了一下，有几位老外比他还倒霉，比他等得还久。他想，该不会就是这几位吧？于是又竖了竖手中的接待牌，对方没反应。等到人群散去很久，张庆仍然没有接到。于是，张庆去问讯处问了一下，问讯处说该国际航班飞机提前15分钟降落。张庆怕弄岔了，赶紧打电话回公司，公司回答说没有人来。张庆只好接着等，周围只剩下那几位老外了，他想问一问也好，谁知一询问，就是这几位，小张赶紧道歉，并献上由8朵花组成的一束玫瑰。对方的女士看看他，一副很好笑的样子接受了鲜花。张庆心想，有什么好笑的。接着，小张引导客人上车，客人们便大包小包地上了车。张庆让司机把车直接开到公司指定的酒店，谁知因为旅游旺季，酒店早已客满，而张庆没有预订，当然没有房间。张庆只好把他们一行拉到一个离公司较远的酒店，这家条件要差一些。至此，对方已露出非常不悦的神情。张庆把他们送到房间，一心将功补过的他决定和客人好好聊聊，这样可以让他们消消气。谁知在客人房间待了半个多小时，对方已经有点不耐烦了。张庆一看，好像又吃力不讨好了，心想以前同学来我们都聊通宵呢！张庆于是告辞，并和他们约定晚上七点在饭店大厅见，公司经理准备宴请他们。到了晚上七点，张庆在大厅等待客人，谁知又没等到。张庆只好请服务员去通知法国人，就这样，七点半人才陆续来齐。到了宴会地点，经理已经在宴会大厅门口准备迎接客人，张庆一见，赶紧给双方作了介绍。双方寒暄后进入宴会厅，张庆一看宴会桌，不免有些得意：幸亏我提前做了准备，把他们都排好了座位，这样总万无一失吧。谁知经理一看对方的主谈人正准备坐下，赶紧请对方坐到正对大门的座位，让张庆坐到刚才那个背对大门的座位，并狠狠瞪了张庆一眼。张庆有点莫名其妙，心想：又错了吗？突然，有位客人问："我的座位在哪里？"原来张庆忙中出错，把他的名字给漏了。法国人一副很不高兴的样子。好在经理赶紧打圆场，神情愉快地和对方聊起一些趣事，对方这才不再板起面孔。一心想弥补的张庆在席间决定陪客人吃好喝好，频频敬酒，弄得对方有点尴尬，经理及时制止了张庆。席间，张庆还发现自己点的饭店的招牌菜——辣炒泥鳅，老外几乎没动。张庆拼命劝对方尝尝，经理面带愠色地告诉小张不要劝，张庆不知自己又错在哪里。好在健谈的经理在席间和客人聊得很愉快，客人很快忘记了这些小插曲。等双方散席后，经理当夜更换了负责接待的人员，并对张庆说："你差点坏了我的大事，从明天起，请你另谋高就。"张庆就这样被炒了鱿鱼，但他始终不明白自己究竟都错在哪里了。

（资料来源：李嫒嫒. 商务礼仪实训[M]. 成都：西南财经大学出版社，2016）

问题：张庆的错出在哪里？正确的做法是怎样的？

实训项目

一、实训名称

联合开发大型超市项目的谈判礼仪实践

二、实训目标

通过训练，使学生具备团队协作、信息收集及分析的能力。各谈判小组能够根据给定的谈判背景进行模拟谈判，并能综合运用谈判礼仪相关知识。

三、实训背景

你公司准备同当地的著名物流企业——新星集团进行一次关于联合开发大型超市项目的谈判。谈判地点设在你公司的会议室。公司通过前期对谈判对手的调查得知，负责新星集团超市开发工作的项目开发部部长田中次郎是位日本人，而你被领导指派为你公司负责接待的接待组组长。你公司的领导要求你对谈判室的布置、接待礼仪、谈判磋商等所有工作全权负责，并保证谈判的成功。

四、实训步骤及要求

1. 准备一间多媒体实训室，教师介绍实训背景并提出实训要求。

2. 将参加实训的学生分组，每组 4～6 人，一组扮演己方公司代表；另一组扮演新星集团代表。

3. 每组根据实例中的角色进行准备。

4. 分小组模拟谈判双方，进行谈判的谈判室的布置、接待礼仪、谈判磋商过程中的礼仪训练。

第八章
商务谈判中的风险及规避

学习目标

1. 理解商务谈判风险的含义与特征；

2. 了解商务谈判风险的种类及内容；

3. 掌握规避商务谈判风险的方法。

导入案例

澳大利亚 A 公司与中国 C 公司，就合作投资滑石矿事宜谈判，中方 C 公司欲控制经营风险，不想为该合作投入现金，只想投入人力与无形资产。因此，中方 C 公司希望德国 B 公司参加投资。

A 公司和 B 公司代表来华欲参观考察矿山，C 公司积极派人配合并陪同前往，整个日程安排周到，准备有效，在有限的时间里满足了 A 公司和 B 公司该次访问的要求。双方在预备会和小结会上对合作投资方式进行了讨论。

A 公司：我公司是较大的滑石产品的专业公司，产品在国际市场占有相当份额，尤其在精细滑石产品方面。

B 公司：他们在中国投资过，但失败了，正在纠纷中，但他们认为中国资源丰富，潜在市场大，很想找一个合作伙伴再重新干。

C 公司：贵公司算找对了人了。谢谢贵方这么看重我公司，贵方欲与我公司怎么合作呢？

A 公司：我公司计划是在中国找一个有信誉、有能力的大公司，一起投资中国矿山。

C 公司：我公司是出口滑石的公司，若要投资则需集团审批，据我集团的近期发展规划看这个行业不是投资重点。

B 公司：贵公司的情况我们理解，不过 A 公司很有诚心在中国投资，由于第一次的失败，使这次投资十分犹豫。

　　C公司：的确，中国是个投资环境不平衡的地方。有的地区发达，有的地区不发达。采矿投资，与地质条件关系很大，而当矿床跨越不同村镇时，会发生所有权的问题。过去我们已遇到这类问题，外国投资者需要解决地质探测、矿山合伙人选择、国家政策、人文、商务法律、市场等问题。这些均影响投资成本和成败。

　　A公司：贵公司讲的正是我们担忧的，我们希望像贵公司这样的公司可以解决这些问题。

　　C公司：我公司是国际化的公司，按国际规范进行工作，尽管我们是中国人，但我们认为，使中国企业按国际规范与外国投资者合作是中国经济发展的重要条件。

　　B公司：若贵公司能参与合作，将是有意义的。

　　C公司：刚才我们已谈到贵方这样投资的问题所在，但我们十分赞赏贵公司对中国投资的勇气，作为中国公司，我们很愿意提供帮助，不过，我方将不以现金投入，而可以我们的商誉和协助解决上述问题的义务投入。

　　A公司：贵方这种投入也是有意义的。

　　C公司：若贵方认为是有价值的，那么我建议贵方可以将它罗列出来，并予以作价。当贵方与中方矿山谈判合资时，我方可与贵方作为一方谈判。我方在合资企业的股份，将从贵方所占份额中划出。

　　B公司：贵方的建议可以考虑。

　　C公司：若贵方同意我方合作的方式，那么，请贵方提供协议方案以确定双方关系，以便于以后的工作。

　　B公司：待我回国汇报后，将书面回答贵方。

　　A、B公司代表回国后三周，给C公司来电，同意C公司以其商誉和服务入股。C公司为降低经营风险不以现金入股的方案谈判成功。

　　（资料来源：万丽娟. 商务谈判[M]. 重庆：重庆大学出版社，2010）

　　分析：在商务活动交往中，风险难以避免。对于谈判双方来讲，风险都同样存在。只是有些风险是需要双方共同应对的，有些则是在双方之间相互转换，有些仅是一方所独有。因此，谈判者必须清楚谈判中可能造成直接和间接经济损失的原因和程度，以及在谈判中应采取怎样的对策来规避风险，以避免和减少这种损失，取得较好的谈判结果。

第 一 节　商务谈判风险的含义及特征

一、商务谈判风险的含义

　　商务谈判风险是指在商务谈判中由于谈判环境因素或者谈判人员因素的不确定性，使谈判结果无法达到预期目标所造成的可能的损失。商务谈判中需要研究的风险既包括谈判进行过程中存在的风险，也包括由谈判活动带来的风险。谈判各方在谈判中始终面临着各种风险，谈判人员必须时刻具备风险防范意识。

二、商务谈判风险的特征

▶ 1. 不可预见性

由于商务谈判受到多种因素的影响，谈判风险也是由于多种因素共同作用的结果，因此，在谈判前一般很难预测到可能发生的风险。谈判者必须在谈判之前做好预测工作，尽量预测到有可能发生的风险，才能提前做好一切准备，以免到时猝不及防。

▶ 2. 突发性

商务谈判风险的突发性是指风险在发生之前不会有很明显的前兆，往往是在谈判者尚未来得及做好准备的时候，风险就发生了。所以谈判者应充分估计风险发生的可能性，并作好充分准备，将风险的损失降到最低。

▶ 3. 可控性

虽然风险是不可预见的、突发的，但是在某种程度上讲，风险也是可以控制的。对于风险的控制分为事前控制和事后控制。事前控制是指在风险发生之前针对可能会发生的风险做好预防、避免的工作；事后控制则是指在风险发生之后，采取一定的措施降低风险对谈判带来的影响。

第二节 商务谈判风险的类型

商务谈判风险的产生有多方面的原因，为了有效地规避和防范风险，谈判人员必须了解商务谈判中常见的风险类型。

商务谈判中的风险可分为宏观谈判风险和来自人员的谈判风险两种类型。宏观谈判风险主要表现为由外部环境因素引起的风险，属于非人员因素造成的风险；而来自人员的谈判风险主要表现为由于谈判人员主观原因导致的失误或因谈判对手的原因造成的风险。

一、商务谈判宏观风险

(一) 政治风险

经济作为社会生活的基础，决定着政治的发展趋势，政治又反过来推动或抑制经济的发展。自古以来，两者之间的这种辩证关系不断反映在政治、经济生活中。17世纪上半叶，三次英荷战争的目的是争夺殖民地市场和取得国际贸易中的优势；18世纪70年代，英国加强对北美经济的掠夺，最终导致了持续 7 年的美国独立战争。20 世纪以来，经济利益冲突引起的地区战争此起彼伏。此外，出于政治上的原因而实行对盟友的经济援助，对敌对者的经济封锁、终止贸易往来等做法更是屡见不鲜。例如，20 世纪 50 年代西方国家对新中国的经济封锁；第二次世界大战后，美、英、法等国对战败国日、德"输血"扶持；近年来欧盟不断扩大，西方国家对某些国家实行贸易禁运等。这些都是政治与经济不可分的典型例子。

在商务谈判中，政治风险一方面是指由于政治局势的变化或国际冲突给有关商务活动的参与者带来的可能危害和损失。如两伊战争使我国蒙受巨大损失，我国在两伊的工程承包项目被迫停止，因与两国的货物贸易合同得不到履行而损失巨大。另一方面，政治风险也包括由于商务合作中的不当或者误会给国家间的政治关系蒙上阴影，最终也对谈判造成影响。例如，中国谈判小组赴中东某国进行一项工程承包谈判，在闲聊中，中方负责商务条款的成员无意中评论了中东盛行的伊斯兰教，引起对方成员的不悦，当谈及实质性问题时，对方较为激进的商务谈判人员丝毫不让步，并一再流露撤出谈判的意图。

由此可见，政治因素与商务活动有着千丝万缕的联系。这种联系决定了政治风险的客观存在，一旦造成不良后果，往往难以挽回消极影响，损失也难以弥补。因此，提高预见和防范政治风险的能力是开展商务合作的重要课题。

（二）法律风险

现代企业在市场经济中的行为主要是由法律来规范和约束的，企业在开展国际市场营销活动时必须了解国际法律的有关因素，才能依法经营，避免不必要的法律纠纷。

【案例 8-1】

在 2007 年国际矿业资源价格大涨的情况下，我国某民间资本代表团与世界某著名矿业家族合作，到非洲某国购买铁矿。经考察，当地的铁矿开采便捷，矿石含铁量接近 60％，每吨成本仅为 50 美分，即使加上高昂的开采和运输费用后利润仍极为可观。

在合作谈判中，对方关心的关键问题是必须由中方投资、对方设计建设运营一个双方共有的铁矿石加工厂，将铁矿石的品位从 55％～59％提高到 67％～69％后出售给中方。对方加工厂投资数额是中国类似企业的 200 倍以上，这一要求让中方无法理解并接受。对方解释是当地的铁矿石属钛铁伴生矿，含钛量高达 8％以上，普通炼钢炉无法冶炼，对方的加工厂可以降低钛含量，以达到冶炼的标准。

为慎重起见，中方没有立即签约，而是要求听取当地律师的意见。出乎中方意料的是，当地矿业法极其严格，对矿山的归属，地上、地下的土地使用权以及毗邻权和环境保护等都有严苛的规定，每一条法律都可以成为陷阱，而每一个漏洞带来的损失将以亿计。因此，中方戒备心骤增，并且在合同中发现对方在诉讼地条款上做了手脚，中方约定的诉讼地在新加坡，这对于双方距离折中且属于华人社会，但是对方在合同的某条款中隐藏了如果有欺诈要通过当地法院审判的意思。

与此同时，中方通过对铁矿石样品的分析发现，对方要求建造的加工厂实际上是钛铁分离厂，目的是获取矿石中的氧化钛。钛的国际价格为十几美元一公斤，铁矿石在当地算上开采成本约十美元一吨，价格相差千倍。对方将分离出来的钛全部占有，同时还要分享中方的铁矿石利润，也就是说中方投入全部资金，承担全部的运营选矿成本和风险，而外方得到利润超过 99%，中方得到不到 1%，这即使不是欺诈也显失公平。因为对方隐瞒了分离出的钛矿石的巨大利益，以及中方面临巨大的潜在风险，最终双方谈判破裂。

（资料来源：王军旗. 商务谈判[M]. 北京：中国人民大学出版社，2014）

分析： 如果中方当时没有听取当地律师的意见，贸然签约的话，将会面临巨大的法律、经济风险，以及相应的巨额损失。成功的谈判应该建立真诚平等的基础之上，利益的获取和风险承担应该是对等的。企图通过隐瞒等不诚信的手段，把本该双方共同承担的风险转移给对方，己方欲坐享渔翁之利，到头来往往是竹篮打水一场空。

（三）市场风险

▶ 1. 价格风险

对于价格，在这里取其狭义方面的含义，即需撇开作为外汇价格的汇率和作为资金价格的利率问题，它主要是对于投资规模较大、延续时间较长的项目而言。如大型工程所需的一些设备往往在项目建设后期提供。如果在项目建设初期，甚至在合同谈判阶段便把这些设备的价格确定下来并予以固定，颇具风险，进展中很多情况会随时发生变化。

在现实中，影响工程设备远期价格的因素很多，主要有以下五个方面：

（1）原材料价格。一般而言，钢材、有色金属和木材等价格随时间推移会有波动，但总体趋势会上升。

（2）工人工资。除非发生经济危机、战争等大的影响，一般而言工人工资也处在不断增长中。

（3）利率变动。随着国家金融政策的变动，利率会有波动。

（4）对于国际商务而言，还存在汇率风险。

（5）国内外其他政治经济情况的变动，如地区冲突、石油禁运等。

因此，在合同标的金额较大、建设周期较长的情况下，若硬性要求对方以固定价格形式报价，就会使对方片面夸大那些不确定因素，并把它全部转移到固定价格中，使固定价格最终偏高，构成一种风险。

一般而言，价格形式除了固定价格以外，还有浮动价格和期货价格。20 世纪 80 年代，我国在国际贸易中，往往采用浮动价格形式，虽然此形式不能同时避免汇率和利率风险，但至少能够在确定原材料价格、工资等方面更具客观性、公平性与合理性。因此，在一些大型项目合作中，尤其是在涉外项目合作中，对于那些需要对方在项目建设开始后几年才提供的有关设备，可采用浮动价格的形式，这样可以避免对方夸大原材料价格、员工工资等上涨因素，相对节约了项目投资。期货价格既有避险的动因也有投机的动因，然而无论是哪一种动因，都表明了其隐含的风险性。国际商务往来中的价格风险不仅存在于硬件价格，也同时存在于软件价格里，然而计算合理的软件价格是一件十分困难的事。虽然理论上，可将机会成本、市场占有率等因素的分析作为计算依据，但受市场供求关系的影响，确定软件价格的弹性很大。

▶ 2. 利率风险

利率是国家调整流动性、预防通货膨胀的杠杆，利率的变动制约着资金供给与需求的方向和数量。由于国际货币基金组织、世界银行及各国政府提供的贷款一般具有还款期限长、固定利率低的特点，因此，这种含有捐助性质的贷款一般不存在利率风险。利率风险主要是指国际金融市场由于各种商业贷款利率的变动而可能给当事人带来损失的风险。

若贷款以固定利率计息，则同种贷款利率升高或降低就会使放款人损失或得益、受款人得益或损失。这种利率风险对于借贷双方都是同时存在并反向作用的。自20世纪80年代以来，由于受日趋严重的通货膨胀的影响，金融市场利率波动的幅度较大，金融机构很少贷出利率固定的长期贷款，因为放出长期贷款需要有相应的资金来源作支持。由于资金来源主要是短期贷款，短期贷款利率接近于市场利率，因此在通货膨胀情况下，借入短期贷款而放出长期贷款的机构显然要承受风险损失。为了避免这种损失，在信贷业务中逐渐形成在长期贷款中按不同的利率计息，主要有变动利率、浮动利率与期货利率，这些利率都有按金融市场行情变化而变化的特点。因此在通货膨胀情况下，放出贷款的机构可由此得以降低损失。

对于因开展国际商务活动而需筹措资金者，就应根据具体情况采取相应办法。如果筹资时市场利率估计已达顶峰，有回跌趋势，则以先借短期贷款或以浮动利率借入长期贷款为宜，这样在利率回跌时就可再更新短期借款；如果筹资时市场利率较低，并有回升的趋势，则应争取设法借入固定利率的长期借款。由于对金融市场行情观察角度不一、认识深度不一，对行情趋势分析也会不同，因此利用商业贷款从事商务活动，其承担的利率风险是不可避免的。

▶ 3. 汇率风险

汇率风险存在于国际经贸活动中，它是指在较长的付款期中，由于汇率变动而造成结汇损失的风险。在国际货币市场上，各种货币之间汇率的涨落天天发生，当这种涨落十分微小而货币交易量不大时，对于交易双方来说其损益状况可能都是微不足道的，然而当这种涨落在一段时期内变得十分明显，且又涉及巨额货币交易量时，其结果只会让一方欢欣不已，另一方痛心疾首。

价格、利率与汇率的变动往往不是单一的，它们既可能归之于某一种共同因素的影响，又可能在它们之间构成互为因果的作用。所以价格风险、利率风险和汇率风险常常错综复杂地交织在一起。

（四）技术风险

在商务谈判中，尤其在国际商务谈判中，有关引进技术、设备以及管理经验的谈判较多，这些谈判都会涉及各类技术问题。由于国际技术环境的变化和谈判中信息的不对称性，往往会产生技术风险，主要包括技术超标风险、技术落后风险以及技术强迫风险。

▶ 1. 技术超标风险

技术超标风险是指由于技术或设备引进方对技术及设备的使用情况不了解，对技术水平提出过高要求，超出了实际需要的水平，从而造成成本过高的风险。在涉及引进技术、引进设备等项目谈判时，引进方在进行项目技术谈判时，常有不适当地提出过高技术指标的情况。这种情况对于发展中国家来讲是比较普遍的现象，特别是参与谈判的工程技术人员总是希望对方提供的技术越先进、越完善，功能越全面越好，这样做实际上也为项目成本的大幅度增长埋下了种子。如在一项远距离控制系统设备的引进及项目管理中，由于我方技术人员向外方提出了过多的要求，这给我方商务人员在合同价格谈判时带来较大困难。

▶ 2. 技术落后风险

技术落后风险是指由于引进的技术或设备落后于引进方的需要或国际先进水平，达不到对技术及设备的要求，从而遭受损失的风险。造成技术落后风险的原因主要有两点：一是来自合作伙伴选择不当引起的风险，主要是由于技术或设备输出国将落后的技术进行输出，并且对其进行隐瞒，从而造成引进一方的损失；二是来自国家技术环境的变化，由于国际技术水平更新换代速度很快，造成引进前后技术水平在短期内落后。

▶ 3. 技术强迫风险

在国际商务活动中，往往会有一些国家凭借自己的实力强迫弱小国家接受它们提出的方案，否则就以各种制裁相威胁，这些被威胁国家的企业便面临着技术强迫风险。在这种形势下，事态的发展要么以弱小国家屈服妥协为结局，要么会导致冲突加剧升级，甚至可能带来战争的危险。

【案例 8-2】

中海油某公司欲从澳大利亚某研发公司（以下简称 C 公司）引进地层测试仪，双方就该技术交易在 2000—2002 年间举行了多次谈判。地层测试仪是石油勘探开发领域的一项核心技术，掌控在国外少数几个石油巨头公司手中，如斯伦贝谢、哈利伯顿等。他们对中国实行严格的技术封锁，不出售技术和设备，只提供服务，以此来占领中国广阔的市场，赚取高额垄断利润。C 公司因缺乏后续研究和开发资金，曾在 2000 年之前主动带着他们独立开发、处于国际领先水平的设备来中国寻求合作，并先后在中国的渤海和南海进行现场作业，取得的效果很好。

中方于 2000 年年初到澳方 C 公司进行全面考察，对该公司的技术设备很满意，并就技术引进事宜进行正式谈判。考虑到这项技术的重要性以及公司未来发展的需要，中方谈判的目标是出高价买断该技术。但 C 公司坚持只给中方技术使用权，允许中方制造该设备，技术专利仍掌控在自己手中。他们不同意将公司赖以生存的核心技术卖掉，委身变成中方的海外子公司或研发机构。双方巨大的原则立场分歧使谈判陷入僵局。

中方向 C 公司表明了立场之后，便对谈判进行"冷处理"，回国等待。迫于资金短缺的巨大压力，C 公司无法拖延谈判时间，在 2000—2002 年期间，就交易条件多次找中方磋商，试图打破僵局。由于种种原因，中澳双方最终没能达成协议，谈判以失败告终。但中海油科技工作者走出了一条自力更生的技术创新之路。

（资料来源：刘园. 国际商务谈判［M］. 北京：对外经济贸易大学出版社，2012）

分析：澳大利亚某研发公司依仗自身处于国际领先水平的技术和设备，无视资金短缺的现实，不顾自身急需资金的需求，坚持只给中方技术使用权，使中方面临着技术强迫的风险。而中方本想出高价买断该项设备，面对谈判失败的现实，中海油的科技工作者们自力更生，自主研发掌握了该项技术，最终化风险为机遇。

（五）社会风险

社会风险，从规则的制定与运用的角度来说，又可以称为强迫性要求风险。在商务活动中，一些实力强大的企业与实力相对弱小的企业进行商务合作时，往往盛气凌人地提出较为苛刻的要求。在国际商务活动中，一些发达国家的企业与发展中国家的企业进行交往时，往往针对有些发展中国家的企业有求于发达国家的现实，在项目合作条件中对发展中国家提出苛刻要求的事情也时有发生。于是，发展中国家的企业不可避免地面临着各种形式的"强迫风险"，要么被迫接受不公平的条件，承受利益分配上的不平等，要么拒绝对方的无理要求，承受机会成本损失。对于许多发展中国家来说，既要维系与发达国家企业的合作关系，又要维护自己的合理利益，具有相当大的难度。

【案例 8-3】

在中国加入世界贸易组织的谈判过程中，美国依仗财大气粗，谈判态度非常强硬。美国在关贸总协定历年谈判中的方式和态度都是"我要求一、二、三、四，你必须做到一、二、三、四"，而且，"在这些问题上没有谈判的余地"。美方与我方谈判的时候，一开始口气亦是如此。美国这一套强硬政策在关贸总协定谈判上屡屡得手。

但是恰恰中国人不吃这一套，所以双方谈判一开始并不是所谓实质性的谈判，而是对谈判态度的谈判。美国人花了五六年的时间，才适应了中国需要平等谈判地位这样一种要求。

在一次谈判中，美方的一个代表就向中方代表提出，凡是美国出口的肉制品在经美方检验后，中方就无须进行检验。这种说法无论从哪个方面来讲都是毫无道理的。因为出口方的检验只是作为结汇的一个凭证，而进口方的检验则是作为索赔的凭证，而且中方完全应该并且有权利对进口商品进行检验。在谈判中，美方代表还攻击了我国国内市场肉制品的质量，完全不尊重中方，所以当时中方代表就中止了谈判。

在一段时间后，谈判继续进行，美方可能也察觉到自己行为不适，而且也看清楚了中方坚持原则，于是他们就改变了谈判方式和态度，从而使得谈判顺利进行。

（资料来源：雷娟，全婧. 商务谈判［M］. 西安：西安交通大学出版社，2015）

分析：作为发达国家的美国，其经济实力和综合国力是明显强于还是发展中国家的中国，但是美国忽略了一个事实：在谈判桌上，不论谈判双方所在的国家实力悬殊如何巨大，双方都希望通过谈判来满足自身的特定需求，而双方都具有使对方需求得到满足的能力，不然中美双方就不会坐到谈判桌边来。在这一点上，中美双方是平等的。

（六）自然风险

自然风险是指由于自然灾害、自然环境恶化等不可控制的因素所导致的危害经济活动的风险。尽管现代气象预报、地震预测、环境监控方面的技术日新月异，但毕竟不能充分揭示自然界的活动规律。在商务谈判进程中，由于自然因素导致谈判失败的风险难以完全避免。

二、来自商务谈判人员的风险

（一）素质缺陷风险

素质缺陷风险是指参与谈判的人员因个人素质欠佳而造成的风险，主要表现在以下几个方面。

▶ 1. 谈判者缺乏必要的知识

一个优秀的谈判者往往需要具备必要的谈判知识。如果谈判人员缺乏必备知识，对谈判问题未进行充分的调研，也未虚心向专家学者请教，在谈判过程中便容易处于不利地位，导致谈判失败。

▶ 2. 谈判者刚愎自用，自我表现欲太强

有些谈判者不给对方足够的发言机会或莽撞打断对方的发言，坚持一切都以自己的条件或建议为主，寸步不让，从而未能把握那些潜在的合作伙伴，给自身带来损失。

▶ 3. 谈判者在谈判过程中情绪波动较大

在实际谈判中，谈判者遇到问题犹豫不决或未考虑清楚便急于下结论，遇到挫折立即表现得一蹶不振，这些情绪都会影响到谈判的结果，使谈判人员不能正常发挥，不能把握好有利时机，争取最佳利益。

▶ 4. 谈判者畏首畏尾，责任感不足

有些谈判者遇到来自对方的压力，便会感到难以适从，不知该如何应对；有些谈判者不与对方进行充分的交涉就匆忙让步，使先前争取到的优势丧失；有些谈判者只关注个人得失，不从工作本身出发，没有足够的责任感。

【案例 8-4】

上海某机械厂拟引进一批先进设备，经有关部门牵线搭桥和多方比较，最终选定某国 F 公司的产品。F 公司以前从未与中国有直接业务来往，因而合作态度十分积极，希望借此机会开拓中国市场。为此，F 公司在商务谈判中报出了非常优惠的价格。然而中方主谈者是一位新上任的副厂长，为了表现自己，把谈判看成一场胜负赛，不顾实际情况，一而再、再而三地向对方压价，并在合同条款上向 F 公司提出了很多苛刻条件，比如对于一台

定制设备，要求 F 公司货到上海十天内必须安装调试完毕等。副厂长公然声称："签七八个合同都可以，大不了再改嘛。"这种行为实际上是作风不踏实、责任心不强的体现。显然，这种做法也只会把客商吓跑，丧失良好的合作机会。

（资料来源：张华容. 商务谈判新论［M］. 北京：中国财政经济出版社，2005）

分析： 在商务活动中，谈判人员缺乏必要知识，不具备良好心理素质，对谈判情况未进行充分调查、研究，都会给实际谈判带来风险。对于应当掌握的情况、能够预知的知识缺陷应当通过一定途径、方式加以了解和弥补。谈判人员要不断保持风险意识，积累经验，悉心观察，虚心求教，从而降低风险发生的概率。

（二）来自谈判对手的风险

来自谈判对手的风险，主要表现为谈判对手有可能采取欺诈、暴力、贿赂等各种非法谈判手段来设置各种谈判陷阱。

▶ 1. 欺诈

欺诈是指在商务谈判中利用伪造、欺骗等手段给谈判对手以错误信息，从而使己方获利的行为。商务欺诈行为主要有合同欺诈、金融欺诈、保险欺诈、广告欺诈和海运欺诈五类，而在商务谈判中出现比较多的是合同欺诈和金融欺诈。

▶ 2. 暴力

暴力是指谈判中的一方为了达到其谈判目的，使用暴力手段威胁、恐吓或者强迫谈判对手答应其谈判条件的行为。

▶ 3. 贿赂

贿赂是指谈判中一方为了达到其谈判目的，通过向谈判对手行贿来使其答应己方的谈判条件。

▶ 4. 窃取

窃取是指谈判中为了获取更多有关谈判对手的信息，使用偷窃的手段获取谈判对手资料的行为。

▶ 5. 监视

监视这种手段常常被谈判中的主方使用，他们利用己方安排谈判地点、时间以及客房住宿、行程等优势，暗中对谈判客方进行监视，获得客方的内部消息，从而在谈判进程中获得有利地位。作为谈判的客方，要避免被监视的情况，不能完全听任主方的安排，可以提出部分意见和建议。在到达下榻地点以及谈判地点时，及时仔细检查布局结构，排除被监视的可能，灵活安排谈判桌外的活动。进行内部集体讨论时，也应当注意周围环境，防止被监视和窃听。一旦发现被监视和窃听，要及时掌握证据，并以此敦促对方停止这种行为，否则将终止谈判甚至报警。

以上行为均为非法行为，谈判人员要及时掌握谈判进程中的各种迹象，若发现以上行为，受害方要及时报警，并暂停谈判。

第三节 商务谈判风险的规避

风险规避并不意味着完全消灭风险，而是规避风险可能造成的损失。一方面，降低损失发生的概率；另一方面，降低损失程度。风险越不容易被预见，就越难以得到控制。只有风险能被识别和衡量，才能找到相应的解决对策和措施。

一、防范谈判风险的策略

风险不仅存在纯粹造成损失却没有受益机会的纯风险，如货物运输途中船覆货毁的风险，同时也存在既会带来受益机会又存在损失可能的投机风险，如某企业出口某种产品以开拓海外市场，既有可能成功，也有可能失败。通常情况下，纯风险和投机风险是同时存在的。例如，房产所有者同时面临诸如火灾之类的纯风险和诸如经济形势变化引起房产价格升降的投机风险。

评价风险的焦点集中在两个方面，一是对损失程度的估计；二是对事件发生概率大小的估计。如果事件发生的概率较小，但一旦发生就会导致惨重的损失，就要认真地考虑对策，并不惜承担必要的成本。如果未来损失程度对整个事件无足轻重，那么事件发生的概率再大，也不值得花费很大的精力和财力去应对。所以，必须对风险做出比较可靠的预测和控制。

现代风险管理理论对此已经有了深入的研究，商务谈判人员可以根据对风险状态和可能结果的分析估测，针对不同类型的风险，选用一种或综合运用防范和规避风险的策略。

▶ **1. 完全回避风险**

完全回避风险是指通过放弃或拒绝合作，停止业务活动来回避风险源。虽然潜在或不确定的损失能就此避免，但与此同时，获得利益的机会也会丧失殆尽。对于根据事实判断出属于政治风险和自然灾害风险的情况，采取完全回避风险显然是较好的办法，如取消对战争或动乱可能持续下去的国家或地区的投资计划，停止在洪水经常泛滥的河谷地带建厂等。

▶ **2. 控制和转移风险**

正常情况下，由人员因素引起的风险大多比较容易预先估计到，如技术人员出于对完美性的期望，往往追求最完美的设计、最健全的功能、最高的质量和最好的材料等，而忽视了制造成本。这种情况反映在有关引进技术设备的商务谈判中，就会表现为一种奢求风险。事实上，在一定标准或均衡的性能价格比率基础上，每提高 1％的性能要求，价格上升就会超过 1％，并呈几何级数增长。因此，应当做出较为准确具体的估计，并对不同情况下各种方案的优劣做出评价，确定经济上较合理、技术上又先进可行的对策。

对于其他由人为因素造成的风险，诸如现场管理、人员素质等，只要谈判人员以及其他参与人员规避风险的意识提高，那么这些风险便较容易预见及控制，减少损失发生的机会。

转移风险是将自身可能要承受的潜在损失以一定的方式转移给第三者，包括保险与非保险两种方式。在商务活动中，普遍采用保险方式就是出于转移风险的需要，而让合作方的担保人来承担有关责任风险则是一种非保险的风险转移方式。

在保险业日益发达的今天，通过保险来转移自然风险所造成的损失已经成为一种普遍的选择。同时，对政治风险的保险也已经成为一种现实，只是这种保险业务和内容尚被严格地限制在一定的范围之内。

对于非人为风险中的市场风险，包括汇率风险、利率风险和价格风险，可以通过加强预防措施来达到降低风险的目的。如对于汇率风险，当能够通过对历史资料的分析及今后国际外汇市场走势的预测，确信某种外币对本国货币将升值时，就可采取远期交易的方式以现汇汇率或约定汇率来买入未来某个时刻的外币，这样外币价格就被锁定。如果此后该外汇汇率上升，不仅损失能得以避免，而且相对而言有了一笔额外收益。再如，在寻找设备供应商选择单一伙伴时，往往会面临设备性能或价格难以符合目标要求、资信状况不佳而有可能导致供货不及时等风险，因此应该详细地考察该供应商各方面的合作条件，对合同中的违约责任予以细致明确的规定，若有必要还可以通过联系多家供应商，形成竞争局面，从中选择最有利的合作伙伴，以此减少或消除损失发生的机会，这就是风险损失控制策略的体现。同时，在国际商务谈判中积极地采取其他一些风险转移策略，如让合作伙伴分担风险，或向国际保险商投保，都不失为对付市场风险的一种有效途径。

▶ 3. 风险自留

风险自留也被称为承担风险，是一种由企业或单位自己承担风险事故所致损失的财务型风险管理技术。

风险自留可以是被动的，也可以是主动的，可以是无意识的，也可以是有意识的。当风险没有被预见，因而不能做出处理风险的准备时，风险自留就是被动或者是无计划的。这种风险自留的方式是常见的，而且在一定程度上不可避免。所谓主动或有计划的风险自留通常是采取建立一笔专项基金的做法，以此来弥补可能遭遇的不测事件所带来的损失。在某些情况下，风险自留可能是唯一的对策，因为有时完全回避风险是不可能或明显不利的，这时采取有计划的风险自留不失为一种规避风险的方式。

在国际商务活动中，源自政治、自然灾害的风险损失常常是被动、无计划自留风险的结果，因为这种风险难以预测。采取主动的、有计划的风险自留措施也往往只是杯水车薪之举。

一般来看，处理风险主要有完全回避风险、规避和转移风险和风险自留三种方式。对于政治风险、自然风险这类纯风险，有时采取完全回避风险的策略而终止商务活动的做法是有积极意义的，而被动的风险自留的做法往往也是迫于无奈。但如果采用完全回避风险的方式来对付汇率风险这种投机风险，则无疑是杀鸡保蛋、因噎废食的举措。针对汇率风险隐含投机可能的特性，可以采用外汇的期货交易或期权交易方式，因为它不仅是一个争取套值保值的过程，同时也是伴随可能获利的过程，这或许是处理风险更为积极的做法。也就是说，风险规避并不仅仅是消灭风险，而是在寻求减少未来可能损失的同时，寻找未来收益增长的机会。

二、规避谈判风险的手段

（一）善用专家平台规避宏观风险

即使商务谈判人员的知识面较宽，整个商务谈判班子的知识结构较为合理，也难免会有缺漏，特别是在一些专业知识方面缺乏全面把握与深刻了解。请教专家或者聘请专家做顾问，常常是商务谈判取得成功必不可少的条件。

政治风险、自然灾害风险主要是纯风险，它们难以被预测，若一旦造成了危害，后果又会较为严重。对此，请教有关方面专家可能会得到有价值的信息与启发。例如，海外投资可以请教国际政治问题专家帮助考证当地政治环境是否稳定，与周边国家和地区关系的状况如何等，与国外大公司、金融财团合作，一定要清楚它们与该国政府、议会之间的关系。专家不能保证完全消除风险，但比外行更了解这些风险，而这正是预测风险所需要的信息。

（二）提高人员素质规避人员风险

为防止由于人员素质导致的谈判破裂风险，应慎选谈判人员，同时要加强对谈判人员的管理。

▶ 1. 慎选谈判人员

在挑选商务谈判人员时应着重考察其以下素质和能力：

（1）道德品质方面，必须遵纪守法，严于律己，忠于职守，廉洁奉公。

（2）素质能力方面，有强烈的进取精神，有高度的责任感和事业心，具有创新能力，善于与人沟通交流，工作中既注重原则又不失灵活；具有良好的专业基础知识和谈判实践经验；具有丰富的学识，独当一面的能力。

（3）思维决策方面，能分清事情的轻重缓急，善于抓重点，逻辑思维和明辨是非的能力强，思路开阔，决策果断。

（4）个性气质方面，风趣幽默，开朗乐观，意志坚强，迎难而上，有很强的抗压能力和忍耐力。

▶ 2. 组成合作团队

谈判人员要进行适当分工，才能最大限度地发挥合作优势。如在谈判中，首先要明白哪些成员适合参与谈判，哪些人员只适合参与买卖谈判而不适合参与项目转让或并购谈判。领导者对团队中的每个成员的性格和能力都要做到心中有数，才能因才分工，知人善任，发挥团队合力的最好效果。

本章小结

在商务活动交往中，风险是难以避免的，对于谈判双方来讲，都同样存在，只是有些风险是需要双方共同应对的，有些则是在双方之间相互转换的，有些仅是一方所独有。因此，谈判者必须清楚在谈判中可能造成直接和间接经济损失的原因和程度，以及在谈判中采取怎样的对策来规避风险，以避免和减少这种损失。谈判中需要研究的风险既包括商务活动进行过程中存在的风险，也包括由谈判活动带来的风险。

商务活动中的人员风险主要表现为谈判人员的素质缺陷和失误所引发的风险，以及来自谈判对手的风险。这种个人因素可能是由于疏忽或者业务不熟练，也可能是主观故意的行为。宏观风险也称为谈判中的非人员风险，主要包括自然风险、政治风险、市场风险等，这些都是谈判者无法控制的风险因素。

风险规避并不意味着完全消灭风险，而是规避风险可能造成的损失。一方面，降低损失发生的概率，采取事前控制的措施；另一方面，降低损失程度，主要是事后及时进行补救。风险越不容易被预见，就越难以得到控制。只有风险能被识别和衡量，才能找到相应的解决对策和措施。

评价风险的焦点集中在两个方面：一是对损失程度的估计；二是对事件发生概率大小的估计。如果事件发生的概率较小，但一旦发生会导致惨重的损失，应当认真地考虑对策，并不惜承担必要的成本。如果未来损失程度对整个事件无足轻重，那么事件发生的概率再大，也不值得花费很大的精力和财力去应对。所以，必须对风险做出比较可靠的预测和控制。

处理风险的策略主要有完全回避风险、风险的损失控制和风险的转移、风险自留三种方式。风险规避的手段主要有提高谈判人员的素质和主动征询请教专家。

| 思考题 |

1. 简述商务谈判风险的含义。
2. 商务谈判中的宏观风险主要有哪些类型？
3. 如何理解商务谈判中的政治风险？
4. 来自商务谈判人员的风险有哪些？
5. 来自谈判对手的风险有哪些？
6. 可以使用哪些策略来防范风险？
7. 如何进行风险规避？

案例分析

邓先生硕士研究生毕业后就职于 M 大型公司的销售部，由于工作积极主动、勤快好学、成绩显著，不久后升任销售部经理一职。一次，公司要与美国 N 跨国公司就开发新产品问题进行谈判，公司将谈判的重任交由邓先生负责。邓先生为此非常重视，做了大量细致的工作。经过几轮艰苦的谈判，双方终于达成了协议。邓先生从谈判开始到达成协议未向 M 公司董事长汇报，邓先生直接与美国 N 跨国公司代表团进行了合同签约。

就在合同签约的当天中午，美国 N 跨国公司代表团吃饭时遇到了 M 公司董事长，美国 N 跨国公司代表团向 M 公司董事长表示感谢，并说他们与邓先生谈判很成功，合同签约也很顺利。此时，M 公司董事长表现得很迷茫，只是笑了笑。事后，M 公司董事长找到了邓先生询问情况，发现合同签约中的一些条款对本公司非常不利，当时就把邓先生调离了岗位。随后 M 公司董事长又派了一位工作经验丰富的李先生与美国 N 跨国公司代表团进行谈判交涉，以签约合同的董事长不知情为理由，宣布该合同签约无效，美国 N 跨国公司代表团则认为该合同签约有效。

（资料来源：杜宇. 商务谈判［M］. 哈尔滨：哈尔滨工业大学出版社，2001）

问题：

(1)案例中的风险属于什么风险类型？如何规避此种风险？

(2)你从该案例中得到了什么启示？

实训项目

一、实训名称

汇率变化引起支付问题的谈判

二、实训目标

通过训练，使学生具备团队协作、信息收集及分析的能力，使其能够根据谈判的内容、对象、进程明确谈判思路，并选择恰当的谈判策略、沟通方式和沟通技巧，最大限度地降低风险造成的损失，使谈判双方的利益得以实现。

三、实训背景

日本 X 公司与中国 Y 公司就碳膜电阻的生产线改造达成了协议，并签订了合同。该合同以日元计价。当合同生效后，日元在短短的 4 个月中，从 260 日元/美元升值到 160 日元/美元。而 Y 公司手中是美元，原来合同预算是按成交时的 260 日元/美元计算的。这么一来，合同往下履行就产生了支付问题。此时，X 公司设备已制造，接近交货。面对近40％的价格变化，Y 公司要求与 X 公司协商该问题如何解决，X 公司表示同意。

四、实训步骤及要求

1.以 4～6 人为一组，组建谈判小组，以小组为单位，通过分工协作，对实训背景进行分析，并进行相关信息的收集整理，每个小组撰写一份谈判计划书，重点突出沟通原则、策略和方法。

2.当堂进行模拟谈判，之后由其他观摩同学点评，再由场上谈判双方自评和互评，最后由教师对双方进行评价，如发现与计划书出入较大，当场请其做出必要的解释。谈判结束后，以小组为单位对本次谈判进行讨论总结，并提交书面的谈判评估报告。

参 考 文 献

[1] 郭红生. 商务谈判[M]. 北京：中国人民大学出版社，2016.

[2] 樊建廷，干勤，等. 商务谈判[M]. 大连：东北财经大学出版社，2015.

[3] [美]斯图尔特·戴蒙德. 沃顿商学院最受欢迎的谈判课[M]. 北京：中信出版社，2012.

[4] 李媛媛. 商务礼仪实训[M]. 成都：西南财经大学出版社，2016.

[5] 杜海玲，金依明. 商务谈判[M]. 大连：大连理工大学出版社，2014.

[6] 张强，杨明娜，傅剑波. 商务谈判[M]. 北京：中国人民大学出版社，2015.

[7] 王建明. 商务谈判实战经验和技巧[M]. 北京：机械工业出版社，2014.

[8] 丁建忠. 商务谈判教学案例[M]. 北京：中国人民大学出版社，2005.

[9] 杨晶. 商务谈判[M]. 北京：清华大学出版社，2011.

[10] 张晓. 商务谈判[M]. 北京：中央广播电视大学出版社，2014.

[11] 宋莉萍. 商务谈判理论、策略与技巧[M]. 上海：上海财经大学出版社，2012.

[12] 张国良. 商务谈判[M]. 杭州：浙江大学出版社，2010.

[13] 蔡玉秋. 商务谈判[M]. 北京：中国电力出版社，2011.

[14] 杨易. 商务谈判艺术[M]. 北京：金盾出版社，2011.

[15] 王海云. 商务谈判[M]. 北京：北京航空航天大学出版社，2007.

[16] 殷庆林. 商务谈判[M]. 大连：东北财经大学出版社，2009.

[17] 陈龙清. 达成交易的完美谈判[M]. 北京：中国商业出版社，2007.

[18] 王军旗. 商务谈判：理论、技巧与案例[M]. 北京：中国人民大学出版社，2014.

[19] 孙平. 当代商务谈判[M]. 武汉：武汉大学出版社，2007.

[20] 韩玉珍. 国际商务谈判实务[M]. 北京：北京大学出版社，2006.

[21] 毛晶莹. 商务谈判[M]. 北京：北京大学出版社，2010.

[21] 刘必荣. 新世纪谈判全攻略[M]. 北京：机械工业出版社，2008.

[22] 江燕玲，唐斌. 商务谈判[M]. 重庆：重庆大学出版社，2012.

[23] 杜宇. 商务谈判案例分析[M]. 哈尔滨：哈尔滨工业大学出版社，2011.

[24] 李爽. 商务谈判[M]. 北京：清华大学出版社，2011.

[25] 黄卫平. 国际商务谈判[M]. 北京：机械工业出版社，2007.

[26] 丁建忠. 走出谈判误区[M]. 北京：中信出版社，2000.

［27］张祥．国际商务谈判：原则、方法、艺术［M］．上海：上海三联书店，1994．

［28］孙庆和．实用商务谈判大全［M］．北京：企业管理出版社，1999．

［29］龚荒．商务谈判与推销技巧［M］．北京：清华大学出版社，2010．

［30］丁建忠．国际贸易谈判成交点预测［M］．北京：中信出版社，1998．

［31］王德新．商务谈判［M］．北京：中国商业出版社，1996．

［32］刘园．国际商务谈判［M］．北京：中国对外经济贸易出版社，2001．

［33］李品媛．现代商业谈判［M］．大连：东北财经大学出版社，2000．

［34］刘必荣．谈判圣经［M］．北京：中国社会出版社，1999．

［35］［美］罗杰·道森．有效谈判秘诀［M］．唐华，译．北京：华夏出版社，2001．

［36］邓有佐．商务谈判实训［M］．北京：电子科技大学出版社，2007．

［37］郑艳群，李昌凰．商务谈判［M］．武汉：华中科技大学出版社，2013．

［38］雷娟，全婧．商务谈判［M］．西安：西安交通大学出版社，2015．

［39］张华容．商务谈判新论［M］．北京：中国财政经济出版社，2005．

［40］万丽娟．商务谈判［M］．重庆：重庆大学出版社，2010．

［41］吕晨钟．学谈判必读的 95 个中外案例［M］．北京：北京工业大学出版社，2005．

［42］王玉苓，徐春晖．商务礼仪［M］．北京：人民邮电出版社，2016．